グリーンスパンの隠し絵 上

中央銀行制の成熟と限界

Akihiko Murai
村井明彦 著

The *Trompe l'œil* of Greenspan
Ripening and Limit of Central Banking

名古屋大学出版会

母に捧ぐ

グリーンスパンの隠し絵　上——目次

第Ⅱ部　ワシントンでの二十一年

（下巻目次）

凡例

一、欧語文献は邦訳書が用いたのと異なる底本を用いた場合がある。
二、邦訳のある場合も自前の訳文にした部分がある。
三、文献指示は欧語・日本語とも「著者 出版年、頁」で、邦訳の頁は漢数字のみを記した。邦訳が分冊の場合「上巻三云」等とする。
四、中世までの古典的著作、およびグリーンスパンの著作については書名に略号を用いる。アリストテレスはアカデミー版の頁数のみを示した。邦訳書にも通常それらが記されているためである。これらは参考文献欄でも略号で表記した。

アリストテレス　Meta『形而上学』、Eth『ニコマコス倫理学』、Pol『政治学』、Top『トピカ』
アクィナス　ST『神学大全』、CP『アリストテレス政治学註解』
グリーンスパン　AOT『波乱の時代』、MAT『地図と現地』

五、欧語の固有名詞のカナ表記は原則として発音に沿うが、一部は慣例に従う。
六、機関や経済用語・学説に用いた主な略号を示す（他は索引を見よ）。

ＦＲＢ 連邦準備理事会、ＦＯＭＣ 公開市場委員会、ＣＥＡ 経済諮問委員会、ＮＢＥＲ 全米経済研究所、ＣＦＲ 外交問題評議会、ＣＰＩ 消費者物価指数、ＡＢＣＴ オーストリア学派景気循環論、ＥＲＥ 均等循環経済

七、Federal Reserve を「連邦準備」、略称 Fed を「連銀」、Federal Reserve Bank(s) を「連邦準備銀行」と訳す。
八、本書では United States を「合州国」と表記する。
九、日本人の名前の敬称は原則として略す。
十、引用中の〔　〕は引用者による補足、……は中略を示す。また、引用中の傍点は特記しない限り原文中の強調を表す。

はじめに

運命が世界中のほとんどすべてのできごとをただ一つの地点をめざす軌道に乗せ、いっさいを唯一の焦点に向けて収束させたのにならって、歴史家もまた、あらゆるできごとをあやつってその実現へと導いた運命の手綱さばきを、読者の一望のもとに示して見せねばならない……。個々の戦争やそれに付随する事件を題材にした歴史家はたくさんいるけれども、さまざまなできごとを総括する全体的な構図について、それがいつどこから始まったのか、そしてどのような結末を迎えたのかといったことになると、それを調査してみようと試みる者さえ、私の知るかぎりではだれひとりいなかった。そこで私は、運命の営みのなかでもとりわけ見事でしかも教訓に富むこのできごとが、人に知られぬままに放置されることだけはなんとしても避けるべきだと考えた。運命というのは人の予想だにしなかったことを次々に生み出し、人の世という舞台でたえず劇を作り出すものだが、これほどの作品を完成し、これほどの劇を競演に出したのは、われわれの時代が初めてなのである。

——ポリュビオス(1)

科学の目的は実在を知ることである。それは頭の体操でも論理のゲームでもない。

——ミーゼス(2)

グリーンスパンという神話

アラン・グリーンスパン（Alan Greenspan）は生きながら一つの神話になった。こういう人物はそう多くはいない。しかしこのことが彼に関する語りをいくつかの点でかなり偏ったものにしている。

一九二六年三月六日に生まれたグリーンスパンは一九八七年八月十一日にボルカー（Paul Volcker 1927–）のあとを受けて第十三代連邦準備理事会（ＦＲＢ）議長に就任し、二〇〇六年一月三一日まで約十八年六か月間在任した。一九一四年に議長職が設けられてから今までの最長在任期間は第九代マーティン（William McChesney Martin

1906–1998）の約十八年十か月で（一九五一年四月二日〜七〇年二月一日）、これを数か月しか下回らない。大統領の任期は一九五一年に憲法修正二二条で三選が禁止されて最大八年になったから十八年は驚くほどの長さである(3)。ただ在任期間がほぼ同じでも、現役を務めた年齢を見ると、マーティンの四四歳から六三歳までに対してグリーンスパンは六一歳から七九歳までである。つまり彼は高齢の議長であったことになるが(4)、私たちは彼が高齢者だとしばしば感じただろうか。おそらくそうではあるまい。発言にはわかりやすさはないが奥行きと威厳があり、まるでシナイ山で俗人にはわからない言葉を神から授かったあとそれを民に告げるモーセのような話しぶりだと述べた人もいる（Sechrest 2005）。そうかと思えばまったく別の意味で年齢を感じさせない要素もある。一つには若いころプロのジャズマンだったり、二〇代で結婚してすぐ離婚したあと独身を通していたのに七〇代でTVキャスターと結婚したりと、威厳もしくは地味さとどういうわけか矛盾なく共存する一種の軽さもしくは派手さがある。二つ目にこの結婚やなお健在の冷静な話しぶり、よくテニスをするなどの健康そうな日常生活の送り方である。こうした横顔はどれも歴代議長と比べたときにグリーンスパン固有のかなりユニークな一面であるが、あらためて指摘されることはなかったと思う。モーセが現代に生まれ変わったらグランドピアノやクラリネットを弾いてテニスをし、誰もが知っている美人と結婚しただろうか。神話性の要因はまずはこうした経歴、生活、人柄の一種独特の組合せにある。

むろん議長としての仕事ぶりが十分貢献しなければ、これらだけで神話の雲に包まれたとは考えられない。まず一九八七年のブラックマンデーの事後処理によって名をあげ、就任直後からマスメディアに注目される条件が整っていたところへ一九九〇年代後半にインフレなき持続的成長が史上最長に近づくと神格化が始まる。つまりグリーンスパンはほとんど神様扱いされるようになった。ところが次に、二〇〇〇年代に入って当初低利子率で信用が緩んだ状況が続いたあと変動型の住宅ローン利子率が上がってサブプライム・ローン危機が生じると、史上最大級のバブルの発生と崩壊をお膳立てしたとの非難が浴びせられることになる。つまり今度は神様から一転して悪魔呼ばわりされることになったのである。

人が神話化されるための条件はいくつかあるが、いずれにせよまずどこかの段階で神にならなければならない。むろん最低条件がいきなりこれならば一般人には最初からおよそ無縁な世界であるが、利にさといメディアが演出するというのも事実である。だとすれば、より注目すべきなのはその後の経過であろう。コースはおそらく三つに分かれる。第一に神と呼ばれ続ける人物である。これは最も難しくそれだけに稀である。第二にオーラが剝がれて「ただの人」に格下げされる人物である。この例がいちばん多い。第三に一転して悪魔になる人物である。こうなるのは第一の場合とは別の意味で難しい。それに第二の場合とは似ているようで異なる。脱神話化は神が人間界に堕ちる場合には神話の終わりを意味するが、悪魔に転ずる場合はその逆転劇自体が別の神話となる。つまり最初の神話からの脱却とともに新たな神話、神話の第二幕が切って落とされるのである。しかも良かれ悪しかれ第一の場合よりも神話に奥行きと陰影が出てくる。グリーンスパンは明らかにこのケースに属する。

さて、こうして神と悪魔の両極端にまたがる振幅の大きな神話が展開する中でまったく前例のないことが起こる。早くも一九九〇年代後半から非専門家（大学の経済学者ではなくジャーナリストや投資アドバイザー）による「グリーンスパン本」が立て続けに出版されるのである。この現象は特に『ワシントン・ポスト』紙の著名記者ボブ・ウッドワードの『マエストロ』で勢いを増し辞任後もなお止まず[5]、最近も Mallaby 2016 が書架に加わっている。再び歴代議長と比較すると、ほとんど大統領なみの扱い、または芸能人扱いといってもよい[6]。ところがこれらグリーンスパン本の内容は賞賛か非難かに分かれる傾向があり、この点で「偏り」を持つ。つまり神話化プロセスは今なお進行中ですでに完結した物語として語ることができないのである。しかしグリーンスパンは高名なエコノミストではあるが評論家でも学者でもなく実務家であり、在任中は当然としても就任前にまとまった著作を公刊していない[7]。つまり彼の思想や経済学が何なのかを確定するための資料は基本的に不足していた（または散在して一般人の目にふれにくかった）のである。

ここからあるかなり奇妙な結果が生じた。多くの本が書かれ、中には彼の思想形成や思想遍歴を詳述したものもあるものの、こうした背景の解明がグリーンスパンの個性ある金融政策の解明に十分役立てられることはなく、高名なエコノミストの経済学が一体どういうものなのかという肝心の点については不明なままなのである。この傾向は日本で特に強いように思うが、欧米でも根本的な違いはない。あっさり言ってしまえば、その有名さにもかかわらずグリーンスパンとは誰なのかをほとんど誰も正確には知らないのである。毀誉褒貶が相半ばする人物はその真の姿がわからないことがままある。また連邦準備の秘密主義がその扉の内側にいた人物を謎めかせることも事実である。さらに「フェドスピーク Fedspeak」とか「グリーンスピーク Greenspeak」などと言われるグリーンスパン特有の周到な韜晦《とうかい》語法も彼の真意や彼が巻き起こした出来事の真相解明を困難にしている。しかしグリーンスパンはアメリカでも大統領に次ぐ、見方次第ではそれ以上の権力を持つと言われるFRB議長だった人物であり、退任後の活躍も含めると二十年以上も世界のメディアが取り上げ続けた人物である。だとすればこれはほとんどミステリーといってもいいような事態ではなかろうか。何度も姿を目にし声を耳にするが誰かよくわからないというのが事実なのであれば、その人物こそ最も深い神話の霧に包まれているというほかあるまい。

リバタリアンの中央銀行家？

本書ではそんなグリーンスパンを解明するというねらいの第一歩として、意外と知られていない一面から彼を読み解いていきたい。むろん若いころスタン・ゲッツと競演したことがあるとか、高校がキッシンジャーと同じだったといった一面も興味はひくだろうが、この種の意外さをわざわざここで中心テーマとして言い立てるつもりはない。彼の基本的な経歴についてはいまやむしろ人口に膾炙《かいしゃ》していると言ってもよく[8]、この点で本書に新しい解明はほとんどない。しかしかなり重要と思われるのに特にわが国では（少なくとも学術的な観点からは）光を当てられたことがない論点がある。それは彼がオーストリア学派の経済学に影響を受けた一種のリバタリアンであること、それから金本位制の自動調整力をモデルに平時の中央銀行業務の目標をこの調整力の近似的再現においていたことである。

おそらくこう述べると意外だという反応とある意味で納得できる（ないし当然だ）という反応があるのではないかと思う。納得の方の根拠は、在任中に数度にわたってバブルを引き起こした「市場原理主義」（何とも曖昧でほとんど空虚な語だが）の守り神なのだから自由主義を信条とするのは当たり前ではないか、といったところであろう。しかしそれはせいぜい初めの命題の後半部分に関する評言にしかなりえない。それに思想の正確な理解ではない。まず政治思想面では「リバタリアニズム」は「リベラリズム」と同義ではなく、広義のそれの一流派とみなせるとしても狭義にはむしろ対立する側面も持ち、また何よりも経済思想面でオーストリア学派のシカゴ学派との最大の違いが反中央銀行論（全廃論を含む）であることを見逃している。けれどもこの違いは決定的なものである。そして、あとの方の命題が当然と受け止められる可能性はおそらく低いだろう。ハンフリ‐ホーキンズ法が定める現代アメリカ中央銀行の使命には失業の低減（経済成長）が含まれ、連邦準備は積極策によって国民経済の指揮者の役割を果たすことが求められているからである。

いずれにせよリバタリアンは中央銀行に対して基本的に不信感を抱いている。そしてグリーンスパンの場合は中央銀行業務についてインフレによる景気牽引の制限、不況突入後の利下げの制限などの思想を抱いている。グリーンスパンの政策思想を考察するときに必ずふれるべき問題は、世界でも最も影響力が大きい中央銀行の総裁を務めた人物がなぜこうした思想を奉じているのか、またそのことが彼の金融政策にどのような刻印を押しているかである。金本位制への憧憬や中央銀行の権限の制限という考え方が彼の信念であることは、それが現代の中央銀行家の考え方としていかに奇妙に見えようとも紛れもない事実であって、これを否認することはできない。私たちがとりうる姿勢はこの事実から目をそむけるか、それを踏まえて彼の政策を理解しようとするか、二つに一つである。そして前者の途をとったグリーンスパン論は例外なく表面的なものにとどまっている。

残念ながらわが国では自国の運命に及ぼす影響の多大さを考えると理不尽なほどアメリカの保守派政治思想の研究が遅れており、その経済政策形成との関係を扱う議論も、支持者からにせよ反対者からにせよ、マネタリズムを含む新古典派の周りに偏っているように思われる。しかしアメリカの経済論壇は移民でつくられた同国の歴史を背景に、共産主義国から国民社会主義国までを含む多様な国々出身の思想家たちが持ち寄ったさまざまなイデオロギーや信条が相互作用を繰り広げて織り成された絢爛《けんらん》たる一大絵巻であって、問題そのものがそれを扱う者に同国のイデオロギー地図の中でのグリーンスパンの立ち位置に関する正確な理解を要求する。これに応えるだけでも容易なことではないが、グリーンスパンの金融政策の執行原理の解明はこうした迂回路を通した手法によってなされねばならず、それ以外の手法でなされてはならない。というより、それ以外の手法ではまず不可能である。

背景としての大陸経済学

彼が用いた経済学が何かはのちに詳論するが、最も手短に言えば大陸経済学（補論1参照）である。インタビューで答えているとおり、これは彼がケインズにもフリードマンにも依拠していないことを意味する（Hargrove and Morley eds. 1984, 409 ; Jones 2008, 14）。しかしまさしくそこに彼の政策がいまだにほとんど理解されていない理由がある。この経済学はスミス以前からあるが、その系譜が通史的に叙述され始めたのは二〇世紀後半以降にすぎないためか、ミーゼス（Ludwig von Mises 1881-1973）が現代にそれを復興させたことは世界的にもほとんど理解されておらず、わが国では関心すら持たれていない。この経済学では貨幣が財の一種と捉えられ、その価値論として利子率決定論が展開される。他方で私たちが学校で習う主流派経済学[9]ではいまだに利子率の決定に関する理論が不十分である。金融政策が最近に至るまで基本的に利子率操作政策であったことを考えると、このことはかなり不可解である。

グリーンスパンがリバタリアンであることは広く知られており、実際大半の論評が彼のこの一面に賛同または反発している。だがそれだけとも言える。つまりそれらは経済的問題を政治的イデオロギーに還元する傾向にある。

イデオロギーを論ずることには、むろんそれ相応の意義がある。しかし経済学は政治学や法学に還元できない独立科学である。彼の政策を理解したければ彼の経済学を見なければならない。これは当たり前のことである。彼が主流派経済学に依拠していない以上、彼をその枠組のみから読み解く一般的な試みこそ、その正当性の挙証責任を負う。しかしそうした試みの中でこの責任に応えた先例はない。この現状はまことにミステリアスだと言わねばならない。本書は彼の主観世界そのものに分け入り、その理解を踏まえて彼の事績を分析している。これが本書の最大の特長である。この手法は思想が属するコンテクストを重視する現代の思想史研究にヒントを得たものである。ある人物の思想を理解するとは本人の主観世界を理解することを含むので、この手法は「主観定位」と呼べる。しかしそれこそが客観的な分析法なのである。

　グリーンスパンの言葉はときにかなり難解である。ＦＲＢ時代については市場の無用な撹乱を避けるためなのは理解できる。他方若いころの論文はこの気遣いが不要なので確かに一部は明晰だが、それでも難解なものもある。理由を察するに、彼はミーゼス経済学が正しいと確信して経済を分析する際にそれを適用しているのに、シカゴ-ケインズ的な語彙で書くからだろう。それはある意味で人類史上初めて吐かれた言葉である。この特質はかなり人をためらわせる。主流派経済学者はマクロ経済学的な問題が風変わりな視角から取り扱われているので論旨をたどれないであろうし、オーストリア学派も見慣れた語彙がフィッシャーやケインズの語彙と混ざり合っているのでためらうであろう。彼の昔の論考がいまだにほとんど理解されていないのはこのためである。筆者もまずはこれに苦しめられた。ただ真の難所は別の所にある。それは異なる学派間に本書の主旨を理解するために必要になる限りで接界面《インターフェイス》を確保することである。ところがそのような言語は現段階ではほとんど未発達だと述べるしかない。この課題にはまずは補論1のような理論に特化した章を設けることで答えようとしたが、学派横断的な叙述になるため経済学史の知見を援用する必要が出てきた。その結果がこの大冊である。

　こうして本書は、グリーンスパンが投げかけるよい意味でジェネリックな固有語を経済学史や歴史一般を参考に経済学的思惟の伝統の中で解釈することで、その妥当性を確証しようとしている。彼の固有語はある意味でマクロ経済学のオルタナティブを探る歴史的転換点の源流になる言語かもしれない。しかし彼の語りは難解であり、それをどのようにも「読む」ことなくただ右から左に伝える、つまり「述而不作《のべてつくらず》」のようなことをしても学問的には無意味である。むしろさまざまな書き手が積極的に自分の言葉で彼の語りをパラフレーズすべきである。ところがそれを実行すればその言語は必ず読解者の色合を帯びるだろう。

科学的営為では何であれ対象そのものの理解が分析やそれを応用した操作の成否を分ける。従来のグリーンスパン論は技術的に洗練されているが、実は手法が同じなので結論がほぼ同じで、おまけに彼は運がよかっただけだといった実に素っ気ない結論を下して満足している（第5章参照）。これでは問題の重要性に見合った内実を備えたものとは言いかねる。政策の帰結をマクロ経済学の枠組で観察することはできる。しかし政策策定者の意向を「観察する」ことはできない。対象は人間なのだから、彼の意図がその経済学を見ずに理解できるわけはない。かくて主流派経済学に依拠していないという本人発言は無視され続け、グリーンスパン不在のグリーンスパン論が溢れる結果となっている。しかしそうした試みに限界があるのは明らかであろう。

本書の構成とねらい

本書の構成を簡単に示しておく。第I部「グリーンスパンのアイン・ランド・コネクション」では彼の思想形成を描き出す。まず恩師のロシア系作家・思想家ランドとの交流を踏まえて一九五〇年代から彼が勤務先シンクタンクの紀要等に発表した論文を丹念に読み解き、彼がミーゼス経済学の枠組を用いてマクロ経済分析を行う技法を確立したことを論証している。末尾の補論1は上述のとおり本書の理論的な核をなす。

第II部「ワシントンでの二十一年」は一九六〇年代半ばからＦＲＢ議長の任期末までの彼の言動を理論的に叙述したものである。一九七〇年代のスタグフレーションの主要因は積極財政政策や規制による企業の投資減退だと見た彼は、一九九〇年代にこれを生じさせないような、また逆に過剰投資を招かないようなマクロ政策を目指す。その手法は一九五〇年代以降の論文ですでに示唆されており、しかも彼はこの技法の限界について明確に意識し、有名な「根拠なき熱狂」講演ですでにそこから現れる帰結を予言していた。補論2は経済学の科学性について一般的な枠組の中で再考し、グリーンスパン経済学をその中に位置づけている。

第III部「第二次大恐慌と中央銀行制の限界」はグリーンスパン退任後に生じた経済危機の要因、本人による危機の分析、周囲からの批判、その後の活動を取り上げ、中央銀行業務を徹底的に成熟させた彼によって逆にその限界が明らかになったと結論している。補論3は大恐慌の真相を大陸経済学の視点から見直し、それが果たしたマクロ史的役割を考察したものである。

なお三つの補論は理論も歴史も扱うが、すべての核には理論がある。それはミーゼス経済学の解説を含むが、全体としては筆者独自の理論構築、学史理解、歴史理解にまで踏み込んだ試論である。

グリーンスパンの言葉が難解なことはすでに述べたが、彼の経済学の枠組自体による難解さ以前に、まず英語としての難解さがある。筆者はいつも名詞が単数か複数か、法（mood）は直接法か接続（仮定）法か等にも留意してそれらを熟読し、詳論はしないが本書の訳文にもそれを反映させている。実際グリーンスパンの英語の一部は英語圏でもほとんど理解されていない。インタビューで聞き手が示す戸惑いがちなリアクションを見るにつけそう言わざるをえない。それはまず英語に訳す必要がある。そんな英語を日本語に訳すには解釈が不可欠になる。残念ながら彼の二つの著作『波乱の時代』と『地図と現地』の訳書は経済学に関するくだりで意味の通らない箇所が散見される（全体としては十分読めるが）。彼の言語を訳すには経済学史を参照して解釈する以外に方法はないことの証左であろう。

グリーンスパンの第二作『地図と現地』は（原書第二版で）約四百ページ強に対して図表が四十ページもある。

この一〇%弱の図表作成に要する時間は筆者の経験では優に五〇%以上になる。引退後必要もないのにこれだけの仕事量をこなす彼はいわばただならぬ経済の求道者である。おそらく一九五〇年代から実に半世紀以上にわたって実行してきた同様の分析の膨大なファイルを彼は持っている。それはマクロ経済だけでなく経営コンサルタントとしての顧客データも含むだろう。また彼は政府高官として二十年以上活動したので関連文書も膨大であろう。しかしやはり経済バカであるとともにそうであることを幸せに思う一介の研究者として、筆者は彼の難解な英語を読み解いて片言隻句に未知の視点を見出すことが実に愉しい。

用いた枠組の認知度の低さは、受容面で明らかに本書の弱点になるだろう。物事をその拡がりの全体を見据えて、かつその性質自体が求めるアプローチや前提的知識を正しく用いて最後まで考え抜く習慣を身につけていなければ、筆者のグリーンスパン理解の真偽が疑わしく思えるかもしれない。けれどもそうした反応がありうることを百も承知で筆者はあえてこの形で世に問う。異質なパラダイムに鈍感なまま自分の世界観で語ることの限界について、そろそろ基本から考え直すべきときであろう。読者にはまずミーゼス経済学を理解するよう求めたい。そしてそれを誤りだと考える場合にさえグリーンスパンがそれに依拠して政策を実行したとすれば物事がどう見えるかを考えてみる想像力を持っていただきたい。むろん筋の通った批判なら歓迎する。その場合はぜひグリーンスパンの経済学を彼が書いた論考に基づいて先行学説と関連づけながら組織的に再構成すること、つまり自分なりのグリーンスパン像を定立することも必須となろう。それが経済学におけるこの人類史的達人《アデプト》が提出した「概念固定資本」から分析言語の多産性を長期にわたって引き出すために必要なステップである（第8章参照）。私たちは彼と同時代に生きていることの恩恵をもっと享受して次の世代にその成果をリレーしていかねばなるまい。本書がきっかけになってもっと発見的な読みが示され、もっと組織的な言語が生み出されれば、本書の役割は十分果たされたことになろう。

本書はグリーンスパンの主観に定位し、かつそのことによって客観的に書かれた著作である。この指針はランドの「客観主義」（第1章参照）とも合致する。時間のみが本書の価値を公平に定めるであろう。時間は定義によって不死で、それゆえ考えられる限りでは最も公正な審判である。その前ではどんな見解も臆見以上の地位には与れない。能書きは以上で切り上げてさっそく本題に入っていこう。

第Ⅰ部　グリーンスパンのアイン・ランド・コネクション

第1章　我あり、ゆえに我思う

1　マンハッタン・マン

輪中都市に生まれて

マンハッタンは海に突き出ているが実はほとんどを川で囲まれた短冊形の島である。この島は幅約四㎞、長さ約二〇㎞、面積五九・一㎢、現在の人口が約一六四万人である。人口八九万を抱える世田谷区は面積が約五八㎢とほぼ同じだが、人口密度を比べると、マンハッタンが一㎢あたり約二万八〇〇〇人なのに対して、過密をもって鳴る東京で最大人口を擁する世田谷でさえ約一万五三〇〇人にすぎない。これは中層以上の集合住宅が中心を占めるマンハッタンの容積率が高いからであろう。地名は明らかに英語起源ではなく先住民の言葉から来ている。定説はないが、一説に「多くの丘のある島」の意味らしい。やはり島である。世界経済の中心地が島であることはあまり意識されていない。かつてヴェネツィアは地中海経済の中心であったが、本島の面積はたかが五㎢ほど（第一期の関西国際空港島とほぼ同じ）だから、マンハッタンはかなり大きく、このため島であることが意識されにくいのであろうか。しかしよく目にする海からの俯瞰ショットは、この島の光景が現代文明の高度な到達点を象徴し、アメリカの首都がワシントンであるとしてもそれはたかがアメリカの首都にすぎず、ニューヨークはむしろ世界の首都であるということを示すに十分なものであろう。グリーンスパンはこの島に生まれ、彼の高校、大学、大学院、さらにはＦＲＢ議長以前の職場に至るまでがすべてこの島の中にある（図１・１）。つまりワシントンに出仕した期間を除く生涯のほとんどの歳月をこの島の中で送っているわけである。この意味で彼は生粋のニューヨーカーである。いや、市ばかりか州も指す「ニューヨーク」では広すぎるから、もっと限定して「マンハッタン・マン」と呼ぼ

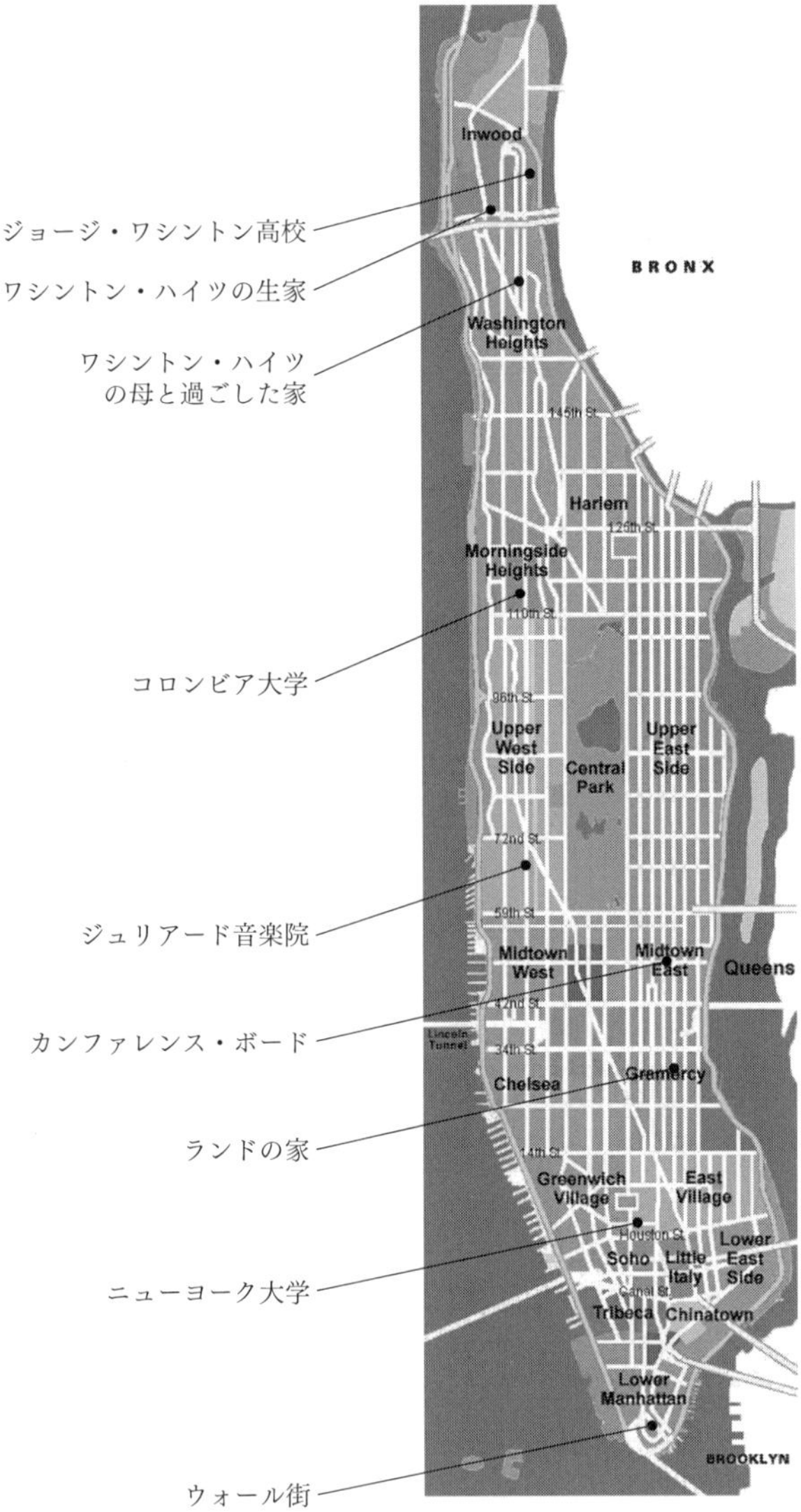

図１・１　マンハッタンとグリーンスパンの足跡

出所）http://newyorkcity2005.web.infoseek.co.jp/information/citymap-j.html
の地図から作成。

う。マンハッタンは川に囲まれた輪中ではあるが閉鎖的な輪中精神とは無縁で、世界中から第一級の人材が集まる特殊な島であって、むしろとても開放的である。いまから明らかにするが、こういう特色を持つ島の中で完結した暮らしが、単なる生活史の一事実ではすまないほどの影響をグリーンスパンの生涯、特にその思想に与えていると思われる。

まず『波乱の時代』の自伝部分[1]などをもとにグリーンスパンの生い立ちを見よう。彼は一九二六年にルーマニア系ユダヤ人ハーバートとハンガリー系ユダヤ人ローズ・ゴールドスミスの間に生まれた。生家はマンハッタン北端部のワシントン・ハイツ地区にある。地名はマンハッタン島の中で最も標高が高いために独立戦争のときワシントンが陣を張ったことに由来する。移民が多い地区だがユダヤ系の中では中層以上の住民の街であったと彼自身が述べている（AOT 19[2] 上巻三一）。兄弟はおらずアランが五歳のとき両親が離婚し、家具店に勤める母が女手一人で育てた。父はサラリーマンだが、のちにウォール街で証券マンになり、ニューディール政策でアメリカが復興するとの希望を述べた『来るべき回復――一九三六年から先に経験することについて』という本も書いている（H. Greenspan 1935）。同書に父は「私のこの初めての努力はいつもお前のことを考えて進めてきたが、枝分かれして同様の努力が途切れることなくつながり、お前が大きくなったら振り返ってこの論理的な予測の背後にある考え方を解釈し、自らこういう仕事を始めようとしてみることを願っている。お前のパパより」という言葉を書き入れて息子に贈った。FRB議長になってから周りに本を見せると、曖昧な表現が父親譲りだというリアクションだったという。父は再婚してブルックリン（マンハッタンの東のロングアイランドにある）に住み、定期的に面会していた。すぐ近くに住んでいた母方の従兄弟ウェズリたちとよく交流し、その父（母の姉の夫）で保険業のジェイコブ・ハルパートを実父のように慕っていたが、彼は父のいない生活の閉塞感のためニューヨークからの脱出願望が強まり、ラジオでなるだけ遠くの放送局に周波数を合わせたり、遠方と意思疎通が図れるモールス信号に憧れて覚えたり、時刻表を見て架空の旅を楽しんだりしたという。十三歳のとき父がシカゴ出張に誘ってくれ、ペンシルヴェニア駅から憧れの鉄道に乗り、途中ピッツバーグで製鉄所を見て感動した。のちに鉄鋼業の業況予測を仕事にするようになるが、当時花形だった重厚長大産業への関心がこのとき芽生えたという。小さいころから計算が得意なことが母の自慢のタネで、五歳のとき三桁の足し算ができたので大人の前で暗算を披露すると周りは大騒ぎになった。ただ母がスターになっただけで本人は目立つのを嫌う控えめな性格であった。グリーンスパンはシカゴへの旅をきっかけに「母の世界から抜け出したい」と思うようになったというが（AOT 19-23 上巻三―四、三六―七）、片親で養育される生活に息苦しさを覚えてしまったのであろう[3]。

その後、文武芸の三道に秀でた名門公立校ジョージ・ワシントン高校に進学する。同校の名もワシントンの野営地に由来する。ナチス支配圏から逃れてきたユダヤ系難民の子女が多かったことも関係してか、卒業生には途方もない才人が散見される。三人ほど紹介しておこう。まず二年先輩にいたハインツ・キッシンガーもそんな難民の一人だった（ただし在学中には面識なし）。のちに華やかなアメリカ外交の表舞台で活躍した彼もドイツからマンハッタンにたどり着いて名をヘンリ・キッシンジャー（Henry Kissinger 1924-）と改め、何と髭剃り用ブラシ工場で働いて週一〇・八九ドル稼ぎ、八ドルを両親に手渡しながら夜間部に通う苦学生であった（Martin 2000, 7）。またハンガリー生まれのユダヤ人でプリンストン大に進んで同郷のフォン・ノイマンとともに「マンハッタン・プロジェクト」の一翼を担い、アインシュタインの数学助手、コンピュータ言語 Basic の共同開発者、ダートマス大学学長になるケメニー（John George Kemeny 1926-1992）が同級生であった。最後に世界的なソプラノ歌手マリア・カラス（Maria Callas 1923-1977）もキッシンジャーとほぼ同じ年度に在学している。彼女はギリシア系で同国系の大富豪オナシス（Aristotle Sokratis Onassis 1906-1975）の愛人にもなった。オナシスはのちケネディ大統領の暗殺後その未亡人ジャクリーン（Jacqueline Lee Bouvier Kennedy Onassis 1929-1994）と結婚している。一公立高校の卒業生とその知己という単純なつながりの範囲内でこれほどの世界的有名人がさり気なく絡んでくるのがいかにもニューヨークらしい[4]。

音楽と数学に魅かれて

母の一族も親戚のハルパート家も音楽一家だったためグリーンスパンの音楽との縁は実際とても深い。母はグランドピアノを持っていて歌も歌い、伯父のマーリはマリオ・シルバの名で芸能界入りして作曲家シューマンを題材にしたブロードウェイ・ミュージカル『愛の調べ Song of Love』を書いた。アラン自身も十二歳でクラリネットを始め、ベニー・グッドマン、グレン・ミラーらに憧れて練習に励んだ。真珠湾攻撃の当日も自分の部屋でクラリネットの練習をしていた。一九四三年に十七歳で高校を出たとき大学進学はまったく念頭になく、十八歳で召集令状が来るまで腕を磨いておこうとバンドで経験を積み重ね、一九四三年から四四年まで名門ジュリアード音楽院（一九〇五年設立の世界的な音楽の名門でパリのコンセルヴァトワールと並び称される）でクラリネット、ピアノ、作曲を学んだ。兵役についたら軍楽隊員になろうと考えていたがX線写真で呼吸器に黒い影が出て結核が疑われ、異常はなかったものの不採用となった（AOT 20, 23-6 上巻三一–三、三七–四〇）。

これでかえって進路が確定し、通っていた音楽教室の師ビル・シャイナーに、サックスを練習して十五歳の少年とバンドを組めと言われた。彼がジャズ史上で最も偉大なミュージシャンの一人とされるスタン・ゲッツ（Stanley Getz 1927–1991）であった。何とか競演できたグリーンスパンだが明らかに才能が違い、「彼が演奏しているときはただ畏れ多くて聞き惚れるしかなかった」（AOT 26 上巻四二）。その後ヘンリ・ジェローム楽団に入団し、地方公演のおかげで念願のニューヨーク脱出が図れた。だがある程度有名とはいえ十四人の楽団団員の一人にすぎない。その中で彼は「ベニー・グッドマンやアーティ・ショウなどの偉大な即興に憧れたがソロを担おうと思ったことはほとんどなかった。伴奏で満足し誰かが書いた譜面を演奏した」（AOT 27-8 上巻四三）。

世界最強の中央銀行で総裁として物価安定の世界記録を更新した人物の最初の職業が金融業でも実業でもなくミュージシャンだったことを紹介しようとしてこういう話になったが、考えてみればのちのＦＲＢ議長なのだからバンドのリーダーであるべきだったと述べるのも根拠がない。唯一確かなことは、若きグリーンスパンが中央銀行家としては何とも場違いで、ありえないほど常識外れなスタートを切ったということだけである。直接本人に取材もして伝記を書いたタッシルは、グリーンスパンが内気な一介のバンドマンから「金融政策というデルポイの神託を伝える預言者の道に踏み入ったことはアメリカ合州国でしか起こりえない叙事詩的英雄譚である」(Tuccille 2002, xiv) と述べている。

しかしグリーンスパンは一生音楽家として過ごそうという展望は持たず、楽団員の納税申告を引き受けるとともに図書館で金融関係の本を借りてきて読みあさるようになる。そうやって読んだ中にモルガンに関するものがあった。このことは多少とも関心をひく。まずジャック・モルガン (Jack Pierpont Morgan 1837-1913) は鉄鋼業界や電機業界を支配した世界史上最も目立つ銀行家の一人だが、グリーンスパンはのちに鉄鋼業界の専門家になるとともにその後はJ・P・モルガン社の社外取締役になっている。次に一九〇七年恐慌のときにモルガンの一声でニューヨークの金融機関が中央銀行の「最後の貸手」機能を代行したのがきっかけになって連邦準備が創設されたことはアメリカ金融史上有名だが、その話合いが行われた会議室に入ったと述べている (AOT 28, 上巻四四、四五注)。グリーンスパン時代はボルカー時代と違って一九八七年の「ブラックマンデー」以降世界的に金融パニックが多い「波乱の時代」であったが、最後の貸手として市場に流動性を供給した自らの歩みをモルガンに重ね合わせているらしいのである。こうして彼は父も働いていたウォール街を漠たる憧れをもって遠景にとらえるとともに、次第に具体的に次の職場として考えるようになる。

他方後年のエコノミストとしてのキャリアを支える数学への関心もこのころにはすでに形をとり始めている。学校へ行く前から片鱗を示した数学的才能は高校でも成長し続け、ケメニーの刺激もあって関心は深まり各科目の中でも特に成績が良かった。一九四五年に入学したニューヨーク大学商学部での学びは金融と数学を融合させたものであった。いずれも自分が深く関心を寄せる分野だけに、ジュリアード時代は学業から離れていたにもかかわらず成績が高校時代より上がったほどであった。同大学商学部は一万人の学生を擁する大所帯で、ある学部長が「巨大な教育工場」とやや自虐的な自己像を披露したことがあるという。サミュエルソンの有名な証言にあるとおり、当時のアメリカではケインズの『一般理論』が大きな影響力を持ち、グリーンスパンも同書を学んだ。ただし深く魅了されたわけではなかった（AOT 28-9 上巻四-五）。

カベシュなど大半の級友は熱烈なケインズ派だったが、私は違った。『一般理論』は二度読んだ。確かにとても優れた本である。だが私が魅かれたのは数理面での革新と構造的な分析であって、経済政策に関する考え方ではない。まだ伴奏で満足する心理を引きずっていた。つまり技術的な問題に集中するのが好きでマクロ経済学的視点は持たなかった。経済政策には興味がなかったのである。（AOT 30 上巻四七）

ある日統計学教授でのちにニクソン政権の労働省統計局長になるジェフリ・ムーアに呼ばれ、投資銀行ブラウン・ブラザーズ・ハリマンに行ってＦＲＢ発表のデパート売上高データから季節調整済みの数値を算出する仕事をもらった。こうして初めてウォール街に足を踏み入れるが、上等の調度品に囲まれたオフィスは「ワシントン・ハイツで育ったガキにとってはいわば足がすくむ感じがする場所だった」（AOT 31 上巻四八）。一九四八年には卒業し、生活のために働きながら夜間の修士課程への進学を考えた。そして指導教授の一人がチーフエコノミストを務めていたカンファレンス・ボード（正式名称は National Industrial Conference Board で大恐慌時代の失業統計なども提供した名門シンクタンク）という民間研究所に入る。統計資料が充実していたことがグリーンスパンの関心に火をつけ、資料室から自分のデスクに『綿花産業の顧客調査』や一九世紀後半の「金ぴか時代」の国勢調査などを運んでは飽きずに眺め続けたという。そしてまもなく研究所の紀要『ビジネス・レコード』に寄稿するようになった。

カンファレンス・ボード勤務を続けながら一九五〇年にコロンビア大学大学院の博士課程に進学する。指導教授が、のち（一九七〇〜七八年）にＦＲＢ議長を務めるアーサー・バーンズ（Arthur Burns 1904–1987）で、当時全米経済研究所NBER（National Bureau of Economic Research）のシニア研究員も兼任していた。バーンズの学風について グリーンスパンは「経験データと演繹論理に関心の軸を置き経済学の主流とは一線を画していた」と述べている（AOT 35 上巻五四）。またブッシュ時代の国防副長官でのちに世銀総裁も務めたポール・ウルフォウィッツの父ジェイコブには統計数学を教わった。これは草創期の計量経済学だが、この分野こそがグリーンスパンの関心を最も強く惹きつけた。「何よりも重要だったのは二五歳にして自分が勝てそうな新興の分野を見つけたことだった」（AOT 36 上巻五四）。計量経済学はその後のグリーンスパンの仕事の中でもある程度重要な位置を占めることになる。

さて、その後グリーンスパンはコロンビア大学に提出すべき博士論文の執筆を中断してカンファレンス・ボードの仕事に専念していくから、大学での学歴はこれでほぼすべてである。キャリア上の次のステップはまずは共同代表を務めるシンクタンクでのコンサルタント業務だが、それに続くのがフォード政権の大統領経済諮問委員会（CEA）委員長によって前半の、FRB議長によって後半の頂点を迎えるワシントンでの公務である。何とも華やかな転身だが、きっかけはヘンリ・ジェローム楽団のメンバーであったガーメント（Leonard Garment 1924–）や自分より十歳若いコロンビア大学教授アンダスン（Martin Anderson 1936–）からの紹介でニクソンの選挙戦のスタッフになったことだというから（AOT 57 上巻八二–三）、国の中心都市の心臓部で東奔西走する「マンハッタン・マン」であったことが幸いしてアメリカ政府の要職を担うその後の人生と実に見事に接続していくのである。しかし数学と経済統計という人間臭さとはおよそ縁遠い諸分野に傾倒して卒業するまで「経済政策には興味がなかった」青年に学校で学んだ数学と統計学の世界をはるかに超え出た広大な世界観を扶植し、そのことによってこれらの知識に方向づけを与えるとともに、結果的にワシントンという舞台での目を見張る活躍の基盤を提供した思想家がいる。次節では彼女のことについて話そう。

2　我あり、ゆえに我思う

アイン・ランドとは誰か

その思想家とはユダヤ系ロシア人でアメリカに亡命したアイン・ランド（Ayn Rand 1905–1982）である。本名はアリッサ・ローゼンバウムで、ザンクト・ペテルスブルク（ペトログラード）の大きな薬局を経営する父のもとに生まれた。家は裕福で料理人やメイドもいたが、一九一七年の革命後は店が国有化されて暮らし向きが悪化した。こうした経験からか彼女はケレンスキイ政府が真の革命政権であってレーニン政府は野蛮だという見方を抱いた。白軍支配下のクリミアに逃れ高校時代に無神論者になって理性至上主義を奉じ始めるが、のちレニングラードと改名された故郷に戻ってペトログラード大学社会教育学部で歴史を専攻しながら哲学も学び、プラトン、アリストテレス、ニーチェを耽読する一方、作家志望者としてドストエフスキイ、ユゴー、シラーなどにも親しんだ。一九二四年に卒業し、翌年からレニングラードのテクニクム（Technicum）で映画芸術を学んだ。一九二六年にシカゴで映画館を経営していた親戚を頼ってアメリカに渡り、脚本家を目指してハリウッドに移住するがうまくいかず、食べるために職を転々とし、一九三一年にアメリカ市民権を獲得する。一九三四年ごろからいくつかの作品がブロードウェイなどで採用され始め映画版も製作されるが、夢はあくまで作家であった。自伝的な『われら生ける者』（Rand 1936）が小説デビュー作だが（のち映画化）、出世作となったのが『水源』（Rand 1943）である。同作は建築家ハワード・ロークが自ら設計した公営住宅が勝手に設計変更されたので完成後に爆破するものの裁判で無罪になるというストーリーで、七百ページ近い大冊である。通奏低音をなすのは創造的な仕事をオリジナリティのない「借用人間 second-handed men」が阻むことを黙認できない罪として告発するという独自の思想である。

一九五七年に刊行された代表作『肩をすくめるアトラス』（Rand 1996）も小説である。合理的な利己性こそ道徳的で利他性は悪徳であるという新たな道徳哲学の構想を全面展開した千ページを超える畢生の大著だが、そのメッセージ性ゆえに「聖書の次にアメリカ人に影響を与えた本」と言われるほどの影響力を持つ問題作でもある。[5] プロットを簡単に紹介しておこう。[6] 鉄道会社の女社長ダグニーが人材の流出や政府の反市場的政策に悩む中、行詰まりを感じると「ジョン・ゴールトって誰だよ?」と不安げに言う口癖が人々の間に広まる。社長は新エネルギーを応用した画期的なモーターが破壊された跡を発見し、設計者を調べるとゴールトだと判明する。彼は個人の能力が評価されない自分の会社に絶望して辞職し、理想的な資本主義社会をつくるためにダグニーの会社の一社員として働きながら優秀な人材を自分の共同体に引き抜いていたのである。人材流出で経済が回らなくなり社会が混乱する中、ゴールトは全米向けのラジオ放送でこうなった理由を説明する。

容易にわかるとおり、この筋書は資本主義における「搾取」の横暴から逃れてしばしば田園で理想の共同体を構築する社会主義運動のパロディでもあり、社会主義における悪平等の横暴から逃れて山中で理想的な資本主義共同体を創設するというものである。われわれ人類は社会主義の実験がつねに失敗し、そのたびに資本主義にきわめて不格好で決まりの悪い形で回収される光景をもう一世紀以上も目にしてきた。現代経済には基本的に両方の要素が混ざっているが、同作は資本主義を山中に隠遁させるという意外性のあるプロットによって現代経済を遠心分離器にかけ、実は資本主義こそ成功と繁栄の真因であることを浮彫りにしてみせたのである。

しかしこの作品が読者に強い衝撃を与える理由はおそらく筋書自体にあるのではない。むしろ現代社会が不可避的に構成員の人間性を抑圧する構造になっていることを、特定の政治体制、社会制度、イデオロギーの批判によってではなく、この構造の底に意識されないまでに根深く潜む道徳原理面でのある根源的な要因から哲学的に解き明かした点にある。それが凝縮されたのがゴールトのラジオ演説である。それは『カラマゾフの兄弟』における「大審問官」に相当する。ランドはあくまで作家を自認したが、その作品はドストエフスキイ張りの長大な独白とその独白の内容の強固なメッセージ性において明らかに思想書として受容されてきた経緯があり、小説の古典的典範の枠をはみ出すような過剰さ、いびつさを持つ（実際ランドはロマン主義を支持する）。このため小説として低い評価を受けることもあるが、このいびつさはむしろランド作品の身上であって、それを理由に内容の十分な検討を省いてしまえば批評にも紹介にもならない。アメリカ文学史にも哲学的な小説は少なくないが、哲学小説の大国ロシアからの亡命作家が伝統をさらに強めたのである。彼女の本は毎年数万部売れるなどセールス面でも成功しているが、作品群の中核をなす同作が明らかに聖書とはまるで異質な思想を盛るのに聖書の次に影響力を持つと言われるほど広く読まれてきた理由を説明しなければならないだろう。

ランド哲学の要諦

しかしこう述べるときの「哲学」とは何か。ランドはその哲学を試論[7]の形でも説いたが、創作の中の長広舌も迫力に満ちた哲学叙述になっており、さらに試論の中でさかんに創作の作中人物の台詞を引用するという独自の手法も用いた。つまり通常の哲学者が書く体系書ではなく小説やそれを補助する試論の形で哲学が散りばめられているのである[8]。本書はランド研究ではないので、本来グリーンスパンの資本主義観や経済政策論への彼女の影響さえ理解できれば十分なのだが、ランドの資本主義論はその哲学と切り離せないので、以下ではまず『アトラス』等に盛られた彼女の形而上学を定式化し、これを土台に倫理学を理解するという迂回路をわざわざたどってその資本主義論を跡づけていく。

最初にランドの哲学を要約しておこう。

(1) 人間の生存のために最も重要な能力は理性で、その役割は自己や事物の自同性（identity）を見出し、これによって自己を生存させ、さらに幸福にすることである。

(2) 人生に目的を持ってそれを追求すべきであり、そのための理性的行為が持つ利己性は道徳に適う。それどころかこれこそが「道徳」の正しい定義であり既存の道徳理解は誤りである。

(3)他人も上記のように生きることを理解して尊重すべきだが、他人の犠牲になることも他人を犠牲にすることも犠牲にされた側の存在の自同性を否定するから非道徳的である。

このように述べるとある種の挑発的なメッセージを感じ取る人も多いだろう。しかしこれでもかなり控えめな表現であることは、以下の詳論を読むにつれて自ずと明らかになるだろう。またランド思想のうち最も抽象度の高い形而上学部門（存在論など）の特徴は、一言でいうと理性の役割の重視とその基盤にある行為的・能動的で建設的な理性観にある。ただ彼女の哲学は以上ではすませられないいくつかのきわめて重大《クリティカル》な問題を孕む。一言でいうなら、二千年を超える西洋哲学史の基本的な流れをせき止めて別の方向に向けようとしたうえに、二百年を超える歴史を持つ経済学の前提を大きく揺さぶる所説を展開したのである。これを再び三点にわたってまとめよう。

(a)理性の能力に対する制約や懐疑の歴史であった近代哲学史を理性復権によって相対化し、その一部ではなく全体を覆そうとした。

(b)この哲学に基づいて合理的である限りの個人の利己性を賞揚して利他主義を反道徳的として退け、宗教が影響力を持った昔ばかりでなくいまも生きている見解を正面から否定した。

(c)こうした利己主義の立場を社会哲学に展開する中で、個人の自由を保証する唯一の社会原理として徹底したレッセフェール資本主義を支持して既存の社会の構成原理を批判に晒し、さらに何と自分が考えるような資本主義はまだ成立していないと説いた。

以上、前もって彼女の哲学の内容、特徴、およびそれが孕む問題を定式化しておいた。実はこれら三つの問題は形而上学、倫理学、社会理論からなるランド思想の体系に対応している。これを「ランド思想の三層体系」と呼んでおこう。次にこの三層に対応させた上記の三つの問題を詳論し、その含意を考察することをとおしてランドの思想を見ていこう。

理性の復権

まず(a)の理性の復権についてである。ランドは主として認識論や倫理学においてとる立場から自らの哲学を「客観主義 objectivism」と呼んだ。これは「オッカムの刃《やいば》」をもじった「ランドの刃」と呼ばれる叙述の経済性（や冗長さ回避）の原則で三つに絞り込まれた公理系から説明される（Rand 1996, 929–30〔一〇五四–五〕）。第一に「存在の公理」で、「存在するものは存在する」と要約される。これは二つの付随的命題、「知覚されたものは存在する」、「人は意識（存在することを知覚する能力）をもって存在する」を生じる。第二に「意識の公理」で、「意識は必ず何らかの対象に関する意識である」と要約できる。これは第一の存在の公理と関係しており、何も存在しなければ意識もなく、また意識する対象が存在しないと述べれば自己矛盾に陥る。第三は「自同性帰着の公理」で、「A＝A」と要約される。実は最も重要な公理はこれである。(9)

この三大公理に基づいて人間の生における理性の役割の重要性、個の確立と利己主義の道徳性が強調される。人はお腹が減ったので何かを食べたいといったごく日常的な欲求を満たすためにさえ理性の力を借りねばならないが、食べ物を欲するということも「種」としてではなく「個」としての自己保存のための基本的な欲求である。これは創造的な仕事をしたいといった、より高次の自己実現の欲求と連続性のもとで捉えられ、ともに人間の自同性（人間の人間性）から導かれる「道徳的」な欲求とされる。三大公理すべてを絡めて表現すると、「自同性」の「意識」を持つ「存在」、つまり自己（self）が生存のために自らの利益（self-interest）を追求することが人間の本質であり道徳でもある。これが利己性（self-interest）の哲学である。彼女はこの哲学を「地上に生きるための哲学」と呼ぶが、それは「公式」な名称の「客観主義」と並行して用いられる「非公式」な名称、つまり一般向けのプラットフォームに立てられた看板である（Rand 1982, 13）[10]。哲学では伝統的に諸器官が対象の印象を受容して人間の諸能力がそれを処理すると考え、理性はふつうこのプロセスの後半に登場するが、ランド哲学の認識論上の特徴はその理性の役割を強調する点にある。

> 人間は知識を得ずに生きていけず、そのための唯一の手段は理性である。理性は感覚が与えるものを知覚し、自同性に帰着させ（identify）、統合する能力である。……人間は色のついた塊を知覚する。視角と触覚の根拠を統合してそれを固体と認識する。こうしてその対象を机と認識する。……この過程全てにおいて精神の仕事はそれが何であるかという一つの疑問に答えることにある。答えの真実性を確証する手段が論理で、論理は存在が存在するという公理に依拠する。論理とは無矛盾な自同性帰着（*non-contradictory identification*）のわざである。矛盾は存在できない。原子はそれ自体である。宇宙も然り。いずれもその自同性と矛盾しえず部分が全体と矛盾することもない。……矛盾したことを主張するのは人間の頭脳を放棄して実在の国から自らを立ち退かせることだ。実在とは存在するもののことである。非実在は存在しない。非実在とは存在否定にすぎず、人間の意識が理性を放棄しようとするときの意識の中身の謂いである。真理とは実在の認識である。理性、それは人知の唯一の手段で、真理の唯一の基準である。
>
> （Rand 1996, 930［一〇九五－六］）

このように理性の権能と能力が大きく評価されているが、そこにはある無視できない大きな問題が潜む。というのも哲学史は古代における実体（οὐσία《ウーシア》；substance）の認識可能性という前提が徐々に掘り崩され、時代が下るにつれて事物が「何であるか」からそれが「どう見えるか」に関心を移していく過程と理解できるが、ランドはアリストテレスに依拠して事物が何であるかが理解できると主張するからである。こうした近代哲学の認識論的基盤の組替えにより、ランドの哲学は近代哲学の一部ではなく実に全体に対する批判となるのである。

「客観主義」という語の意味もここから明らかであろう。それは近代哲学を統合して「物自体」は認識できないとしたカント哲学に対する正面きっての批判であり、古代哲学における実体の把握可能性を覆したカントの「コペルニクス的転回」をそっくり巻き戻そうとするものである。驚きに値する議論である。事物の自同性確認が実在の客観的把握なのである。総じて近代哲学史は理性の能力に対する自信喪失の歴史でもあった。現代では人間を理性に導かれる建設的存在としてではなく誤謬と狂気に翻弄される破壊的存在として描くことに何ら目新しさはない。それとともに哲学叙述の文体は難解の度を増し素人をほとんど寄せつけないものになっている。けれども『アトラス』における客観主義哲学のシンボル的人物ゴールトによると、自同性の公理を認めようとしない者たちは、

> 君たちをどの歴史時代より暗黒の時代に連れ戻そうとしている。目指すは科学以前の時代ではなく言語以前の時代である。その目的は人間の知性と生と文化の基礎となる概念、つまり客観的実在の概念を君たちから奪うことである。 (*ibid*., 952 一三)

驚くべき点はもう一つある。ランドは当初自分の哲学を「existentialism」と呼ぼうとしていたが、すでに使われているので「客観主義」に変更したという (Peikoff 1993, 36)。むろんこの先客は実存主義である。ボルシェヴィキではなくナチスから逃れてアメリカにたどり着いた政治思想家アレントは『アトラス』の翌年に刊行された『人間の条件』でやはり古代ギリシアを参照点として近代を相対化した。すなわち古代のポリスでは「活動的生活」により共同体内で明確な役割を果たす機会があるため人間は自分の能力を発揮して充実した生を送りえたが、現代ではこうした機会が消失したために実存主義などの生の哲学に追いやられている。こう述べる際に彼女は近代哲学が全体に「主観主義」の方を向いていると指摘しているから (Arendt 1958, 272 四三四–五)、ランドの名称変更は哲学史の大まか

な流れについて彼女とアレントの理解に並行関係があることを示す。そして当初の名称では「existence」を揺らぎ続ける「実存」ではなく上に述べたように「実体」に近い意味に解して「存在主義 existentialism」を構想していたことになる。ここにも既存パラダイムに対する大胆な反論、いわばコペルニクス的再転回とでもいうべき革新的な着想が垣間見えるのである。

人間の本源的利己性

こうした独自の形而上学を基盤にやはり独自の政治論や経済論が成立する。ただし認識論と社会理論の間には倫理学というステップがあり、それを媒介して社会理論が組み立てられる。ランドの倫理学は一言でいえば利己主義の倫理学であり、先述の諸問題の中では(b)に関わる。

倫理学にもランドの刃は適用され、客観主義にとって最も重要な価値が再び三つに絞られている。それは理性、目的、自己肯定（self-esteem）であり、それぞれの価値に合理性、生産性、誇りの三つの美徳が伴う（Rand 1964, 27 亖）[11]。「理性」が筆頭にくるのは、上述の認識論によると人間が生存のために必要な価値を判断できる唯一の手段だからである。このため合理性が人間本性に根ざした最も基本的な美徳である。そして理性は生ける存在としての人間の生存（自己保存）のために働くべきである。このことを実行できれば自分なりの幸福、生の道徳的「目的」が達成できるので、当然「自己肯定」がついてくる。この意味で生物学的な人間観から利己主義が正当化されているのである。逆に利己性という人間の本性を否定すると必然的に自己破壊に至りつく。

> 自分の生存手段を悪と見る生物といったものがあれば生き残ることができないだろう。自分の根を切り刻もうと必死になる植物、自分の翼を折ろうともがく鳥は自ら存在を侮辱したので長く存在し続けることができないだろう。ところが人間の歴史は実際に精神を否定し破壊しようとする闘争劇だった。……人間の本性から生

じる選択肢がある。合理的存在でいるか自滅的な動物になるかである。人間は人間にならねばならない——選択することによって。

(Rand 1996, 927 一〇九二)

先にランド哲学を要約して理性的行為に見られる利己性が道徳的であると述べたが、これは利己性の中に思いのほか道徳性があるとしてその部分的な見直しを示唆するのみの控えめな譲歩請求ではなく、利己的なものは道徳的で道徳的なものは利己的であると断じて利他主義を排することによって常識に挑みかかり、その基本的書換えを求める大胆な駁論提示である。ただこう述べるとランドは剝き出しの我欲とそこから発するはた迷惑な行動を積極的に肯定したのかという疑問を抱く向きもあるかもしれない。しかしその心配はない。ランドはその利己主義論において、まず人間の非日常的な行為原則ではなくその日常的な行為原則としては利己主義こそがふさわしいと主張し、次に原則としての利己性と矛盾しない限りは一定の利他性を認め、かつこうした利他的行為ですら利己的であると主張する。

誰かが川で溺れている人を見つけたとする。利他主義者なら川に飛び込んでその人を助けるだろう。彼は賞賛に値する。ただし緊急事態でのこうした行為を日常生活での原則のように語るのは問題のすり替えである。その理由を想定する状況の段階別に三つに分けて述べよう。まずそんな状況は実はあまりなく、ふつう一生遭遇しない。次に遭遇しても水温や水泳力等の現実的条件に照らして困難なら助けなくてよく、救済可能でも自分にとっての相手の重要性に照らして助けるかを判断すればよい。最愛の人が溺れていて自分の能力で助けられるのに助けなかった者は利己主義者ではない。このとき助けた者は利己的である。大切な人を失うことによる困惑から自分を救ったからである。最後に見ず知らずの人を助けた場合、そのあと相手が貧困に苦しんでいるとわかったとしても金銭を与えるべきではない (Rand 1964, 52-3〔四-五〕)。この最後の部分は緊急時の例外的行為原則と平時の原則的行為原則の区別を自覚するよう促すものである。言うまでもなく、助けてもらったうえに金銭を得られるなら、わざわざ川に溺れに行く者が続出し、利他主義者が利己主義者の食い物にされて利他性は原則の座から追われる。

ランドが強調するのは、緊急事態での救済のトリアージの基準になるのは救済される側に救済する側が認める価値の主観的優先順位だという点である。人はふだんからこうした優先順位の上下構造《ハイアラーキ》を心に抱いて生きるべきであるし、またこの順位を定める際の基準は自己保存という最低限の価値と自己実現という最終的な価値を達成するための利己性である。この場合の価値の序列化を担うのは理性である。こうして形而上学における理性重視の基本指針は倫理学にも持ち込まれ、理性という主軸が両者を貫く。理性はいま一度首座に据えられるのである（*ibid.*, 50八一-二）。理性が導く利己的行為こそが道徳であるとするランド倫理学は、「道徳」という語を悪徳の不在として消極的に捉えるのではなく自分にとっての価値を実現する実行力、能動的な働きかけ《アクション》として積極的に捉えており、ふつうの用法とは異なる。(12) それは消極的な道徳に対置された「執行的な徳」の謂いである。こうした議論の示し方はややマキャヴェッリ的である。理性は virtù《ヴィルトゥ》（執行的な徳）を導く覚めた参謀なのである。

一九世紀にドイツ人の篤学心のもとで哲学は認識論の壮大な体系を備えるようになるが、それはアレントが述べるような哲学の主観化の過程によく対応する。これに対して中世を貫いて近代初期に至るまでは社会哲学の地位が相対的に高かった。これが「道徳哲学 moral philosophy」と総称されることはそれ自身にとって結果的に不幸かもしれない。というのもあたかも抹香くさいお説教の体系のように響くからである。だが「moral」という語は本来「習慣」を意味し、それを扱う道徳哲学は社会構成の理論（よりよい社会のしくみを考える理論）でもあった。またキリスト教以前のアリストテレスは倫理学において「卓越」（「徳」とも訳せる）を「知性的卓越」と「倫理的卓越」に区分し、前者が教導に負う部分が大きいのに対して後者は習慣《エトス》づけで生じるとしている（Eth II. 1）。ちなみにギリシア語で「倫理」は「エトス」である。アリストテレスはさらに自己完成（perfection）を習慣論に関連づけている。すなわち倫理的卓越は石を数万回上に投げても上昇する本性が生まれないのと同様に本性に備わるものではないので、「習慣づけによって初めてこういう私たちが完成されるに至るのである」（*ibid.*）。約言すると、人間は優れた能力を発揮するだけでなくそれを磨き続けるべきであり、これが道徳の定義なのである。

ランドの企図も哲学の主観化で衰退した道徳哲学の立問方式（prublematics）を現代に甦らせる一面を持ち[13]、実際彼女の徳論には自己完成論が伴っている。『アトラス』においてそれは先述の美徳論に関わって述べられており、具体的には美徳の「とり」を務める「誇り」に関連づけられている。

> 誇りとは次のような諸事実を認識することである。……生きるためには自分の価値観が必要だが、人間には自動的な価値、自己肯定の自動的な感覚などないので、自分の道徳的理想像と、生まれた以上創造しようと思えばできるにせよ選び取ることなしには創造できないような人間像とを心に抱いて魂を陶冶することで自己肯定を手にしなければならないという事実を。自己肯定の第一条件はあらゆるものから物的・精神的価値において最良のものを欲し、何よりも自分自身の道徳的完成を達成することを乞い求めて自分以外の何にも自分より高い価値を認めぬ魂、そんな魂の燦然《さんぜん》と輝く利己性であるという事実を。（Rand 1996, 934［一〇〇］）

道徳哲学史において自己完成論は伝統的な主題の一つだが、ランドの場合実は資本主義論と接続している。こういう自己完成論は特異なので本書にとっても関心の対象となる。次にその接続経路を見ていこう。

取引者がつくる資本主義社会

ランドが考える経済の原理は、自己完成された、またはそれを目指す個人どうしが自己実現の過程で生み出した財やサービスなどの成果を交換し合う関係である。この観点から交換の担い手は「取引者《トレーダー》」と呼ばれる。取引者は自己の意志のみに基づいて成果を交換し、いかなる行為も強制されない。強制に伴う暴力は、他人に強制しようとする者を排除するときにのみ用いてよい。さもないとすべての人間的価値を窒息させてしまう。「銃が用いられ始めるとき道徳は終焉を迎える」(*ibid.*, 936 一〇三)。こうした議論が最小政府論の形で政治論や経済論につながっていくことはむしろ理解しやすい。ただ取引者論と取引社会論の間には公正取引論(交換の正義論)が介在しており、ランドが経済思想面で与える影響を考えるうえではこれが重要である。

ゴールトの考えでは「取引者とは自ら得たものを手にし不当なものを得もしなければ与えもしない人である。彼は欠如に対して代価を求めず、欠陥ゆえに愛してくれるよう求めもしない」(*ibid.*, 935 一〇三)。交換において各取引者は自らの生み出した以上の価値を望んではならないが、同時に過小評価も許されない。自分がしたいことをして生み出された成果が過不足なく評価されることが「幸福」の条件だからである。「幸福とは無矛盾である喜び――罰も罪もない喜び……精神から逃げずにその力を活かしきる喜び……飲んだくれではなく生産者の喜びの状態を指す」(*ibid.*, 935 一〇三)。こうして幸福は合理性がもたらす公正に依存する。その理由をさらに問えば、誰もが利己的であるもとでは自分が利己性を追求する権利と他人がそうする権利は同等だからである。

私は自分と相手の本性の求めに応じて他人と接する。つまり理性によって他人と接する。……取引することができるのは他人が私の利害と彼らの利己性が一致するとみなしたときのみで、私は他人の精神と私の利己性のためだけに取引を行う。他人がそうみなさなければ関係は結ばない。異議を唱える者は放っておき、かつ私はというと、わが道をそれることはない。(*ibid.*, 936 一〇三)

ランド哲学の特徴を示す語として「客観主義」が第二候補であったと述べたが、かえって怪我の功名として意を得た別の意味も持てるようになったとも言える。「objective」という形容詞には「客観的な」以外に「目的となる」という意味がある。合理的な目的を理想とし、それを合理的に達成しようとする個人の像を、私だけでなく他人にもあてはめてみるときに見えてくるのは、そういう利己主義者がつくる社会だが、それには他人を目的とし手段としないという特徴がある。これではカント倫理学の再述にすぎないと見る向きもあろう。しかしランドにおいては交換の正義論に基づく社会理論に媒介されることでこうした考え方が資本主義の道徳性という議論に結びついている。個々人の理性的な理想の実現を支持し、その過程での他人や国家からの暴力による干渉の排除を求め、やはり利己的であってよい他人を交換相手として目的とする人たちの社会を想定すると、その社会を動かす原理としての「objectivism」は「目的主義」に、また互いが互いの目的であるという意味では「対等主義」ともなるのである。

ランドにおける他人の尊重は自己の卑下や犠牲をいささかも含まない。利己主義者はしばしば孤立して一匹狼になり、虚空に一見獰猛に遠吠えしながらも自力では不可能な活動からしか得られない成果物を入手しなければ生きていけないことに気づかされる場面ではただの凡人になる。そこに共同体主義的《コミュニタリアン》な見解が入り込む余地があるのだろう。しかしランドにおいては利己性の追求がもたらす孤立の極みにおいて公正な取引を介して他人との接点が確保されるので、孤立からも不正な富を濫用した支配‐従属関係からも無縁でいられる。この意味で対等主義は巧みにも社会の構成理論たりえるのである。緊張に満ちた拮抗関係を伴うこの孤立と共同の切り結びの構図は、実際現代社会の実状に適合的である。単純な共同や連帯で簡単に解決するほど問題が与《くみ》しやすいものであったなら社会理論家の仕事はもっと気楽なものですんだだろう。実際に全文を読み上げればおそらく数時間に及ぶと思われる長大なゴールトのラジオ演説[14]の締めくくりの台詞は次のようなものであった。

> 誇りという美徳のために闘え。人間の本質たる主権ある合理的精神のために闘え。自分の道徳が生の道徳であり、自分の闘いが地上にかつて存在したあらゆる達成、あらゆる価値、あらゆる荘厳、あらゆる善、あらゆる喜びのための闘いであると知る、輝ける確信と完全なる公正さをもって闘え。私が自分の闘いを始めたときに誓った言葉を発する覚悟ができたとき諸君は勝利する。私の復活の日を知りたいと思う者たちのために、いま世界に向けて声を大にして繰り返す。自分の生とそれに対する愛によって誓う。私は決して他人のために生

きることはない。そして他人に私のために生きるように求めることもない。（*ibid*., 979 二五三）

孤独を渇仰する利己主義者は共同や連帯への志向を排除しないが、「取引」のみがその手段である。こうして適切な距離感を保って他人と共存する社会像が張り詰めた空気の中で開示されるのである。

こうした公正取引論からランド思想の孕む問題(c)への道筋が見えてくる。実はすでに倫理性の条件としての公正を「取引」概念と関わらせて述べたので議論の中に第三層が入り込んでいるが、それをさらに詳しく見よう。ランドはレッセフェール資本主義を支持し、それのみが文明の名に値する社会システムであると考えた。ただ彼女の用語「資本主義」は「道徳」と同様に意味が特殊なので説明を要する。

だがその前にランドの方法上の特徴について一言したい。以上の概観からすでに明らかだだが、ランドの思想は哲学的人間学から人間の判断や行為に関する理論として倫理学が導かれ、それが社会理論に接続するという構成をとる。これは伝統的な「道徳哲学」の理論家たちの手法でもあった。その特質は「ビルドアップ型のミクロ先行マクロ敷衍《ふえん》理論」と表現できる。これはメンガーの方法論について言われる「分解組立法」とほぼ同じものである（補論2第2節参照）いま一度ランド哲学の体系という問題に立ち返ってこのことの意味を考察しよう。先にランドの哲学を要約する際にそれが「便宜的」なものだと述べたが、その理由はランドが先述のウェストポイント講演（本章注10）で哲学が形而上学・認識論・倫理学・政治学・美学の五分野からなると述べ（Rand 1982, 3–5）、『資本主義――いまだ知られざる理想』では四分野論をとっているのに、三分野論で説明したからである。

哲学の四つの分野に対応して資本主義の四つの礎石がある。すなわち形而上学には人間の本性と生存が求めるものが、認識論には理性が、倫理学には個人の権利が、政治学には自由が対応している。（Rand *et al*. 1986, 11）

いくつか補足しよう。まずここで言う「形而上学」とは存在論だが、本書ではこれを認識論と併せて捉えてきた。なぜなら、存在そのものが生得的に持つ能力を想定するよりも理性を重視するのがランドの特徴で、このため理性は後天的に新たな諸機能を開発しなければならないので認識論に対応させられているが、それでも理性という能力とその基本的機能は存在にとって所与のものらしいからである。次に政治学を哲学の一分野とすることはやや特異だが、むしろ四分野すべてを「資本主義の礎石」であるとして資本主義と関連づけている点に最大の特異性がある。これは形而上学から社会理論までの三層体系をランドが一体不可分と見るからである。「哲学」という語をこれくらい広い範囲に適用するのは現代では一般的ではないし、各分野の関係も独自である。ただ彼女の四分法においては後二者とその相互関係が重要になる。倫理学に対応した「個人の権利」の核をなすのが所有権（私有財産権）であるもとで政治学に自由を対応させ、これらを理性重視の形而上学とともに「資本主義の礎石」とする背景には、これらがすべてそろっていなければ資本主義が成り立たず、資本主義が成り立たなければ自由と個人の権利が侵害され、結局は理性が崩壊して人間の本性や生存も危機に瀕するという見方がある。[15]

避けて通れないのは、「善」をどう定義するかである。ランドによると、善の本質については生得説・主観説・客観説の三つがある。生得説は状況や善を追求した結果とは無関係に特定の事物や行為そのものに善が備わると見る。主観説は現実との接点を持たずに、感覚、欲求、「直観」、気まぐれから善を定める立場である。生得説はある種の現実に善を読み取って意識とは無関係と考え、主観説はある種の意識に善を読み取って現実とは無関係とする。これらは融合しやすく、一方的な基準で善と判断したものを、その来歴の主観性を忘れて生得的な善として押しつけることになり、結局力技で善を達成しようとする。だがそこには本質的な矛盾がある。善とはあるものに価値があるとみなすこと、またはその価値の謂いだが、力で押しつけることで善を受け取る者の価値評定力が破壊されるからである。だがこのとき受け手がそれを善いと感じられないので、定義によってそれは善でなくなる。「力で善を実現しようとする試みは、ある人の目を抉るかわりに画廊を与えるようなものである」。残る客観説のみが客観的現実の評価から善を定義できる。善は発明されるものではなく発見されるものである。そして発見するのは理性である。こうした客観説と整合する社会システムとしては、個人の所有権を認め個人が価値を認めるものを自由に取引する資本主義以外には存在しない。そしてこのことが理解されていないのは道徳的価値の本質を明らかにすべき哲学が病んでいるからである（*ibid.*, 12-6）。

以上からすでに明らかであろうが、形而上学・倫理学・社会理論（政治経済論）からなるランド思想の三層体系の最後の部門においても理性が中心的な役割を果たす。「客観主義」という看板自体が理性の働きの重視と表裏一体なのである。かくて理性は三たび首座に据えられることになる。

3　資本主義はまだ成立していない

経済学者の裏切り

以上を踏まえてランドは「資本主義はまだ成立していない」という結論を下す。彼女の議論を冷静に受け止めればむしろ自然な結論なのだが、それでも常識的にはやはり驚きに値する。

かつて資本主義ほど力強く価値を証明し、偉大にも人類を利した政治経済システムは歴史上なかったが、同時にこれほど野蛮に、悪辣に、盲目的に攻撃されたシステムもなかった。……考古学者は数千年たった廃墟で壺の破片や骨一本をくまなく探し、先史時代の存在の情報を再構成しようとする。——だがまだ百年もたっていない出来事が風、洪水、地震などによる地質学的残骸のマウンドより深い地下に眠っている。沈黙のマウンドである。

かくも大規模に真実を消し去り、世界から公然たる秘密を隠し、また理想的な社会システムがかつてほとんど人間の手の届くほど近くにあったという事実を、検閲を課す権力もなければ大きな抵抗の声もないままに隠すといったことは、悪者の共謀では実行できない。賢い者たちの無言の恭順くらいでしか、それは実行しようがない。

資本主義の擁護者と言われる人たちこそ、沈黙および資本主義と利他主義の衝突の回避によって資本主義が事情聴取も公判も原理・本質・歴史・道徳的意味の公衆への周知もないまま破壊されようとしているという事実に対して責任がある。それは悪夢のようなリンチの形で破壊されようとしている。まるで盲目的で絶望感に打ちひしがれた暴徒がわら人形を見て、中に理想が具現した生ける身体が隠されているのも知らずに、わらが醜く束ねられているというだけの理由で火をつけたかのように。

(*ibid.*, viii)

本の表題『資本主義——いまだ知られざる理想』の含意はこれである。ところでこの「賢い者たち」とは誰であろうか。実はランドは資本主義崩壊の責任が古典派経済学者にあると見ているのである。この点を詳論するために彼女が引合いに出すのが『ブリタニカ百科事典』のエントリ「資本主義」である。

資本主義　封建制崩壊後の西洋世界を支配した経済システム。あらゆる資本主義的システムの基盤は人的でない生産手段（土地・鉱物・工場など資本と総称されるもの）の私的所有者と、自由だが資本を持たない労働者（雇用主に労力を売る）の関係である。……その結果両階級間に賃金契約が結ばれ、社会の総生産が、労働者階級と資本を持つ企業家階級の間で分配される比率を賃金が定める。

(*Encyclopaedia Britannica*, 1964, vol. 4, 839 ; cited in Rand *et al.* 1986, 4)

ランドにとってはこれが納得いかないらしい。なぜであろうか。それは資本主義を基本的に社会の必要物資の再生産システムとして捉えており、要するに資本主義とは資本家が労働者を雇用して再生産を行うシステムだと述べている（実は定義していないが）。これは古典派やマルクス派の所見だから、経済学という学問の語り口《ナラティヴ》に慣らされた耳にはこれを不可解とする発言こそ不可解に聞こえるかもしれない。しかし説明には明らかな矛盾が一つある。それは「工場 *industrial plant*」を「人的でない nonpersonal」としている点である（だからランドはこの語をイタリックにした）。土地や鉱物も森林を伐採したり地中から鉱物を採掘したり利用可能にするまでの過程で人の手が加わっているには違いないが、いずれもその作り手は人間ではないから、これらを「人的でない」とするのは便宜的に容認できるとしても、工場が人的でないとは不合理である。創造論なら天地創造の直後に、進化論でも人類が猿の仲間だったころに、すでに土地も鉱物もあっただろうが、工場が存在した可能性は絶対にない。工場を人間がつくったことなど誰でもわかる。だから問題は経済学がなぜこうした説明法をとるのかという点に帰着する。

種明かしをすると、それは説明の中に生産論的関心と分配論的関心が実に不用意な仕方で混在しているためである。経済学ではふつう生産要素を資本と労働と考える。そして生産の成果を売って得られた所得（売上金）がこの要素それぞれの所有者に分配される様子（分配論）までを視野に入れたいから、階級間での所得分配の説明が続くことになる。だが分配論では両階級ともが人的な存在なのに、生産論では資本側が人的でない事物として扱われるのである。土地・鉱物・工場が売上金を受け取るわけはないから分配論がこれら自体ではなくその所有者を受取人とみなすのは当然である。そして生産論で労働者側が生産に貢献するのもまた当然である。しかしではなぜ資本家は生産への貢献者として扱われないのであろうか。ランドが問うのはまさしくこの点である。すなわち生産活動がそれを計画・推進する人間の意図などなしに成立するとみなされること、そして説明の出発点でなぜかすでに分配可能なものが存在し、社会がそれをどう分け合うかだけが問題とされることである。このことは、特定の個人の所有物を「社会」を名乗る特定の個人の集団が強奪することを意味しうるのみである。かくて人の手と創意工夫をへて初めてそこに存在できる生産の成果を、あたかも聖書の「マナ」のように天から降ってきて社会がただで受け取って分配できるかのような語りによって、ある種の窃盗が正当化される。『アトラス』でもゴールトは「工場がまるで石や木や泥の水溜りであるかに」扱われると不平を漏らしている (Rand *et al.* 1986, 4 ; 1996, 955 〔二四〕)。

ランドが『アトラス』のプロットを社会主義運動のパロディとして、いわば資本主義運動として設定した背景には、経済分析の「公理系」を基本的に古典派経済学から借用したマルクスが想定したのとは正反対に、労働者の方こそ単独の人間としては生産に最も貢献している企業家を搾取している (とりわけ労働組合などを通して) という偶像破壊的なパラダイム転換の意図と、きわめて辛辣な皮肉とが込められている。この問題を「生産論における企業家の人格脱落 depersonalization of businessman in production theory」と呼ぼう。すでに『アトラス』が衝撃を与える理由は筋書以外にもあると指摘しておいたが、その理由が明らかになりつつある。筋書が背負うバックグラウンドはこれくらい根源的で深い層に達しているのである。[16] だから同作が思想小説と言われるのであろう。またこの公理系 (前提系列) は古典派にとどまらず限界革命以降の現代経済学が無批判に採用しているものでもある。

前にゴールトの他人との関係性に対する警戒の台詞が張り詰めた空気の中で述べられると説明しておいた。ではなぜ張り詰めるのであろうか。この問いに対する答えはやはり企業家の人格脱落の中にある。そしてそれは同時に『アトラス』の題名の由来も説明する。アトラスとはギリシア神話で世界の西の果てで天球を背負うよう罰された神で、地図帳の表紙ではそういうポーズをしている。この神が「肩をすくめる」との表題は、人間世界を繁栄させているのは自らの才覚で前人未踏の領野に踏み入った人物たちであり、大多数の人たちは日々彼らの恩恵に与って生きているのに、実際にはかえって前者が後者に押さえ込まれているから、彼ら才人がストを起こしたら人々は初めて世界の本当のなりたちに気づくだろう、と示唆しているのである。こうして執行的な徳を備えた人物が抑圧される社会構造に不満を抱き、それを告発するから空気が張り詰めるのである。

この問題を『国富論』を素材に再検討しよう。スミスは生産論においては現場労働者とともに機械の発明者や学者など関係者全体を生産への貢献者として挙げており（Smith 1976, I.1.9 I八-三〇）、企業家の人格を多少は考慮している。しかし分配論（賃金論）に入ると論調が変わる。彼はまず雇用関係のない時代は全生産物が労働者のものであったとして話を始める（I.8.2 I一〇九-一一〇）。だがその時代には企業家も労働者も同一人物である。だからどちらで呼んでもかまわないようにも見えるが、「労働者」と呼べばあたかも生産物の売上金が分配論的に賃金であったかに響く。しかし賃労働関係そのものが存在しないからこれはミスリーディングであり、正しくは利潤としなければならない。この問題点にスミスは気づかず自分自身が誤導されてしまうのである。すなわち彼は時代が下るにつれて賃金から利潤が差し引かれるようになったかに考えた。そしてのちにリカードやマルクスが議論を継承・発展させてしまった。これが「搾取論」の正体である。しかし生産への貢献度に応じて分け前を受けるという公正の原則が分配論において貫かれていないため生産論と分配論の間に整合性はない。A氏は裕福でB氏は貧しかった。A氏はあるものを作る計画を立て自分の出資で完成したがB氏も手伝った。A氏は市場が定めるB氏の貢献分はB氏に支払った。さて、ある年B氏に分け前が配られる前に誰かがB氏の名をA氏の所有物に書き込んだ。むろんこのときA氏を泥棒と呼ぶのは不当であろう。だがこの名義換えを行なったのがほかならぬ経済学者たちなのである。

搾取論とは単なる詭弁である。現実にはそれまで利潤しかなかった世界に企業家が賃金という分配カテゴリーを無から生み出してつけ加えており、労働者も得をしている。世界はその前後とも黒字であり、誰も損をした人はいない。賃労働関係が世界を総体として豊かにしたことは決して否定されてはならない。マルサスの懸念にもかかわらず一九世紀以降人口が急増したという事実がこのことを証明している（Reisman 2005a）。賃金、それは恩典でありマナである――ただし人間が生み出したマナである。

先述のとおり、こうした議論の偏向はスミスからワルラスを経て現代経済学さえ支配してきた。本書ではそれを「分配論における労働者先取原則 preemption principle for laborers in distribution theory」と呼ぶ。補論1でアリストテレスに端を発する等価交換の幻想のヴェールを剝ぎ取るが、その際不定量の最終単位の限界効用という現代経済学の価値論が置く大前提の背後にこの問題が潜むことを読者はあらためて見るであろう。労働者先取原則の偏向に最も深刻に翻弄された人物がマルクスであり、彼の説を信じて実行してしまったランドの故国でもある。「共通善」という名のもとにあらゆる悪事を働いてきたソ連をランドがかくも毛嫌いし、文明の対蹠《せき》点アメリカに亡命して全体主義を執拗に攻撃する理由はまさしくここにある。

部族主義なる古代の遺物

ランド独自の概念「部族主義 tribalism」についての説明によって彼女に関する分析を締め括ろう。

ランドの理論構成法の特徴が「ビルドアップ型のミクロ先行マクロ敷衍理論」だとすれば、経済学が社会をとらえるときのそれは一九世紀までの経済学（political economy）においてはミクロ理論の未発達を特徴とし、さらにはミクロ理論の発達を見た現代経済学（economics）においても、そのマクロ理論とのリンクの不在を特徴としてきたのである。しかしランドが求めるのは営利追求というミクロな利己心に基づいてこそ社会が豊かになるしくみを説明する経済学である。したがってランドの経済学批判は学説史などをとおした特定学説の批判ではなく、経済学の認識論的枠組（または「公理系」）、とりわけ集団主義的な分析手法に向けられることになる。

人間の研究によって社会についておそらく多くのことがわかるだろう。しかしこの手順は裏返せない。つまり社会の研究によっては人間について何も学べない。人間や社会という実体の自同性を確認せず定義することもしないいまま、その相互関係について学べるわけがない。ところがそれが大半の経済学者が採用する方法論なのである。（Rand *et al.* 1986, 6）

ランドは続ける。経済学者は人間が経済学の方程式に合致するという暗黙の前提を置くが、それは実は非現実的なので、本質的に実践的な学のはずの経済学は抽象的図式にとどまって実在する人間を捉えられない。例えば靴屋が生活のために靴をつくっていることは誰でも知っているのに、理論上はあたかも社会に靴を提供するために働いているかのように説明する。しかしこれはダブルスタンダードにすぎない。ランドはこうした特徴を生み出すもとになっている基本前提を「部族主義」と呼ぶ（*ibid.*, 2–5）。これは人間を個人としてではなく集塊として見る観点を批判的に総括した名称で「マクロ中心主義」とも呼べるだろう。ただおそらく「部族主義」はより歴史的な経験に根ざすもので、ヨーロッパが部族の利害のために個人を犠牲にするという、ゲルマン民族時代に遡る行動様式の残滓を拭いきれておらず、アメリカだけにその克服の兆候が見られるという含みがある。西洋社会を十把一絡げに理解して、西洋では個人主義が確立していて日本は前近代的な要素が多く残るから集団主義的だと考えがちな日本人には、こうした主張は蒙を啓くものであろう。

この結果経済学は自ら矛盾に陥ってしまった。人間科学は人間の研究であるはずなのに、自然科学をまねて人間を総体としてのみ扱い、挙句の果てに、厳密性で勝る自然科学に劣等感を抱いているが、それは個人を忘れた学知の自業自得である。これまでの経済学はいわば空を見るが個々の星を研究しない天文学、病気を研究するが患者を研究しない医学のようなものである（*ibid.*, 5–6）。

だから経済学は資本主義を擁護するふりをするのに実際にはその成立を阻んでいる。経済学は「社会」に関する学であるという意味で社会主義の研究にすぎず、資本主義の研究ではない[17]。こうしてランドは数百年以上の歴史がある経済学をその存立基盤から揺さぶったのである。私たち経済学者はこうした問題提起を正面から受け止めねばならず、決して無視したり詭弁的に論駁しようとしてはならない。

ランド思想の全体像はこれくらい広大である。むろん理性の復権を熱烈に唱える彼女の哲学にも反論がありえよう。議論の提示の仕方はあまり器用ではない。また哲学の体系書を書かなかったことも問題点として指摘できる[18]。

それに、ランド哲学は創造的人格を賞揚する点でいくぶん英雄主義的な側面を持ち、企業家の見方が一面的でもある（補論1参照）。それでも彼女が実に建設的で明朗な人間肯定の哲学を打ち出したという事実は否定できない。自己肯定的であるとともに他人否定的ではない対等主義を備え、さらにそれがアメリカ的な自由主義経済思想と不可分な形で結合している点で、ランドの思想は実にしたたかであって、決して思いつきの論理で簡単に論駁できるような安普請ではない。メッセージの核にあるアイディアが単純であることはむしろ見やすいが、それがかえって思想の持つパワーや根深い浸透力の源になっている。主著『アトラス』が「聖書の次にアメリカ人に影響を与えた本」とまで言われる最大の理由はおそらくそこにある。ランド思想の単純さを指弾する者は知らず知らずのうちにまさしくその単純さによって自分が出し抜かれていることに気づくであろう。

若き日のグリーンスパンが大学教育の枠外で惚れ込み、ふだんは大人しいのに大声を挙げてまで賞賛してみせた（次節で見る）のは、人類の精神生活の歴史と現在についてかくも気宇壮大な視野で根本的な見直しを求める、まことに雄勁な思想であった。しかしそれは一九世紀末ウィーンや二〇世紀アメリカで先駆的に表明され始めていた新アリストテレス主義をパワーアップしたものであることを補論2と3で述べる。

4 葬儀屋の反デカルト的転回

自分の存在を疑う葬儀屋

グリーンスパンがかつてランドに傾倒しその思想世界に心酔していたという事実はつとに指摘されてきたが、リバタリアンが政府要職に就くと寝返ったという語り口が支配的であった。この見方には一理あるがそれ以上は微塵もない。本書では周りがどう見ようと、グリーンスパン本人はあくまでかつての思想を奉じていると信じていることとを示す。問題はグリーンスパンの転向の有無、心的態度の一貫性《インテグリティ》を保っているという信念の真偽よりも、この信念によってもたらされた結果である。

グリーンスパンのランドとの関係の発端と展開は従来もっぱら第三者の立場から描かれてきたが、[19]『波乱の時代』で両者の会話の最も肝心の部分がわかるようになった。とはいえランドの側近の回顧録にもグリーンスパンのそれにはない発見があるので、まずはそちらを見てから本人の説明に耳を傾ける。

グリーンスパンのランドとの出会いは心理学者ブランデン（Nathaniel Branden 1930–）の手記に詳しい。彼はランドの門下生のうち最も若く、早くからランドと交流していた。彼らはマンハッタンのランドのアパートで毎週土曜に集まり、集団主義的な社会理論を個人主義的なそれで置き換えるべきだとの信念を確認し合っていたが、少数派の仲間意識から冗談半分に自分たちを「共同体 the Collective」と呼んでいた。この共同体にある青年が顔を出すようになる。

> 私たちのサークルに入ってきた人物のうち最も興味をひいたのはアインが初め毛嫌いした男であった。彼はエコノミストでカンファレンス・ボードに勤めていた。九か月前にジョーン・ミッチェルと結婚しており彼女の紹介で私たちのところへやってきた。背が高くてがっしりしており、髪は黒くて黒ぶちのべっ甲眼鏡をかけ、葬式に行くときのような黒っぽいスーツを好んで着てくるのだった。
>
> (N. Branden 1999, 111)

ランドの側近ブランデンのグリーンスパンに対する第一印象はこれであった。ランドのそれも同様で、彼女はこの青年を嫌って「葬儀屋」と呼び始めた。ただブランデンはじきにこの陰鬱な二六歳の青年の中に夢見る気質（a romantic）を発見し、かつそれを表明するのを恥ずかしがる気質にも気づいた。「伴奏で満足する」と本人は言うが、ある意味でソロ・プレイヤーに迫力がなければ伴奏者に食われてしまうこともありうる。こういう人物を侮るのは軽率である。心理学者であったブランデンは会話の中でグリーンスパンが厳密な論理にかなりこだわることを知って彼の卓越性を見抜いたに違いない。

当時彼はレッセフェールの支持者ではなかったが企業活動を根っから支持していた。しかし論理実証主義者でもあり、それは確実に何かを知ることは不可能であるということを強固に主張するものであった。論理は空虚だ、感覚は信頼できず、確率を高めることくらいしかできないと彼は意見を述べた。「自分は存在するとは思うけど自信がない。実際何かが確かに存在するとは信じられないんだ」と言ったのだ。彼は『水源』を褒め私たちの思想に強い関心を示した。(*ibid*., 112)

若き日のグリーンスパンが数学好きだったことは前述したが、朝鮮戦争時代には原子物理学や科学哲学に親しみ、マンハッタン・プロジェクト(グリーンスパンの地元を舞台にした計画であることを示すために強調しておく)に参加した科学者の一部が論理実証主義者であることを知るとこの哲学に魅了されていく(AOT 38 上巻五七-八)。そしてランドたちにもその立場を表明したのである。ランドは素朴なモダニストではなくアリストテレス的存在論を核にした哲学的立場をとるため、コントを含む「実証主義」全般にあまり価値を認めない。そして「よくもまあ彼なんかと話して平気ね」とブランデンに言った。ブランデンは「彼を知的に変えてみせる」と返答した。ランドは「ありえないわね。論理実証主義者ですって。彼とつきあうこと自体不道徳じゃないかと思うくらいよ」と答えたが、ブランデンは「まあ見ていてください」と話をつないだ(N. Branden 1999, 112)。

しかしグリーンスパンは不確定性のもとでは確率論的にしかものを考えられないという立場にこだわっていた。おそらくこれはカンファレンス・ボードでの仕事が、顧客である大手企業の業績下支えのための経済予測であったことと関係している。この問題をめぐるブランデンとの会話は紹介に値する。

ブランデン　自分が確実だと思えるものもないのにどうやって確率を判断するつもりだ？
グリーンスパン　君は自分が存在すると証明できるかい？
ブランデン　非存在として返答すればいいのかい？
グリーンスパン　論理法則を立証してくれ。
ブランデン　「立証」という概念は論理を受け入れていることを前提している。そうでなければそれにどんな意味がある？
(*ibid.*, 113)

数か月もこんな感じの膠着状態が続いた。ランドは傍観を決め込んでいたが，ある夕の集まりでブランデンはランドに「存在するのは誰だと思います？」と尋ねた。ランドは「えっ？　やったのね。彼は自分の存在を認めたのね」とたちまち事情を察知し，ブランデンは「彼を〈葬儀屋〉と呼ぶのをやめないといけませんよ。彼は実は非凡な人物です。そのうち好きになりますよ」と返した (*ibid.*)。

グリーンスパンはやがて「共同体」に迎え入れられ，ランドの大著『アトラス』の草稿を輪読してはコメントするという日々を過ごすようになるが，ランドは確かにブランデンの予感どおりに見方を変え，グリーンスパンを「眠れる巨人」と呼ぶようになる (*ibid.*)。

実を言うとブランデンはこうした時期をへてランドと愛人関係になり，一九五八年に彼女を助言者として「ナサニエル・ブランデン研究所」を開設するに至るが，一九六八年にランドと決別している。その後一九八九年に『最後の審判』(N. Branden 1989) というタイトルで手記を発表したあと，一九九九年に加筆修正のうえ別タイトルでこれを再刊する (N. Branden 1999)。だから読書界には不確定性，確率，存在をめぐる彼らの間での不思議な会話はグリーンスパンのＦＲＢ議長就任のすぐ後には知られていたことになる。ただ一連のやり取りを読んでも争点もグリーンスパンが説得された理由も十分にはわからない。

この状況は本人が『波乱の時代』でランドとの出会いとその後のいきさつを詳しく紹介してくれたおかげで一変した。グリーンスパンがランドのサークルに出入りし始めたのはブランデンが言うとおり一九五二年に結婚したジョーン（Joan Mitchell）を介してである。ブランデンが一九五三年一月に結婚したバーバラが彼女と親しく、またグリーンスパンも『水源』を読んでいたことからランドに関心があった。ただランドのサークルの話を妻に聞いていたのに、グリーンスパンが実際にランドのもとに出向いたのは一九五三年に彼女と別れるころであった。おそらく、家庭生活に不安定感があるため、仕事で数理的なデータ処理に追われて家に帰っても落ち着けずに焦燥感に駆られていたものと思われる。

すでに齢五〇に近づいていたランドはこの点を当然のように見抜き彼が不幸そうだと思ったという。ただこうしたエピソードは多分に語り手の視点で綴られるから、グリーンスパンの立場も考慮して捉え直すことで公平を図るべきであろう。まず印象の多くは外見からの単純な連想にすぎない。内気で言葉数が少ない青年がブランデンの描写にあるような黒ずくめの身なりで、利己主義を賛美する自己主張がちな作家のアパートに入れば、いかにもそんな評価を下されそうである。次にグリーンスパンなりにはランドの思想に魅かれたものの、彼女の「合理」概念の特殊性からやがて自分が培ってきた世界観との間に思想的対決が生じるだろうと予感して相手の出方をうかがっていた節もある。

いずれにせよ問題は論理実証主義と人生や世界の不確定性という点にあった。『波乱の時代』はいわばアメリカ経済界の長老が八〇歳を超えてから出した本だが、若き日の出来事を鮮明に回想しているシーンがあるので紹介しておこう。グリーンスパンは論理実証主義を丁寧に解説してくれている。

論理実証主義とは……経験主義の一種である。ルートヴィヒ・ヴィトゲンシュタインが切り開き、知識が事実と数値からのみ得られるというのが主な教えである。このため厳密な論証をきわめて重視する。道徳的に絶対なものなどない。すなわち価値や倫理、人々の行動様式は、文化を反映したものであって論理に従うものではない。……私の中の数学者がその際立って分析的な信条を信奉させたのであった。

（AOT 39 上巻五八）

この「道徳的に絶対なものなどない」という世界観は現代における知性の全般的な動揺を端的に表す信条であろうが、クリントン時代にグリーンスパンとともに働いた財務長官ルービンも同様の信条を回顧録の基本コンセプトとし、この点でグリーンスパンと気が合ったとしているのは興味深い[20]。

グリーンスパンはランドの知的な面での基本姿勢から説きおこし、自らのこうした世界観が彼女のしかけた折伏のような尋問で敗北を喫した経験を再現している。やや長いが引用しよう。

ランドは分析的であることにおいて確固不動で、どんな考えでも直ちに基本的構成要素にまで分解し世間話には目もくれなかった。こういう強面《こわおもて》ぶりにもかかわらず会話にのぞむとオープンだと気づいた。彼女は誰がどんな考えを出してきてもそれを考察対象とし真摯に価値を見出そうとした。

初めの数回は黙って話を聞くだけだったが、そのうち論理実証主義の立場を打ち明けた。何を議論していたときだったか思い出せないが、何かに駆り立てられて道徳的に絶対なものはないと主張したのである。アイン・ランドはこれに食いつき「なぜそう言えるの？」と聞き返してきた。

「本当に合理的であろうとすれば経験的証拠が十分なければ確信も抱けないからです」と述べた。

「なぜそう言えるの？」と彼女は同じ質問をし、「自分なんて存在しないんじゃないの？」と続けた。

「それは……、答えようがないですね」と私は一歩譲った。

「自分が存在しないとでも言いたそうね？」

「言おうと思えば……」

「なるほど。じゃあそう話しているのは誰？」

たぶんその場に居合わせていなければ、あるいはもっと正確にいうと、たぶん二六歳の数学オタク《マス・ジャンキー》でなければわからないと思うが、私はこの会話で心底ショックを受けた。私の立場が矛盾していることを彼女がものの見事に指摘したということは自分としてはわかっていた。

だが単に矛盾を衝かれたどころですむ話ではなかった。私は理詰めで考える能力にプライドをもっており知的な議論なら誰にも負けないと思っていた。なのにアイン・ランドと話していると、チェスをして初めはうまく指せていたのに気がつくと急に詰んでいるような気にさせられた。自分がこうだと思っていた多くのことどもがひょっとしたらただの勘違いかもしれないと思い始めた。もちろん私はうろたえているくせに強情だったのですぐに負けを認めはしなかった。その代わり黙り込むことにした。

その夜からランドは私にニックネームをつけて距離をとった。あだ名は「葬儀屋」だった。一つには私が真面目くさっていたため、もう一つにはいつも黒っぽいスーツとネクタイを身に着けていたためである。あとで知ったのだが、それからの数週間彼女は人の顔を見ると「ねえ葬儀屋は自分が存在することに決めたの？」と尋ねていたという。 （AOT 40-1 上巻六〇-一）

ランドとグリーンスパンの会話がこうして明らかになったことでおそらくブランデンの回想の不明点が解明される。まずランドのグリーンスパンに対する第一印象は単に場違いな人物が紛れ込んできたといったものであっただろう。論理実証主義は客観主義と相容れない。おそらく出会ってから比較的早い時期にこの会話が交わされた。それによって確認した彼の思想、結婚の失敗という境遇に外見の印象が加わってランドは彼を「葬儀屋」と呼び始めた。そして門前払いを食らわせようと思ったが、弟子のブランデンの説得でしばらく様子を見ることにした。ブランデンは苦労したが、グリーンスパンが最初にランドとの会話で受けた衝撃はあまりに大きく、彼の説得よりは最初の衝撃ゆえにあまり間を置かずに自分が存在すると認めるようになった。そうして「共同体」に迎え入れられると、自分の存在も認めない「葬儀屋」を他のメンバーの前で揶揄してみせたというエピソードをランドから面白おかしく聞かされた。

葬儀屋とランドの対立と融和

ランドとグリーンスパンの会話には注目すべき点がある。グリーンスパンの金融政策の遠い源流がここにあるとさえ思えるのでその特徴を考察してみよう。

第一に、グリーンスパンが回想した台詞が逐一正しいと仮定してのことだが、ランドの「Don't *you* exist? 自分ないて存在しないんじゃないの?」という否定疑問文は質問というよりは反語的でありながら、同時に字面の反対を結論として共有させるという反語の定則にも従っていない点で一種独特の表現である。これには確かに「答えようがない cannot be sure」だろう。それは客観主義的な存在への転回にいざなう巧みな誘導尋問である。哲学の玄人《くろうと》が、ある意味でやや粘着質な表現で、二〇歳以上年下の、玄人とはいえない青年を試みにかけているのである。のちの日のあの老獪《かい》なＦＲＢ議長が(若きモーセが?)、未熟(green)なままぐるぐる回らせられた(span)のだ。

第二に、この「存在」をめぐる不思議な会話には論理実証主義とランド哲学の関係が示されている。外界の対象を観察して感覚された所与から対象を明らかにするのが一般的な意味での経験主義である。英米哲学に特徴的なこの指針を論証手続面での厳密化で純化したのが論理実証主義だが、では分析を行う自分は分析されるのであろうか。そもそもそれは誰であろうか。彼女によると、論理実証主義では知識は事実ではなく言語に立脚する。だがその言語は対象と接点を持たないので知識探究が言語操作にとどまる。妥当性の基準は便宜的なものにすぎなくなり、科学者の仕事は実在の認識ではなく恣意的な知の構築に終始する。またそうするにも次の二点が条件になる。まず科学者は知識の確実性を要求せずかわりに「確率のパーセンテージ」を要求し不可知なものの確率がなぜ計算できるかは問わないこと、次に価値は科学の対象外で理性は価値を取り扱えず道徳的価値は主観的選択の問題であって精神ではなく感覚が示してくれると信じることである（Rand 1961, 32）。論理実証主義者は形而上学をめぐる議論がもつれるのを見てそれを排そうと考え、論証手続を数理化・厳密化したが、そのことでこの方針の成立条件に無頓着になり、かえって偶発的な所与を是とする形而上学に陥ったのである。形而上学一般を侮蔑しながら。

第三に、客観主義はデカルト主義とは異なる。グリーンスパンに外界の分析以前にそれを行う自分という存在に注目するよう促すとき、ランドは「我思う、ゆえに我あり」における「思う我」に彼を帰着させようとしたようにも見える。哲学史の通説はデカルトがこうして思考の出発点として明晰判明な「自己」を見出したと説く。しかしランドにとってこれはお粗末な神話にすぎない。先にふれた「部族主義」批判は『新たなる知識人のために』で展開される。同書でランドはデカルトを痛烈に批判した。彼女は中世に広まった意識の所与を重視する思想を抽象的な思惟能力に乏しいゲルマン的な武人の特質としたうえで、それが宗教的権威による自らの正当化を求めるという図式で西洋哲学史を捉えた。そこではデカルトが宗教的権威を哲学の中に再び導き入れたことになる。彼は哲学を数学同様に合理的で論理的だとする一方で、その認識論はアウグスティヌス的な「意識の先行的確実性」に訴えるだけで意識の所与に絶対性を与え、この気まぐれな所与に外的実在が従ってくれるかのような説を立てたため哲学を混乱に陥れた（*ibid.*, 24-5）。

実はランドはこの観点から武人を「アッティラ」または「フン」、宗教的権威を「呪術師 witch doctor」とキャラクター化し、仲間でソフトボールをするときにチーム名としていた（図1・2）。かくて上の会話は「思う我」という所与へのデカルト的転回を促すものではない。彼はむしろ「我あり、ゆえに我思う」と言うべきであった（Rand 1996, 969［四］）。若き日の議長は何も知らずに巨人の門を叩き、その思想の神殿の前で裸にされて「存在」の息吹を吹き込まれたのだ。まず我という存在から始め、しかる後に事物を認識せよ。いわば「反デカルト的転回」である。しかもランドの台詞は四種類五回だから、たった四〜五本のパスで相手の陣形を完全に崩して叩きのめしたことになる。二〇代で計量経済学に出会ったこと以上に、同じ若さで世界的な思想家からその後の生き方を定める決定的な導きを受けられたことは、マンハッタン・マンにして初めて可能となった実にゴージャスな経験ではなかろうか。

彼女の主著『アトラス』は一九五七年刊だが、それまでに仲間うちでランドのアパートに集まって輪読しコメントを加え合っていた。この「共同体」の顔ぶれはブランデン夫妻、ブランデンのいとこアラン・ブルメンソール、バーバラのいとこペイコフ、グリーンスパンとジョーン・ミッチェルら八人である（N. Branden 1999, 114. また図1・3

図1・2　セントラルパークでソフトボールを楽しむランド・サークル

出所）Martin 2000.
注）グリーンスパンは後列左から3人目で呪術師チームの一員。

図1・3　1955年，ブランデンの妹エレインの結婚のとき

出所）Martin 2000.
注）左からグリーンスパン夫妻（夫人はジョーン・ミッチェル），ブランデン夫妻。後列，ペイコフ，カルバーマン夫妻，ランド夫妻，アラン・ブルメンソール。

も見よ)。ランドは週によって別の弟子を褒めたらしいが、最も高く評価したのはペイコフの哲学の才能とグリーンスパンの経済学の才能であった(*ibid.*, 159)。グリーンスパンはこの『アトラス』輪読が進む中で「興奮してワクワクし始めたが、誰もが彼のそういう様子を見るのは初めてだった。内気そうにおずおずと自分の中にある夢見る気質の一面を表し始めた」(*ibid.*, 113)。

こうしてグリーンスパンはランドの世界に引き込まれていく。ブランデンの説明をもう少し追って行こう。グリーンスパンは『アトラス』について「一読すると……気分が昂揚する」とか「実業によってなしとげられたことの真の意味をあなたほど壮観にまで仕立て上げた人はいません。この本は人間の知性に対する讃美歌です。すばらしい」と熱を込めて絶賛し、あるときはむしろ厳《おごそ》かに「誰もこの本を理解できない人はいませんよ。アイン、知性、有能さ、達成をあなたが祝福していることは明白で、それは力強く、反論の余地はありえません。……人間の生の基盤に関する解明は、輝きを放つ光が隅々を照らし出したように正確で……精密で……心の中のもやもやがすっかり吹き飛ぶほどです」と述べた(*ibid.*, 160, 167)。

「葬儀屋」と呼ばれた人物がこうも強く反応したことに他のメンバーはさぞかし驚いたことであろう。しかしそのことがかえって彼を共同体の中に溶け込ませる結果になったことも想像に難くない。グリーンスパン本人の回想からもランドへの傾倒ぶりがうかがえる。

アイン・ランドは自分の人生に安定感をもたらす存在になった。短い間に心が通い合うようになった。いやむしろ私のほうがランドの心に近づいた部分が大きい。……ランドはまったくユニークな思想家で、鋭い分析力、強い意志、原理への忠誠を示すとともに合理性こそ最高の価値だと断言した。この点で私自身の価値観とも一致し、二人は数学と厳密な思考が重要だという合意に達した。

しかしランドの思想にはまだまだ先があった。かつて挑戦を仕掛けてみた誰よりも広い思想的拡がりを持っていた。彼女は筋金入りのアリストテレス主義者で、その中核となる思想は、意識とは別個に客観的実在が存在し、それを知ることができるというものであった。だから自分の哲学を客観主義と呼んだのである。またアリストテレス倫理学の基本的要素を応用していた。すなわち誰にも生まれつき高貴な性質が備わっており、この隠れた高貴さに気づくことで自分を花開かせることが人間にとっての最高の義務だという考え方を持っていた。ランドと思想を追究することは論理学と認識論の優れた講義を受けることであった。私はランドの主張にほぼいつもついていくことができた。

（AOT 51 頁）

二一世紀に入ってからのこの回想は、存在論を重視したランドの論理実証主義批判を自分の側に引き寄せている。特に「論理学と認識論」という表現がそうであろう。それは哲学自体には実は関心の薄い彼なりのランド観が半世紀以上の風雪に耐えて再述されたものでもあろう。もっとも「客観主義」の理解は正しいし、アリストテレス倫理学についてもランドの弟子としてその要点を咀嚼《そしゃく》している。

批判からランドを護るグリーンスパン

さて、アメリカで聖書の次に影響を与えることになる『アトラス』だが、満場一致で歓迎されたとまでは言えず辛辣な批判に晒されることもあった。批評家グランヴィル・ヒックスは、『ニューヨーク・タイムズ』紙に「うずもれた才能の寓話」と題する書評を寄せ、凝った文体で同書を酷評した。

このラブレー的大作は文学的著作というよりはデモ活動のようなものに見える。作品が長いことは先の尖った角を好き放題振り回して敵の街の城壁をぶっ壊すごとくに真理（といってももちろん著者の）の敵を粉砕してやれという著者の決意を示すものらしい。文学的にはいかなる意味でも真面目な小説などではなく、強い思い込みを喧嘩腰で情け容赦なくぶつけた作品である。読者の耳の中でがなり立て注意をそらさせまいと頭のあたりを殴りつけておき、読者が屈服したと見るとどのページでも説教をまくし立てる。本作にはメロドラマ調、説教調の二つのトーンしかなく、いずれにおいてもおよそ限度を知らない。……ゴールトは理性を賛美し、神秘主義と相対主義を弾劾し、創造的な個人の神聖な重要性を唱える。……ただランド女史が人生愛を声高に主張しても、本書が憎しみから書かれたのは明白である。彼女が持つ憎しみの大きさは『肩をすくめるアトラス』の結末が示している。

(Hicks 1957 ; cited in H. Rubin 2007)

『アトラス』の結末ではゴールトらの失踪でアメリカが大混乱に陥り、大渋滞とニューヨークの停電のもと一大パニックが襲う。ヒックスは作中人物の長大な演説に展開された現状批判と強烈な個性や確信を頭から嫌ったものと思われる。結びにもその姿勢が貫かれている。

おそらく自分と多少の善良な知人たちを除く全人類が一掃されるなんていうのもいい考えだと感じる瞬間が私たちの大半にある。しかしこうした気分を、十四年かけて一一六八ページも書いた著作全体をとおして保持し続ける人物にはあきれ返る。

(*ibid.*)

そんな瞬間があるとの告白は、ただ書き手の精神的荒廃ぶりを伝えるのみであろう。ランドのディストピア的筆致がなぜかホロコーストを想起させたらしい[21]。確かにランドは利己主義者が抑圧を不服に思って社会に貢献しなくなった結果を大袈裟に描きすぎたかもしれないが、非難の筆致もどこか感情に流された色合が濃く、冷静な感想というよりは勝手な連想を書き連ねた部分もある。これは批評の域を超えている。しかしここで重要なのは、何とこの書評に対してほかならぬグリーンスパン本人が直接弁護の筆を執り同紙編集部に次のような投書を寄せたことである。全文を引用しよう。

『肩をすくめるアトラス』は人生と幸福を祝福するものである。正義は確固不動である。創造的な個人、ブレることのない目的や合理性により喜びと充実が成就する。目的も理性も避け続ける寄生者たちは死ぬべくして死ぬ。ヒックス氏は「こうした気分を、十四年かけて一一六八ページも書いた著作全体をとおして保持し続ける人物に」猜疑《さいぎ》心をもってあきれ返っている。この読者は確固不動の正義を見出した人の人柄を不穏なものではないかと疑っていることになる。

(Greenspan 1957; cited in H. Rubin 2007)

相手を寄生者呼ばわりしているとも読める激しい難詰の筆致からはグリーンスパン自身がランド思想に深く傾倒していたことが見て取れる。のちに政府要人になってからは彼が一種の折衷主義に傾いたことは事実だが、ランドに心酔した自らの青春に墓標を打ち立てようとした形跡はなく、むしろ「ランド派エコノミスト」への道を追求することがＦＲＢ議長時代にも彼の一大テーマであったと思われる。

ランドとは彼女が一九八二年に他界するまで親しい関係が続いたし、自分の人生に大きな影響を与えてくれたことに今でも感謝している。彼女に出会うまで私の知的世界は狭かった。それまでの仕事はみな経験的で数字をベースにしたもので価値を追究するものでは全然なかった。高い能力を要する技術的分析をしていたが、それだけであった。論理実証主義に依拠して歴史と文学を軽視していた。……ランドは私に人間と人間が抱く価値、人間がいかに仕事をしているか、何かをしたらそれはなぜか、何かを考えたらそれはなぜか、こうしたことを観察するよう促した。これによって、身につけていた経済学のモデルをはるかに超える広大な世界を見渡せるようになった。社会がどう組織化され、文化がどんなふるまいを示すかを学び始めたし、経済学と経済予測がそういう知識に基礎をもつことがわかるようになった。文化が異なれば物的な富もまったく別の方式でつくられる。こうした見方はすべてアイン・ランドによって自分のものにした。彼女は私がそれまで背を向けていた広大な領域に連れて行ってくれた。

（AOT 52-3 上巻七七-八）

グリーンスパンが論理実証主義について「価値や倫理、人々の行動様式は、文化を反映したものであって論理に従うものではない」と述べていたことを思い起こそう。このとき文化はそれ以上遡れない実体である。ところがランドとの出会いのあとは、人間のミクロな行為から社会のマクロな帰結に至るプロセスを想像できるようになったと述べているのである。グリーンスパンは統計数値の背後に生きて動いている人間を嗅ぎとれるようになったと回想しているのだ。つまり現代経済学の用語でいう「ミクロ的基礎」を獲得したのである。しかしそれは彼がルーカスになったことを意味するわけではない。以前から行なっていた統計や議会資料を駆使した綿密な調査の対象を個々の産業から経済全体に拡大する道筋を見出し、このことによって景況判断が正確になり、顧客の信頼を得るようになる。こうしてランドが強調した「道徳哲学」を基底部に据え営利追求という「習慣」のあり方とその帰結に思いをはせるエコノミストとして、他人に真似のできない独自の立場を固めていくのである。

金融政策において歴史的な偉業を成し遂げ、まもなくそれには似つかわしくない帰結を耳にする二〇〇七年ごろのある日、八〇歳を超えた世界的エコノミストが書斎でキーボードに向かっている。昔を振り返って沈思黙考する中で彼がかくも肯定的な筆致でランドについて書き留めたことは偶然ではない。ランドとの出会いによって「世界観がすっかり変わってしまった」と述べているほどだからである（AOT 39 上巻五九）。次章ではランド体験がエコノミストとしての彼のキャリアにどのような影響を及ぼしているかをつぶさに見ていこう。

第2章　中央銀行を嫌う中央銀行家の肖像

1　ニューヨークのリバタリアン・コネクション

ニューヨークに集う大陸知識人たち

オーストリア経済学者のミーゼスやロスバードはいずれもランドの同時代人で、ニューヨーカーでもあった。ランド派とオーストリア学派のこの邂逅《かいこう》は歴史的なものである。そればかりか、両者が道徳哲学というミクロ的基礎を持つ体系構築の手法を堅持して自由主義復興のための基盤を構築した点で、それを経済学史の一大転換点と捉えることも可能であろう。この邂逅に発する彼らの交流は密接であるとともにお互いに相手から学び合う双方向的なもので、全面的な意見の一致はなかったものの実りあるものとなり、それはある意味でいまなお続いている。

前章でグリーンスパンがランド・サークルの中核メンバーとして『肩をすくめるアトラス』の草稿輪読会に参加し、『ニューヨーク・タイムズ』紙上での同著に対する感情的非難に一見冷静だが実はかなり激しい反論を加えたことを紹介したが、彼のように早い時期から直接交流を持つという形以外にもランド思想の支持者になるパタンがあった。例えば『アトラス』刊行後に手紙でランドを賞賛して彼女が自宅に招いたケースがあった。手紙を寄せた人物の中には実はミーゼスとロスバードという新オーストリア学派の代表者さえ含まれていた。またランドの弟子ブランデンが研究所NBI（Nathaniel Branden Institute）を立ち上げたことにもふれたが、この講義を聴いてランドに関心を深めた人たちもいた。端的に言って、彼らが一九五〇年代以降いわば「ニューヨークのリバタリアン・コネクション」のようなものを形成していたと考えてよい。そこでこのコネクションの様子を見ていこう。

第一にランドに寄せられた読者からの手紙で始まった交流について述べよう。本書の関心から最も注目すべきなのは新オーストリア学派の総帥、ミーゼスの手紙である。ユダヤ系であったミーゼスはヒトラーが政権を取ったあとの一九三四年に故国を離れてスイスのジュネーヴに身を寄せるが、ナチスがスイスに接近し始めるとヨーロッパを離れ、一九四〇年にニューヨークにたどり着く。彼にとっては未知の土地であり、信じがたいことに大学にポストを得ることさえできなかったが、ハズリット（Henry Hazlitt 1894–1993）の紹介で一九四五年にニューヨーク大学の客員教授となり（ただし無給）、この街に住んでいた。彼は『アトラス』を読んで感動し、ランドに手紙を寄せている。日付は一九五八年一月二八日である。文面は簡潔な賛辞で始まり、プロットを褒めてからこう述べている。

しかし『肩をすくめるアトラス』は単なる小説ではありません。それはまた……私たちの社会に猖獗《しょうけつ》する悪の説得力ある分析であり、自称「知識人」たちのイデオロギーに対する力強い拒絶であり、政府や政党がとる政策の正体が不実であることの容赦なき暴露です。それは「道徳的食人種」、つまり「学問のジゴロ」を、それから「反産業革命」を言い立てる者たちの「学問的無駄口」を痛烈に暴き立てたものです。（Mises 2007）

「道徳的食人種 moral cannibals」とは『アトラス』に出てくるゴールトの台詞であるが、その含意は辛辣である。すなわち経済学者によると執行的な徳を備えた人物が搾取しているというから山中に隠遁してもう搾取をやめたが、その結果起こった社会混乱を見よ、という意味であり、言い換えれば、逆搾取を告発するための造語である

(Rand 1996, 925 一〇八九-九〇)。

ロスバード(Murray N. Rothbard 1926-1995)も『アトラス』に大いに感動してランドに手紙を送っている。日付はミーゼスより早い一九五七年十月三日である。彼の文体は専門書においてさえ豊富な語彙を湛えた淀みを知らぬ大河であるが、この手紙もミーゼスのよりもかなり長く、修辞的にも巧みである。彼はまず『アトラス』を「これまで書かれた最も偉大な小説」と称賛し、ドストエフスキイやトルストイからも得られなかったものを与えてくれるとさえ述べている。彼によると、自分はいままで小説を見下していたが、原理と人格を一体化させることでランドがそれを一段高い表現形式に昇華させた。思想史的意味については、自然権、自然法哲学の流れを汲むものと捉えて、アリストテレス認識論を学ばされたと告白している。一つ興味をひくのは、前章で紹介したヒックスの書評を「名誉を損ない、気分の悪い記事 disgraceful and disgusting column」としている点で、彼の感情的な言葉がグリーンスパン以外をも不愉快にさせた実例である[1]。さらにロスバードの賛辞は次のような高みにまで達している。

これまでの人生で二回だけ、ある本が出たときに若者として生きていることを名誉かつ幸福に思ったことがあります。最初は一九四九年に出たミーゼスの『ヒューマン・アクション』でした。最近では『肩をすくめるアトラス』です。……それから『肩をすくめるアトラス』はかつて書かれた最も偉大な小説であるだけでなく、フィクション、ノンフィクションを問わずかつて書かれた最高に偉大な本の一つです。実際それはかつて人間精神が生み出した最も偉大な達成の一つです。私は本気です。もしツァラトゥストラが地上に戻るようなことがあり、人類の代表として私に「汝ら、人間を凌げる何をか為せる」と印象的な問いを問えば、私は『肩をすくめるアトラス』の方を指さそうと思っています。(Rothbard 2007c, 16)

ブランデンは彼の手紙を「最高の知的水準を示す理想的なファンレターのモデル」としているが(N. Branden 1999,

230）、実はその後ランドとロスバードの仲はこじれていく（後述）。

ＮＢＩ（ブランデン研究所）

第二にＮＢＩ経由のランド思想の普及過程を見よう。ＮＢＩの発端は、ブランデンが客観主義思想を普及させようとして行なった「ナサニエル・ブランデン講義ＮＢＬ」にある。ランドは一九五七年の『アトラス』刊行後激しい脱力感に襲われてうつ状態に陥っていた。ブランデンはバーバラと結婚していたが、一九五四年以降はランドと愛人関係になり、次第に弟子筋の中で特権的な地位を得るようになる。(2) ランドの抑うつと『アトラス』に対する攻撃を見て客観主義の陣営を強化する必要を感じたブランデンは講義による思想の普及を思いついたのである。一九五八年に始まったこの講義は「客観主義の根本原理 Basic Principles of Objectivism」と題されていた。生徒集めには、ランドにファンレターを寄せてきた読者のうちニューヨークから百マイル圏内に住み手紙の文面が知的な者に案内状を送るという効率的なマーケティングの手法が用いられた。一九五八年の一月から始まって週一回で全二〇コマ続き、受講料は一人七〇ドル、会場はパークアヴェニュー三七丁目（ブランデンやランドの家から近い）のシェラトン‐ラッセル・ホテルの一室であった。ランド自身は積極的に関与しなかったが、質疑応答には臨席した。ＮＢＬでもＮＢＩでもブランデンはランドの名を用いなかったが、これはまだ二〇代後半で講義の経験もない状態から、自らアクションを起こして理想を実現しようという意気込みを物語る。講義は二八人の生徒でスタートした。聴講者の顔ぶれは多様で、年齢的には十六歳の少女から六〇歳の大学教授まで、職業的には法律家、教員、精神科医、技術者、主婦、学生などがいた。規模はたちまち膨らみ、のちにブランデンはＮＢＬを法人化してＮＢＩとする（*ibid.*, 205–8）。

ＮＢＩでは「共同体」メンバーが幅広い講義を提供した。ブランデンは筆頭講義「客観主義の根本原理」のほか「客観主義心理学」「ロマンティックな恋愛」「精神病理の心理学」などを、ペイコフが「批判的哲学史」「客観主義の知識論」などを担当した。商才に長けたバーバラ夫人がテープ録音による地方配信を考案し、のちに故国カナダだけでなくヨーロッパ、オーストラリア、アフリカに配信エリアを拡大している (*ibid.*, 236 ; B. Branden 1987, 307–8)。またブランデンはＮＢＩ出版、ＮＢＩ書販、ＮＢＩアート産業など関連会社を設立するとともに、逐次刊行物として一九六二年に『客観主義ニュース Objectivist Newsletter』を立ち上げた。これが発展して、一九六六年に『客観主義雑誌 The Objectivist』となる (*ibid.*, 313, 324 ; N. Branden 1999, 295, 259)。こうしてランドの心の中だけに住まう萌芽的な着想にすぎなかった客観主義は組織を備えた「客観主義運動」に発展していく(3)。

興味深いのはオーストリア学派の若手学者や大学の外のリバタリアンがＮＢＩの聴講者となり、ＮＢＩがいまなお続く自由主義復興運動、急進資本主義運動の有力な母体となったことである。その一部には補論3でふれることとし、ここでは本章の主題との関連で注目される点を取り上げよう。まずロスバードがブランデンの講義の聴講者だったことである。彼も当時はニューヨーク在住で、先述の手紙が機縁となってランドに招かれた。ただ彼はランドが掲げる最小政府主義 (Rand 1963) に反論して無政府主義を唱えたため、ブランデンの目には敵対的と映った。ランドもここに反発し、のちに痛罵するようになる(4)。

実はこの点が「リバタリアン」の語義をめぐる問題と関係している。ランドはロスバードの無政府的資本主義論と区別するため自らをリバタリアンではないと主張した。一九七一年にニクソンの物価・賃金政策などに反発してノーラン (David Nolan 1943–2010) が第三政党、リバタリアン党を結成する。ロスバードもその創設者の一人だが、同党は最小政府主義を掲げており、またフリードマンでさえ「リバタリアン」を名乗っていたというのが実状なので、本書では「リバタリアン」を個人主義的自由主義一般を指す語と捉えてランド派も含める(5)。

オーストリア学派とランド

新オーストリア学派とはミーゼスのもとに集った人たちが形成した学派で、名称とは違ってニューヨークを拠点としていたが、ロスバードらは弟子の世代にあたる。ランドはミーゼスのまわりの一九世紀生まれの学者たちにはものを教える方ではなく教わる立場ないし対等な立場で接した。

亡命後彼女はまずシカゴから西海岸に移って脚本家を目指し、のち一九五一年にニューヨークに移住するが、ブランデンは彼女の西海岸時代に手紙をきっかけに直接会っている。そして彼らはハズリット夫妻ともすでに交流を持っていた。これはランドがハリウッドで脚本家修行をしていた時代にフランシス夫人がパラマウント・ピクチャーで働いており、ランドとかなり気が合ったためである。当時夫妻はニューヨークに住んでいたが、ロサンジェルス訪問の際にランドとパーティを催したことがあった（N. Branden 1999, 53）。ハズリットは日本では知名度が低いが、代表的なオーストリア経済学者の一人である。(6)

パーティにはブランデンも同席し、ハズリットの入門書『すぐわかる経済学』（Hazlitt 1979）を賞賛した。その席にはレナード・リード（Leonard Read 1898–1983）もいた（N. Branden 1999, 53）。リードはロサンジェルス商工会議所会頭や全米商工会議所ロサンジェルス支所会頭などを務めた人物で、一九四五年ごろから短期間カンファレンス・ボード（のちのグリーンスパンの職場）の副所長をしており、一九四六年に資金援助を得てハズリットとともに経済学教育財団ＦＥＥ（Foundation for Economic Education）を創設した。ＦＥＥはアメリカ最古の自由主義系シンクタンクで、リバタリアン運動の展開に大きく寄与している。(7)

ランドはハズリットを介してミーゼスと直接話をする機会を持った。還暦近くになって見知らぬ国に移住してきたこの世界的な経済学者にとっても、ランド派のような徹底した思想を掲げる学派が近くで活動していることは一種の僥倖《ぎょうこう》であったと言えるかもしれない。ブランデン夫妻はオーストリア学派が当時のアメリカでは知られざる学派で、ランド派が出版物の中で推奨したことがその知名度の向上に寄与したと述べる（*ibid.*, 81, 262；B. Branden 1987, 188–9）。そしてランドとブランデンはミーゼス夫妻と直接顔を合わせる機会を持った。ブランデンの回想では当時七〇代だったミーゼスは「この世紀でも目立った精神の一人であった」（N. Branden 1999, 115）。

ただランドはミーゼスに対して分裂的な反応を示す。彼女はふだん怒りっぽく心理的に不安定だったが、ミーゼスには少女のようにすり寄ってうやうやしく接した。ところがブランデンはのちにランドが『ヒューマン・アクション』の蔵書の余白で彼を罵った書込みを見つけて驚く[8]。ランドがミーゼスに不満を感じた点についてもブランデンが解説している。すなわちミーゼスがカント的認識論（「物自体」の不可知性を前提するので客観主義認識論と対立する）をとる点が問題であった。またバーバラ夫人によると、ランドはミーゼスと夕食をともにしたあと彼が道徳の問題に真剣に関心を寄せていないとの感想をもらした（B. Branden 1987, 253）。しかしミーゼスがランドについて「アメリカで最も勇気ある男だ」とコメントしたことをハズリットから聞かされると、ランドは「彼は男って言ったの？」と聞き返し、「そうです」との返事をもらうと、「それはすごいことだわ」と喜んだ（*ibid.*, 189；N. Branden 1999, 116）。こうしたランドをミーゼス夫人マルギットは「夫の理論を最も強く信じている人物の一人で、講義や著作の中でよく夫について語ったり書いたりしている」と述べている（M. von Mises 1984, 137 二五）。

こうしてランド派とオーストリア学派の交流は師匠の世代も弟子の世代も含めた個人的なつきあいに発して思想的深まりを示しつつ接近と離反の軌跡を描く。両者の邂逅はアメリカに土着していたわけではない新思潮が自分たちの新天地の「ご近所」を拠点に生長しつつあることを発見したという点で、どちらから見ても目新しい発見を含むものであったと思われる。そしてこれらはすべてマンハッタンを舞台にしているのである。またランドは一九五七年から翌年にかけてミーゼスのセミナーに参加している（*ibid.*）。『アトラス』刊行前から胚胎していたオーストリア学派への関心が同書刊行前後に高まり、ランドは彼らとの交流を深めていったのである。

こうした深まりの一つの帰結がランドの資本主義論を扱ったときにふれた『資本主義――いまだ知られざる理想』である。同書はブランデン、グリーンスパン、ヘッセンといった書き手が寄稿した本で、ランドの論文が最も多いものの実質的に共著である。学術書ではないので細かな参照指示は行なっていないが、文献リストはあり（Rand *et al.* 1986, 388–91）、その中で取り上げられた経済学者のうち最も文献数の多いのがミーゼスの八点、次いでハズリットの四点であり、ランド自身の著作が六点であること、他の学派の経済学者はほとんど取り上げられていないことを考えると、オーストリア学派がほぼ専一的に参照されていることになる。

両派の交流にはランドが密かに示したミーゼスに対する分裂的な態度、オーストリア学派の「主観主義」とランド派の「客観主義」が辞書的には対義語であることなどが手伝って、はたから見てすっきりしない面があるのは事実である。だが自由主義を代表する両派の交流はグローバル化の進展や近年の世界的な金融危機によって資本主義や自由主義の意味が問い直される中であらためて見直されつつある。

その先触れがランド生誕百周年を記念して開催されたランド派とオーストリア学派の交流を再評価するためのシンポジウムである。一九九九年に『アイン・ランド研究 Journal of Ayn Rand Studies』という雑誌が刊行される。二〇〇五年がランド生誕百周年なので二〇〇四年から記念シンポジウムが開催され、同誌にそのときの報告が採録されている。まず二〇〇四年秋号で「アイン・ランド——文学と文化面でのインパクト」という特集が組まれ、次いで二〇〇五年春号では「オーストリア学派の中のアイン・ランド」が特集されている。あとの号の筆頭論文はランド派とオーストリア学派の違いを認めたうえで、問題構成の基本的類似点を探っている (Sciabarra and Sechrest 2005)。

最も注意をひくのは、ランド派の「客観主義」とオーストリア学派の「主観主義」の関係であろう。ただこれは大きな問題ではない。名称は正反対だが、もともと「客観主義」が主に認識論における知性の原理として構想されているのに対して、「主観主義」は財やサービスなどに関する選好がのっとる原理を指し、両者は十分整合しうる。この問題に言及した論文のうち適用対象におけるこの基本的な相違を取り上げるものがあまりないのは理解に苦しむが[9]、ランド自身の説明もどこか要領を得ないものになっているのは輪をかけて不思議である。しかし多くの論考が両者の整合論を唱えている[10]。ランド派とオーストリア学派の関係には接近とともに離反のベクトルも見られ、それらはランドの性格も手伝ってときに密かながら激しい論難を含むこともあったが、ミーゼスの弟子であるグリーヴズが上記『アイン・ランド研究』のシンポジウム全体を概観したうえで認めるとおり、やはりランドは経済思想において基本的にオーストリア学派でありミーゼス派であった（Greaves 2005）。

本節で一端を見てきた一九五〇年代からランドの刺激で盛り上がったアメリカのリバタリアン運動の意義は、実に歴史的なものである。二〇世紀に共産主義や国民社会主義という集権主義の類縁的な二大形態をとった部族主義の波は、おそらく一八世紀の重商主義の波よりも一段と全体的で強力になった高波である。そしてその唱道者は自分たちの価値の実現のために私有財産の接収や、殺人すら含む暴力に訴えることにつゆも疑問を抱かぬ鉄面皮ぶりを発揮した。このことは現在なお彼らの思想の大義に端を発する一貫性のない思弁に群がる知性たちを、今後とも根源的な道徳的譴責に晒し続ける。そして「社会」を前面に押し立てながら、実際には反社会的な行為を臆面もなく執行しようとする思潮の波高が大になるほど、それに抗する自由主義の防波堤も高く堅牢になった。このことがニューヨークでの（より特定すればマンハッタンでの）二つの集団の邂逅を生み出すとともに、この僥倖によって両者の認識をそれがなかった場合よりも深化させたのである。

2 「自由社会の経済学」の反連邦準備論

師グリーンスパン

NBIではブランデンたちが講義を行なっただけでなく、実はグリーンスパンも講義を担当していた。この講義は「自由社会の経済学 The Economics of a Free Society」と題されていたが、これについては、開講されていたという事実は知られていても（B. Branden 1987, 306 ; N. Branden 1999, 208）、講義の内容までは知られていなかった。しかし当時自由主義経済学に接近しつつあり、のちにオーストリア経済学者になったサミュエル・ボスタフがテープ聴講しており、のちにミーゼス研究所（Ludwig von Mises Institute）のウェブサイトで紹介している（Bostaph 2000 ; 2001）。それに従って講義の内容をたどる前に、ボスタフはグリーンスパンと文通しているので、まずは彼の思想遍歴を見よう。それは知的自伝ともいうべき回顧論文（Bostaph 2003）に記されているが、同論文を読むと二〇世紀後半のアメリカにおけるリバタリアン思想の展開プロセスの一断面が手に取るようにわかる。

ボスタフはテキサス州フォートワースに生まれた。自由主義者で子供を放任した父の公立図書館入館証で彼は少年時代から好きな思想を思う存分吸収できた。高校生のとき同級生が絶賛したが大衆小説と思って敬遠した『アトラス』を大学入学前の夏休みに初めて読んで大いに感動し、「日常の世界が以前よりシンプルでわかりやすくなり……自分を導く原理があるため自分の存在が重要で驚きに満ちたものになった」。こうした体験をへてテキサス・キリスト教大学に進むが、大学の講義の枠内では満足できずにＮＢＩのテープ聴講生となり、ＮＢＩの出版物を地元の書店に売り込む契約販売員も務めた。そして期末レポートでは決まってランド主義を取り上げた。テープ講義は週末にダラスにあるホテルの会議室で行われ、二十数名の参加者がいた。ランド思想に共鳴した同級生と毎週ダラスまで車を運転してこの講義に通った。ところがランドと客観主義運動に対する彼の憧れはブランデンとの会食を機にすっかり醒めてしまった。学生フォーラム委員として講演を依頼した彼はかなり太った姿で登場した。講義終了後の会食の席でなぜ太っているのか尋ねると、ブランデンは「個人の意思の問題だ」と大見得を切った。二四歳と若かったボスタフには幻滅を誘う返答で、おかげでランド派の運動の全体が欺瞞に見え始めて彼女の組織に関わるのを金輪際やめようと思った。[11] これを機にベーム‐バヴェルクやミーゼスなどに取り組むようになるが、大学では新古典派と制度学派の教育を受けた。卒論では新古典派の企業理論においては完全競争が成立したときに競争がなくなることを批判したところ、学部長から「未熟」と烙印を押され、大学院に進んで自由主義経済学を学ぼうという希望がどこでも叶えられないことに気づき始めた。[12] ＮＢＩ関係者からはそれがＮＢＩのある人物によってしか講じられていないと教わった。聞き慣れないその人物の名は、どうやら「アラン・グリーンスパン」とかいうらしかった。

こうしてボスタフはグリーンスパンの講義を受ける。その後母校から転任したある教員を頼って南イリノイ大学の大学院に進むが、新古典派の数理モデルの講義が続き、自分の関心に応える授業がないので落胆したボスタフは最初の学年の終わりごろグリーンスパン講師に手紙を書いた。すると丁寧な返事が返ってきた。手紙の日付は一九六六年九月九日で、「大学にいるほかの〈客観主義者〉も……ほとんど同じ問題を抱えています。……（昔と同じく難しいものの）博士論文を書き上げ、そのあとも自ら教育を続けています」と、同情的で同胞をいたわるような文面であった[13]（Bostaph 2000）。

「自由社会の経済学」講義

では聴講当時まだ学部生だったボスタフに親身になって手紙で進路相談に応じてくれる師グリーンスパンのスピーカー越しの声が語った「自由社会の経済学」講義とはどういうものであったのか。

ボスタフは一九六〇年代前半にテープ聴講した際に取ったノートをもとに同講義の内容の再現を試みた。講義は全部で九回ほど行われた模様である。第一回は貨幣論で、貨幣を実物財と定義し、それが交換手段であるとともに、そうであるがゆえに価値貯蔵手段ともなると述べた。そしてこうした特徴ゆえに経済の参加者すべてに受領されるが、そのためには素材に耐用性があり、かつ単位あたりの価値が高い奢侈品でなければならないとも述べた。第二回と第三回については説明がないが、おそらく微少準備銀行制や自由銀行制など銀行システム論を取り上げたものと推定できる。第四回と第五回は「時間選好」などの用語を用いた資本理論であった[14]。そして第六回では金本位制を再評価して国際金本位制が世界の景気循環を小さくする役割を担ったと述べた。第八回ではアメリカ金融史が扱われたが、それは特に金融危機に焦点を当てていた。最終回は政府介入は非道徳的であるだけでなく生産性の伸長を阻み、各人がお互いに目的である（手段ではない）という哲学原理に基づく唯一の社会形態はレッセフェール経済に依拠すべきことを主題とし、その実行可能性について論究するというものであった（*ibid.*）。

こうして再現された内容から判断するに、この講義は明らかにランドとの交流から彼が深い影響を被ったことを示すものである。しかしもっと正確に言えば、実は彼がオーストリア学派の経済学に親しんでいたこと、にもかかわらずそれを明示せずにいくつかの点で新味を盛り込んでいることがわかる。その内容はこのあと取り上げる論文「金と経済的自由」に重要な部分が再生されていると思われるので、直後にあらためてふれる。ここでさしあたり注目を促したいのは、この講義の中でグリーンスパンがかなり驚くべき発言を行なっていることである。すなわち第八回の金融危機略史において連邦準備制度の創設を「歴史的な惨劇 a historic disaster」と述べているのである。[15]のちにその組織を取り仕切る地位に就くという予測を三〇代の青年がすでに抱いていた可能性は皆無であろう。しかしいずれにせよレッセフェールを擁護し、政府介入を非難するという基本視角の中におかれたこの発言は、中央銀行こそ「自由社会」の仇敵であるという典型的にリバタリアン的な信念を若きグリーンスパンが心の奥深いところで抱いていたことを示す動かぬ証拠である。

こうした見解がランドのサークルにグリーンスパンが出入りし始めたころから仲間うちでさかんに口にされていたことは、証拠に基づいて示せる。例えばブランデンの手記がそれである。

> 私たちがした話には貨幣供給を操作することで連邦準備理事会が経済に影響を及ぼすという点に関わるものが多かった。大恐慌に対する連邦準備の破壊的影響をめぐって話し合った。グリーンスパンは滔々《とうとう》と、また強い語勢で、全面的に自由な銀行制について語った。一九八七年に彼は連邦準備理事会の議長に就任した。そのあと素晴らしい仕事をすることになるのだが、あのころの議論を思い返すと奇妙な気がした。
>
> (N. Branden 1999, 160)

むろんこういう仲間うちでのふだんの意見交換の回想からどこまで当時のグリーンスパンの見解が再現できるか

は問題になるであろうが、筆者の考えではかなり正確に再現できる。その理由はブランデンの当時の著述にグリーンスパンの見解のかなりストレートな反映が見て取れるからである。

ブランデンは『資本主義——いまだ知られざる理想』に寄せた論文「資本主義に関するよくある誤解」で連邦準備の有害性について論じている。まず個々の企業の過剰投資は日常的な現象であるとしたうえで、自由銀行制のもとではこうした投資の行き過ぎは不可能で、「銀行システムこそ経済の安定をもたらす守護者として機能する」と述べている（N. Branden 1986, 80）。後述するとおりこれは「微少準備自由銀行制」を擁護する立場の表明であり、少なからぬ部分がグリーンスパンとの会話からヒントを得たものと推測できる。ブランデンによると、一時的な後退は特定産業のみに及び、一九三〇年代におけるような全般的恐慌は自由市場経済では原理的に決して発生しない。発生したとすれば政府が介入したためである。最悪の事例である大恐慌の場合、介入者は連邦準備であった。一九一三年にそれが設立されたのは微少準備自由銀行制における天井を撤廃してより大きな信用膨張を可能にするためであった。

こうした立論が心理学者によって行われていることに注目すべきである。ランド派には心理学、哲学、美術史など大学で人文系の学問を学んだ人物が多かったが、前章で詳論したとおり、客観主義哲学は狭義の「哲学」に収まりきるものではなく、その体系の中に必然的に経済分析を包含せざるをえないものであった。この必要に一から新たな経済学の学派を創出するという形で応じるのでないとすれば、必然的に彼らが何らかの既存学派の経済学を外部から導入する必要があったことになる。そしてその学派がオーストリア学派だったのである。ランドはそのことをよく自覚していたと思われ、ミーゼスがやはり東方から亡命してきたことを知ると、彼とコンタクトをとろうとした。その行動に同伴したことが機縁となってブランデンのような門外漢も自由主義経済学にふれていたのである。彼の経済学理解が専門家レベルであるとするのは難しいであろうが、それでもオーストリア経済学のエッセンスを吸収していたのも確かである。ブランデンが素人であればあるほど、その連邦準備論の源泉が、ミーゼスのほかには、サークル内で唯一の経済学プロパーだったグリーンスパンの見解を反映している可能性が高まる。

後知恵で振り返ると、こうした事実はほとんど信じられないものであるというほかはない。考えられる限り最も蓋然性の低いこと、ありうべからざることが事実であると判明したときに人々が示す反応は、おそらくいくつかに分かれるだろう。とはいえそう幾通りもあるものでもない。第一に見なかったふりをする、つまり無視するという反応がある。おそらく合理的個人の確立という点で先進国中では最も遅れているわが国では広範な人気を呼びそうなこうした態度は、学問的論証という優れて近代的な営みの中では容認されるものではない。第二に一応認めつつも特殊な意味で述べているにすぎないなどとして一方的に発言を水で薄めてしまうこともできる。しかしこの反応も学術的な著述の中では十分な根拠を示すことなく行われてはならない。第三に発言の真意を十分汲み取って、いかに意外に思えるものであってもその意図を合理的に解釈し、コンテクストごと明らかにするという反応がありえよう。これは要するに「ありえない」という初めの反応がただ単に先入観に基づくものにすぎず、それを取り払えば十分「ありえる」ということを示す手法である。けれどもそれはちょっとした思想の手術を伴う。次節では学問的に最も妥当性の高いこの手法を実行に移すために軽い手術を行おう。すなわち彼がこのような信念を抱く理由を、議論を本来のコンテクストに差し戻すことで明らかにする。

3　「金と経済的自由」の金本位制論

論文「金と経済的自由」

グリーンスパンは一九五〇年代末からランド思想を色濃く反映した講義を行なって、リバタリアン的経済思想の発信者になっていった。そして前章から取り上げている『資本主義――いまだ知られざる理想』には共著者中でも最多の三編の論文を寄せている。その中でも目下の主題にとって最も重要と思われるのが「金と経済的自由」である。同論文は一九六六年に先述の『客観主義雑誌』に掲載されたもので、同年単行本に収録され、翌年にはペーパーバック版で出ている[16]。

その内容はある意味で大変強烈な印象を与えるものである。全体を貫く思想を端的に述べるなら、「金本位制と福祉国家の原理的な二律背反」を定式化したものである。つまり金本位制こそ自由社会の成立にとって不可欠とするもので、金本位制が持つマクロ経済の調整力に対する信頼を柱とする。文体は簡潔かつ断定的な短文を連ねたもので、内容はほとんど誤解の余地なくケインズの経済思想に対する徹底した攻撃である。論文は次のように幕を開ける。

> 金本位制に対するほとんどヒステリックな敵意が、あらゆる種類の国家統制主義者を一つにまとめ上げる関心事である。彼らは一貫してレッセフェールの肩をもつ多くの者たちよりもおそらく明快かつ鋭敏に、金と経済的自由が一体不可分であり、金本位制はレッセフェールのツールであって一方が他方を伴うとともに他方が一方を求めるという関係にあることを感じ取っているのである。
>
> (Greenspan 1986, 101 二六)

わずか二センテンスであるが、いきなり「フェドスピーク」とは対照的に論旨明快で歯切れのよい語り口に驚かされる。この論断のあとに、国家統制主義者が金に反対する理由を説明するために「自由な社会において金が果たすある特別な役割を理解する必要がある」と断って貨幣論が展開される。彼は貨幣の基本機能について「あらゆる経済的取引において共通の建値手段（denominator）である」とし、交換手段でもあるとしたうえで、「このために市場価値の基準（standard）として、また価値貯蔵手段（貯金の手段）として用いることができる」と述べる。そしてこの価値貯蔵の便宜のために、耐久性、分割可能性のある金属が選ばれたとするが、さらにそれが奢侈品でなければならないことを指摘する。

より重要なのは、手段として選ばれた実物財が奢侈品でなければならないということである。奢侈品に対する人間の欲望には限りがなく、このため奢侈品にはつねに需要があっていつでも受領される。……「奢侈品」という語には稀少性と単位あたりの高額性という含みがある。単位あたりが高額なために容易に持ち運びされるのである。

(*ibid.*, 102 二七)

読者もお気づきであろうが、この論旨は「自由社会の経済学」講義第一回とほぼ同じである。したがって一九六六年に発表されたこの論文が全体として「自由社会の経済学」講義と内容的に多くの点で一致する可能性が濃厚である。先に同講義のうちボスタフが示していない第二、三回が銀行論と推定できるとした根拠は実はここにある。というのは「金と経済的自由」はこのあと貨幣創出機関としての銀行の役割を論じていくからである。

大恐慌を生んだ連邦準備

グリーンスパンがまず指摘するのは流動性不足を補うための銀行券の発券と預金通貨の創出である。

金に基づく自由銀行制により信用が拡大され、このため経済におけるものづくりの需要に応じて銀行券（通貨）や預金が創出できるようになる。金保有者は、利子がつくために金を銀行に預けたいと思うようになる（それに対して小切手を振り出せる）。ところが、あらゆる預金者が金を全額同時に引き出させてくれと求めることはほとんどないので、銀行経営者は金預金総額のうちほんの一握り（fraction）だけを準備として持てばよい。おかげで彼は自分が保有する金預金額以上を貸し付けることができる（彼にとってこれは、金を預金の担保として保有することを意味するのではなく、彼が金に対する請求権を持つ〔他人の金を自分のもののように使える〕ことを意味する)。(ibid., 103 一〇八)

金本位制のもとで交換性を保ちつつ準備以上の流動性を供与する銀行業務は今日いくつかの異なる名称で呼ばれている。主流派経済学者の大半と一部のオーストリア学派(ハイエク、シュンペータ)はこれを「信用創造」と呼ぶが、ロスバードらは「微少準備銀行制 fractional reserve banking」と呼んでいる。これは小さな違いではなく、むしろ呼び名に事柄に対する判断や評価が端的に、覆い隠しようもなく表明されている。すなわち「信用創造」とする主流派とオーストリア学派左派はこのシステムを肯定的に捉えようとしているのに対して、「微少準備銀行制」とするロスバードらオーストリア学派右派は否定的な要素を読み取っているのである。そして「fraction」という語を用いている以上、グリーンスパンの視点はロスバードに近い。否定面を特に強調してはいないにせよ、彼が括弧内で付加したコメントは、銀行に預金された金が民法上の寄託契約の対象物ではなく銀行家にとってのバランスシート項目、すなわち一種の資産または企業家ならば生産要素に相当することを示唆するからである。[17] そして、実はランドも貨幣論では公正取引を強調している。[18] 他人の私有財産を本人の承諾なしに第三者向けの貸付に流用して金利収益をあげ、貸付先が破綻すれば預金者に返済しないのだから、窃盗の疑いは拭えない。[19]

続いてグリーンスパンはこうしたしくみで経営されている銀行の貸付行動に視点を移す。それは発券独占がないという意味では自由銀行制だが、より正確には「微少準備自由銀行制 fractional reserve free banking」である。

銀行が、生産的で利潤を生む試みをファイナンスするために貸付を行えば、それはすぐに回収されるから、銀行信用が広く一般に利用できる状態が続く。ところが銀行信用でファイナンスされた企業の生産活動がさして利潤を生まず、回収が遅くなると銀行経営者はたちまち貸付残高が金準備に対して過剰だと考えて新規貸付を減らす。これはふつう利子率を上げることで行われる。これによって新規の生産活動のファイナンスが減る傾向が生まれ、またすでに借りている企業がもっと規模を拡大するために与信を得たい場合は〔高金利でも利益が出るように〕収益性を上げる必要が出てくる。そういうわけで、金本位制のもとでは自由銀行制は経済の安定性や均整（balance）のとれた成長を保護する役割を担う。（*ibid*., 103-4 二八）

商品貨幣制下の自由銀行についてはアメリカにおける歴史的事例から「山猫銀行 wild cat bank」など否定的な表現で捉えられることが多いが、これは自由銀行制の対極にある中央銀行制を正当化するための戦略的呼び名であって、メカニズムそのものからはむしろ自由銀行制のもとでこそ信用膨張の規模は厳しく制約される。なぜなら特定の銀行のみが競争に勝ち抜くために他行より信用を膨張させても、増大した紙幣や預金通貨は交換性を帯びた債務として世間に流通し、それらは一覧払の金代用証券や要求払い預金なので、それだけ正貨準備の防衛力を弱め取付の危険を増すからである。預金保険制度がない時代に一部の銀行が実際にこの路線を選択して取付を起こしたとしても、それは自由銀行制の不安定性の証拠にはなりえない。これは製造業において過剰生産の果てに売上が激減して倒産した企業が数社あってもそれを恐慌と呼ぶ者はいないのと同じである。市場は自らが求めるルールに反した行為を罰する。これらの部分的で局地的な倒産はむしろ市場メカニズムが正常に機能してある種の調整作用が発現していることを示す。したがって安易な拡大路線をとった微少準備自由銀行の個別的倒産は自由銀行制の不安定性の証拠ではまったくなく、むしろその安定性の証拠にほかならない。つまり危ない銀行が淘汰されているだけである。これを銀行システム全体におよぶ集団的倒産としての（金融）恐慌と混同してはならない（Mises 1998, 441-5 四六二-六；Rothbard 2008a, chapter VIII）。事実グリーンスパン自身も一九九八年の州法銀行監督会議で、山猫銀行という表現は大袈裟であって自由銀行時代の金融システムはむしろ安定していたとはっきり述べている（Greenspan 1998）。

彼はさらに景気循環一般と、その最悪の事例としての大恐慌に説き及ぶ。注目されるのは、ミクロな銀行活動の狂いに端を発してマクロな経済混乱が生じたという論理展開を適用している点である。微少準備自由銀行制のもとでは信用膨張に自然な天井があり、このためバブルも、したがってその帰結としてのデフレも比較的穏やかで、調整が終わると再び小さめの浮揚局面に入ることができた。

それなのに治癒の過程が病であると誤診された。経済介入論者たちはこう論じた。銀行準備の不足が景気後退をもたらしていたとすれば準備が二度と不足することがないように銀行にそれをもっと供給すべきではないか！ その主張によると、銀行がおカネを無限に貸し付けられたら景気の停滞は二度と起こらない、というのだ。そういうわけで一九一三年に連邦準備制度が組織された。

(Greenspan 1986, 104–5 二九)

危機のインパクトで自由銀行制が原理的に持つ信用膨張の天井が邪魔に見え始めたので、アメリカ人はあれほど嫌ってきた中央銀行を復活させた。こうした目的を持った「連邦準備」なる新設機関は中央銀行券という法令貨幣を創出する。一般に自由銀行制のもとでは各銀行は正貨準備率の逆数倍までしか信用膨張ができないが（膨張率×準備率＝1）、中央銀行制のもとでは発券独占によって紙幣を正貨と同等のノーリスク資産としたうえで信用を供与できるため、膨張可能な天井が一気に引き上げられる。いわば「人工正貨」制である。グリーンスパンの分析にはこの点を示唆するくだりも見られる。

原理の上では私たちは金本位制にとどまっている。各個人はなおも金を自由に保有でき、金は銀行準備として用いられ続けているからである。しかしいままでは金以外に各連邦準備銀行が与える信用（「紙券」準備）が預金者に支払える法貨として使える。

(*ibid.*, 105 同上)

そして一九二七年の穏やかなデフレのあと連邦準備が法令貨幣を増発したことにふれている。大恐慌の原因説には諸説あるが、彼はイングランド銀行と連邦準備の金融外交を重視している。不況で金流出に苦しむが利上げで外国からの資本流入をお膳立てすれば国内産業を打ちのめすというジレンマに直面していた当時のイギリスがアメリカとの交渉で利下げさせ、これが信用膨張を招いて大恐慌に至ったとする立場である。つまり、国際要因を重視しながらも直接的な責任は連邦準備に帰していることになる。

金本位制と福祉国家の二律背反

いずれにせよこうして大恐慌が生じたことで金本位制は維持できなくなった。ところがそれは、経済に何らかの制約が課されたというよりも、従来試みることができなかった新たな可能性を導き入れた。中央銀行券を新たな準備とする法令貨幣制である。中央銀行券は権力が後ろ盾であるだけに増発しやすい。そしてこのしくみにある勢力が目をつけた。

> 国家統制主義者たちは一世代前を思わせる論法で、大恐慌を引き起こした信用の津波（debacle）の要因は主として金本位制にあると論じた。金本位制がなければ一九三一年にイギリスが金での支払を拒んでも世界中の銀行が破綻することはなかったというのである。
>
> (*ibid.*, 106［二九―三〇］)

つまり一連の経済混乱は自由市場のせいだと信じた新興勢力である福祉国家論者たちは、金本位制がはめる枷を外す装置として法令貨幣制を歓迎したというのである。いまや冒頭の「自由な社会において金が果たすある特別な役割」は明らかである。すなわち、金本位制は自由社会を支える脊柱なのである。だからこそ金本位制を攻撃した国家統制主義者はいの一番にそれを排そうとした。この勢力が構築したスキームの本質は次のように看破されている。

学問的な隠語の衣を剝ぎとってみれば、福祉国家とは広範囲にわたる各種の福祉機構を支援するために政府が、社会を構成する人たちのうち生産的な層から富を没収するメカニズムにすぎない。没収の大部分が課税によって実施される。ところが福祉国家を支持する国家統制主義者たちは、政治権力を保持したければ課税総額は制限されなければならず、だとすれば巨額の赤字支出に訴えるしかないと認識するにさとかった。言い換えると、大規模な福祉支出をファイナンスするために政府債を発行して借金をせねばならないということを察知したのである。

(*ibid*., 106 一三〇)

政府の規模を大きくしたいからといって単純に増税して国民に負担を求めれば、確かに選挙で後退を余儀なくされるだろう。だから国債を用いるのだが、ではなぜ金本位制のもとでは国債の大量発行ができないのであろうか。国債という金融スキーム自体は決して新しいものではない。近代的な公債システムは一七世紀ごろのオランダで一般化し、イギリスでは名誉革命前からあった国家借入のスキームが、革命後は王室費と区別され議会承認をへることで国際的な信用を獲得した。国債にはアダム・スミスもふれている。彼は『国富論』第五編で、国債が先の年度の税収から償還されるしくみを説明しているが(Smith 1976, V.iii.10ff. III三七六以下)、これは要するに現在は手元にない将来税収を担保にした政府借入であることを意味する。グリーンスパンもこの点を指摘するのを忘れない。

金本位制のもとでは、ある経済が支えることのできる信用額はその経済が持つ実物的な資産によって定まる。というのはいかなる信用手段であれ、とどのつまりは何らかの実物的資産に対する請求権〔債権〕だからである。ところが政府債は実物的な富によって裏づけられておらず、単に将来の税収から支払うという政府の

> 約束に裏づけられているだけで、このため金融市場で容易に吸収されない。巨額の政府債が公衆に売られれば、徐々に利子率が上がるだけである。このような次第で、金本位制下における政府の赤字支出は厳しく制限される。
>
> (Greenspan 1986, 106同上)

国債を売るとは対価として現金性資産を受け取ることだから、市中の現金残高が減って利子率が上昇する。このことが実物市場にダメージを与える限り国債増発にはおのずと天井があることになる。ところが二〇世紀においてはある金融スキームがこの難点を克服するために拡大される。それは銀行に国債をノーリスクの資産として準備に組み込ませるという手法である。

> 金本位制を棄てたために福祉国家を支持する国家統制主義者たち（welfare statists）は銀行システムをツールにして無制限に信用を拡大できるようになった。彼らは紙券準備を政府債の形で創出し、それを銀行が……実物資産の代わりに受領したうえでまるで本物の預金であるかのように扱う。つまり以前の金預金と同等のものとして扱うのである。政府債および紙券準備による銀行預金の保有者は、実物資産に対する正当な請求権を有すると信じ込む。ところが実際には実物資産を上回る請求権残高が存在するのである。
>
> (*ibid.*, 107同上)

詳論されてはいないが、この手法のポイントは公開市場操作を可能にした点にあるだろう。のちに金融政策の主なツールとなったことを考えると、このしくみの成立は重大な意義を持つ。ただこの手法にも問題はある。国債は中央銀行券と同様に正貨準備に準ずる人工正貨とされるために信用膨張へのインセンティブがさらに拡大するという点である。

需給法則はごまかせない。経済の中で実物的資産の供給に比して（債権としての）貨幣の供給が増えると最終的に物価は上がるに決まっている。こうして社会を構成する人たちのうち生産的な層が貯め込んだ勤労所得は財に対して価値を落とす。（*ibid.* 同上）

ただしここまでは現代の法令貨幣的金融システムのよくある分析にすぎない。つまり金融論の教科書の記述のようだと言えるかもしれない。ところがグリーンスパンの分析にはまだ先がある。

経済の収支尻は最終的にはバランスするから、この価値喪失分は政府が福祉その他の目的のために政府債から得たおカネという収益で購入した財に等しく、またその収益は銀行信用の拡大によってファイナンスされていることに気づく。

金本位制がなければインフレによる没収から貯金を守る手段は存在しない。安全な価値貯蔵手段なるものはない。もしそういうものがあれば政府はそれを保有することを非合法としなければならないだろう。金保有は実際かつて非合法とされた。例えば誰もがその銀行預金を銀、銅、その他の財に換えようと決めそれ以降は財の対価を小切手で受け取ると決めたとすると、銀行預金は購買力を失い、政府が生み出した銀行信用は財に対する請求権としては価値を失うだろう。福祉国家のファイナンス政策は、富の保有者が自らを守る手段を持たないようにすることを求める。

これが福祉国家を支持する国家統制主義者たちが金を長々と非難するときのさもしい本音である。赤字支出はただ単に富の隠然たる没収のためのしくみにすぎない。金はこのずるがしこい手順を阻むべく立ちはだかる。所有権の保護者として。このことが理解できれば、国家統制主義者たちの金本位制に対する敵意を理解するのに、何一つ困難はないのである。（*ibid.* 一三〇–一）

この結びの数段落は一般的な金融システム分析の盲点をつくとともに実に意味深長なものである。インフレによって貨幣の実質的価値が減少するという事実そのものはむしろよく指摘されるし、グリーンスパンも先に勤労所得の減価にふれていた。しかしそれで終わりではない。彼がここで問題に取り組むときのアプローチは金融システムの全体構造を視野に収めたうえで、分配論的にその本質を見透かしたものである。

マネタリストはマネーサプライの増大が一定期間後に一般物価水準を引き上げて貨幣の購買力を低下させることに言及しているし、赤字国債を発行して行われる財政政策が民間投資を押しのけるだけで景気浮揚効果を生まないとするクラウディングアウト論もよく知られている。後者の論点は、戦後経済学においても最もスポットライトを浴びる情景の一つであるケインズ派との論争を生んだ。しかしそれは前者と十分組み合わされてはいない。こう考えると、主流派経済学は両派ともいわば「金融政策と財政政策の二分法」に陥っている。これに対してグリーンスパンは両者を「ファイナンス政策 financial policy」という語で一括りにして分配論的観点から扱おうとするのである。[20]

またオーストリア学派は新規貨幣注入から一般物価水準の上昇までの期間における相対物価の変動にも着目した。例えばハイエクはこの点を初めて分析したカンティヨン（Richard Cantillon c.1680–1734）にふれたし（Hayek 2008, 202-3〔四八–九〕）、ロスバードもそれを重視して新規貨幣の注入元に近い者が遠い者の損失と引換えに利益を得るしくみを池に石が投ぜられたときに波が石の落下点から順次岸辺に広がることに喩えて「波紋効果」と呼び、これらから「カンティヨン効果」というタームもつくられた（Rothbard 2007a, 25；2008a, 294）。ところでグリーンスパンの分析はこの中間プロセスで見られる現象を政府が銀行システムを巻き込んで迂回的に実物資産を強制没収するという観点から分析しており、言ってみればカンティヨン効果を、ハードマネー的であった当時と違って国債を組み込んだ現代法令貨幣制のもとで経済政策の二大チャンネルを結合して論証してみせたものと考えられる。それはインフレ下のマクロ経済における公的主体を含む分配の正義論である。

この視点にはランド貨幣論との共通点が多い。ランドがフィクションで述べたアイディアを試論で再説する場合があることはすでに述べたが、彼女は貨幣についても『アトラス』のフランシスコ的視点（本章注18を見よ）からの試論を書いている。それが試論「平等主義とインフレ」である。同作はバーター的な自給農場の経済が貨幣の導入でどう変わるか、または変わらないかをモデルをとおして検討したものである。

生存には時間・貯蓄・生産の三大条件が必要である。バーター農場では来年の収穫まで自らを養うための収穫と、収穫のためのストック種がまず求められる。これがあって初めて分業が可能になる。これを取り崩せば共同体の生活は崩壊する。ストック種は交換手段ともなり「時間」経過後の交換のための「貯蓄」手段ともなる。ただ耐用性や携帯性の限界から最終的に金が貨幣になる。いま百人の村で誰か（「F氏」とする）が紙幣発行権を手にしたとする。彼は働かずに財を得られるという法外な特権を持つがこれを濫用するため貨幣が増えてインフレとなり、破産する農家も出てくる。そうすると彼と取引関係のある別の酪農家なども生活に窮する。村人たちがF氏に金交換を求めるが彼は応じられない。このことは紙幣がF氏（消費専従者）ではなく村人（生産・消費併従者）の将来の「生産」力を引当にした約束手形に相当し、F氏は生産能力がまったくないランチェ（不労所得生活者）であることを意味する。むろんこの村でF氏が長らくこのスキームを維持できるほど村人もバカではないだろう。しかしいま政府がF氏の役回りを演じたらどうであろうか。

実はこれが国債である。国債とは政府発行の不渡手形である。政府は生産活動に従事しないが徴税権によって安定したキャッシュフローを持つ。けれどもストック種の原理はこの文明社会でも消滅していない。靴屋は事業を拡大したければ工場を建てる必要があり、靴を増産して売上を増やし、その一部を消費せずに貯蓄に回す。貯蓄が不十分なら貨幣を借りるが、それは誰かの貨幣であり、その誰かが消費を控えたから靴屋が使える。もし消費してしまえば靴の増産はない。村人は生産者でもあり、貯蓄をその生産のために回すことが「信用」の本来の意味で、与信が行われるためには消費する以上に生産する村人がいなければならない。しかし政府はそういう村人ではありえない。経済活動に時間の観念が不可欠であることを逆手にとった信用詐欺を政府が率先して敢行する。政府は国債によって生産を妨害しストック種を食いつぶす饗宴にいそしむ。インフレにしても所得（生産）が伸びないことを「スタグフレーション」などと呼ぶが、インフレは政府の消費増に起因するから、市中で利用可能な資源が減って景気が低迷するのは当然である（Rand 1982, 171ff.）。

いまや次のように言える。第一にランドのこの分析は試論で展開されているだけに論証的だが、それでも作家的資質を活かした「ストーリー・モデル」による経済分析となっている。切り出し方はケネーのようだが、彼のような非貨幣的モデルではなく、貨幣のマクロ経済撹乱効果を視野に入れている。とはいえ、この分析は道徳哲学的貨幣論でもある。紙幣や公債とは誰かに銃をつきつけ、それ（強権的命令）で裏書きされた「不在の富の抵当証書」なのである（Rand 1996, 383 四七）。第二に「金と経済的自由」の結びの部分の論旨は「平等主義とインフレ」の主旨とそっくり同じである。要するに、ランド・サークルの中でブランデンを含むメンバーが達していた貨幣に関するコンセンサスはこうした分配論的観点を重視する道徳哲学的なものであった[21]。つまりランド派の間では貨幣論において顕著な斉唱《ユニゾン》関係があった。

まだ納得できない読者のために最後にもう一点、当時のグリーンスパンの金融思想をうかがい知るための決定的な証拠を挙げておこう。それはすでにふれたブランデンの「資本主義に関するよくある誤解」で援用された、大恐慌期における連邦準備の政策に対するグリーンスパンの批判である。

> アラン・グリーンスパンから貴重なメタファーを借りよう。レッセフェールのもとで〔自由〕銀行システムおよび資金取込みを統御している原理が経済における爆裂を防ぐヒューズとして機能しているとすれば――政府は連邦準備制度をとおしてヒューズボックスに硬貨を入れていることになる。結果は一九二九年のクラッシュとして知られている爆発である。……自由銀行制であったなら経済学的必然としてこのとめどない投機に

ブレーキがかかっていたことだろう。……ところが自由銀行制が「無政府性」ゆえに棄却され政府による「開明的な」計画が選ばれた。……信用は行き当たりばったりなほど放漫に与えられ、何らかの仕方でそれを裏づける財が現れるだろうと見込まれていた。……しかしAはAである。

(N. Branden 1986, 82–3)

このようなことをグリーンスパンは書いていないから、彼から「メタファーを借り」るとは、ふだんランドのリビングルームで彼が話していたことを代わりに書き記すという意味だと考えてよい。ランドとグリーンスパンだけでなくブランデンもまた斉唱に加わっているのは明白である。

中央銀行が大嫌いな未来の中央銀行総裁

もう十分であろう。無理も誇張もなく結論できる。若き日のグリーンスパンはニューヨークで花開いた後期啓蒙の胎動の心臓部で息を吸っていた筋金入りのリバタリアンであった。そしてそのことはとりもなおさず、のちの日の世界最強の中央銀行の史上最高の総裁はこともあろうに中央銀行が大嫌いだったことを意味する。一見いかにありえないように見えても、これはまごうかたなき事実である。

とはいえワシントンにおける彼のその後のキャリアを知る者の中にはランドとの交流や「金と経済的自由」などは単に「若気の至り」であって、その後見解を一八〇度変えたと考える向きも多いだろう。確かに彼には政府要人になってから、過去の思想と目の前の職務の間にある意味で妥協点を探り始めた面もある。実際そのことは『波乱の時代』で自ら記している。

ランドの「共同体」が初めて大学や経済学の専門家以外の人と交流する機会となった。私は新たな思想体系に魅了された若い駆出しに特有の熱意に燃え、夜を徹して議論に参加してはニューズレターに力をこめた時事

図 2・1　1974 年の CEA 委員長就任時にオーバルオフィス（ホワイトハウスの大統領執務室）にて

出所）David Hume Kennerly / Gerald R. Ford Library (http://www.nytimes.com/2009/11/01/books/review/Kirsch-t.html)
注）左から，グリーンスパンの母，フォード，グリーンスパン，ランド，ランドの夫オコンナー。

的記事を寄稿した。新たに転向したら誰でもそうだが、私もいろいろな概念を最も純粋で単純な形で組み立てた。……新たな思想に固有の矛盾に気づくと熱意は薄れたが、それまではやはり熱心であった。

特に重大だと思う矛盾もあった。……個人の権利を警察力で守るなどの基本的役割を政府が果たすには税金が必要だが、徴税が間違っているというならこの役割の経費をどう賄うのか。ランド派によると……自主的に献金すべきだということになるが、これでは不十分だ。人には自由意思があるから拒否する場合もある。

それでも束縛のない市場競争を重視する寛大な哲学には十分魅力があったし、いまなおそう思う。だが自分が知的な体系に留保をつけているなら、他人にその体系を喜んで受け入れろとはいえないことを認めざるをえなくなった。一九六八年の大統領選でニクソン陣営に参加したが、そのかなり前から批判的な評論家としてではなくインサイダーとして自由市場資本主義の発展に尽くそうと心に決めていた。大統領経済諮問委員会（CEA）の委員長就任に同意したとき憲法だけでなく国法すべてを守ると誓約しなければならないとわかっていたが、その中には間違いも多いと考えていた。法の支配で統治される民主主義的社会を実現するためには公的な事案のほぼすべてで意見の不一致が不可避である。公的問題において妥協しても、それは原理に訣別したということを意味せず、文明の発達のために対価を払ったというだけのことである。

フォード大統領出席のもとホワイトハウスの大統領執務室でCEA委員長就任の宣誓式が行われたときランドが私の隣にいたことを世間は見逃さなかった〔図2・1参照〕。

(AOT 51-2 上巻七六-七)


こうした記述には確かに先の見解を裏づける要素もある。しかし事態はそう単純でもない。結論から言えば、いわゆる「思想的転向」のごときものを想定するのは無理がある。理由は次のとおりである。まず「金と経済的自由」執筆時にグリーンスパンはすでに四〇歳と若くなどないから「若気の至り」など初めからなかった。次に上の回想のとおりむしろランドへの傾倒を「転向」と述べるとともに、CEA委員長就任時に国法の多くが間違っていると確信していたと告白しており(現役を退いてからの発言とはいえ驚かされる)、そこには妥協の要素もあるものの信念のレベルでは一貫性を保ちながら便宜的な恭順を表明して国法の範囲内で最大限の努力をする決意をしたものと解釈できる[22]。さらに強い根拠を示そう。グリーンスパンはFRB議長時代に財界クラブや議会証言でリバタリアンと対話しているが、その中に彼の信念とその輪郭を理解するヒントが見られるのである。

4　パークスとの対話

フェドスピークと日常語

シンクタンク「FAME」[23]に依拠するラリー・パークスはグリーンスパンとともにニューヨーク経済クラブ会員で、その会合の中で彼が私的な会話に応じたときの反応の記録から、グリーンスパンの公人としての場以外での発言をたどることができる。パークスはグリーンスパンが一九九七年にベルギーのルーヴァン・カトリック大学で行なった講演「中央銀行業務とグローバル経済」を素材に彼の金融思想を詳説し、これをクラブでの会話とも関連づけながらグリーンスパンの立ち位置を浮彫りにしている。グリーンスパンはこの講演を（あいさつを除くと）国債と銀行システムの関係から切り出している。

基本的な観察事実から始めましょう。ある国の国家信用の格づけは財政政策、金融政策、また間接的には規制政策の基盤になっています。政府の誠実さに信頼があれば金融当局（中央銀行と財務省）は自国通貨建てで無制限に債権をつくり出せ、民間の主体が債務をつくり出すときそれを保証するか、必要なら保証できる体勢をとれます。この権限は経済の好況にも不況にも奥深いところで影響を与えます。

中央銀行は通貨、すなわち利子がつかない政府への債権を事実上無制限に発行できます。銀行その他民間の預金機関の貸付などの資産を割り引き〔換金し〕、それによって非流動的な資産を、中央銀行における預金の形で政府に対するリスクのない債権に潜在的に転換するわけです。

こうした対政府債権がみな容易に受け入れられるということは、政府が自国通貨建て債務に関して不払いに陥ることはありえないという事実を反映しています。私たちが現在持つような法令貨幣システムというものは無制限にこうした債権をつくり出せます。むろん中央銀行がそれをあまりにつくりすぎるとインフレがはっきりと進行し、利子率も上がります。そしてインフレが資源の誤配分を引き出すので、経済活動は不可避的に頭打ちになります。つくらなさすぎると取引に必要な潤滑油の不足によって経済の膨張はおそらくやはり頭打ちになるでしょう。当局は適正なバランスを見つけるために戦い続けねばならないのです。(Greenspan 1997a)

基本的視点が「金と経済的自由」、中でも先に問題にした結論部と通底していることは明白である。パークスによると彼は講演の中で五回も「無制限に」と述べており、警告の含意がある（Parks 2001, 8)。つまり法令貨幣には自然な天井はないので中央銀行がそれを作為的に設定するほかないと再確認しているのである。この意図が潜むことは直後の段落からも明らかである。

いつもそうだったとは言えません。一九三〇年代以前にはほとんどの間、主要国の政府債務は金で決済できました。だから政府債務の全額がある手段での買戻し〔正貨への交換〕に従い、この手段の量は政府の意思で変えられませんでした。このため債務発行と財政赤字は経済がインフレ化したときに市場が示す潜在的反応で制約されたのです。……政府が国債発行のために格づけを使うこと、預金機関債務を保証すること、預金機関資産の流動性を向上させることはどれも、政府が法令で民間実物資源を先取できるようにします。

(Greenspan 1997a)

この講演は「金と経済的自由」のメッセージを「批判的な評論家としてではなくインサイダーとして」、いわば「フェドスピーク変換器《エンコーダー》」にかけて焼き直したものである。その変換器とは、例えば「没収」を「先取」に言い換えるような、彼の脳内の言語的防衛装置の別名である。[24] これを用いてセイフティネットの存在がリスクに対する銀行の警戒心を弱める危険性を持ち、そのため銀行監督が重要になることにふれている。そこには金融業に対する嫌悪感のようなものさえ読み取れる場合がある。

潜在的な使い方であっても国家信用を用いると必ずモラルハザードが生まれます。言い換えると、リスク水準を決める側が自分たちの取ったリスクから利を得るのにそのコストは負わないと、インセンティブの歪みが起こります。……実際には政府当局が吸収すべき極端な市場リスクといったものがあれば、それをどの程度まで被《かぶ》るべきかに関する政策選択には複雑な問題がつきまといます。ただ私たち中央銀行家は暗黙または意図せずに毎日この決断をしています。そのうえ自分たちの決断が適切かどうかを決して確実には知りえません。

(*ibid.*)

慎重に迂回的表現を用いてはいるが、これをフェドスピークの日常言語への逆変換器《ディコーダー》=解読器にかけてみよう。「インセンティブの歪み」とは「利益相反」であろう。すなわち法令貨幣制は銀行にハンディを認めてやって負け続けることは絶対にない経済ゲームをさせてやるものの、このしくみゆえに本来的にモラルハザードに陥るだらしなさを持ち、もし負けが重なったら中央銀行はドラ息子があちこちでつくった借金を返して回る必要に迫られ、それが親バカなのは明らかだが、にもかかわらずドラ息子がどの程度借金をした段階で出かけて行くべきかについて、中央銀行家は親なのに関知しない、できない、それでも返しに行くには行かねばならない、何しろ親だから、と言っているのである。[25] パークスは講演のこの一節を引いたあと、元FRB理事リンゼイの告白を引用している。

世間に出ていくと驚かされるのは、誰も知らないことを私たちが知っていると誰もが思っていることだ。理事会のテーブルで見られる意見の相違を考えると私たちが何でも知っているかは怪しい。それなのに誰も知らないことを私たちが知っているとみんな思っている。

(Parks 2001, 48)

中央銀行とは煎じ詰めれば通貨 (currency) 供給市場を独占するクレムリンであり、銀行システムを従えて一国の貨幣 (money) 供給を定める政府機関でもある。しかしその適切な量、タイミング、ペースを確定する手法を人類はまだ確立できていない。中央銀行家たち自身がそのことを認めているのだ。

そんなことを聞きたがる人間はいませんよ

パークスはグリーンスパンと過去に二度直接話したことがある。グリーンスパンはニューヨーク経済クラブで何度も講演をしているがパークスも会員なので同席することも多く、私的な会話を交わす機会に与った。グリーンスパンはヒルトン・ホテルで二千人近い聴衆を前に話すのだが、自分で手荷物を運んでSPもつけずに来場し、気安く話に応じてくれたという。初回の会話は一九九三年四月十九日の講演のときに交わされた。パークスが「金と経済的自由」を褒めたところ、グリーンスパンは偶然最近読み返したと返答し、メディア関係者かどうかを彼に質した。

パークス　違います。
グリーンスパン　質問は何でしょう。
パークス　この論文の議論と結論にいまでも賛成なんですか。
グリーンスパン　完全に賛成です！
パークス　ではなぜ公表しないんですか。
グリーンスパン　私の所属機関の同僚たちが反対するからです。
パークス　でもいまの〔法令貨幣制の〕すべてがどこにたどり着くかわかっているんでしょう。

(*ibid.*, 83-4)

こう質問をするとグリーンスパンは「私が彼の腹部にパンチを食らわしたかのように」苦しげな表情をし、パークスから離れていった。

二回目は二〇〇〇年一月十三日の経済クラブの会合のときで、グリーンスパンが宴会大ホールを出ようとしたときにつかまえた。パークスが法貨規定は道徳的にどう正当化できるのかを尋ねた。[26] 返答はしどろもどろだったが、金が貨幣として優れているという話題にはグリーンスパンも同意した。そこでパークスは法令貨幣制が破局をもたらしかねないことを承知しているならなぜ金を支持する発言をしないかを質した。グリーンスパンは「そんなことを聞きたがる人間はいませんよ」と言葉を荒げた。そこでエレベーターが到着しアンドレア夫人とともに自室へ消えた（*ibid.*, 84）。

一連のやり取りからこう結論できる。すなわち、グリーンスパンは話が伝わる相手の数に応じてフェドスピーク変換器の変換レバーの強弱を調節しながら話しているのである。パークスがメディア関係者かどうかを確認したのも話が広がる範囲を推定するためであり、彼の問いへの返答を拒絶したのは、その確認で変換レバーを「強」にしなくていい相手と判断できたものの内容的に踏み込みすぎたためであろう。ただパークスはこの個人的な会話の内容を広く世に知らしめてしまった[27]。

ベルギー講演に逐条的にコメントするだけでなくこうしたエピソードも紹介したうえで、パークスは次のような結論を導き出している。すなわち、初代大統領ワシントンは、奴隷制が憲法の欠点であるとわかっていたのに、当時の国際情勢から英仏（の一方または両方）に侵入されるのは不可避だったので、子孫が課題を引き継ぐことになるのは承知の上で十三州の団結を急いだが、グリーンスパンも同様の微妙な舵取りを余儀なくされ、現実的状況の中で実行可能な最善を尽くした（*ibid.*, 84–5）。この見解は真剣な検討に値する。なぜならワシントンが見切り発車して連邦政府が船出したのはよかったものの、その後百年たたずにまさしくその奴隷制をめぐって内戦（南北戦争）が勃発したように、グリーンスパンが法令貨幣制の原理上の脆弱性を正確に画定しながらも現実と妥協して議長職をまっとうしたのはいいが、未解決の課題が解決を迫られる日が必ずやって来るだろうということが示唆されるからである。

グリーンスパンはベルギー講演の結論に近いところでこうつぶやいている。

中央銀行家というものはあるとても基本的な事実から免れることはできません。それは長期ではインフレは基本的に貨幣的な現象だということです。（Greenspan 1997a）

シンプルながら決して否定できない真理である。物価水準とはいわば在任期間における中央銀行家の最終成績である。他の面でいかにいい成績が残せても長期で物価が上がれば彼のテニュアは失敗だったことになる（グリーンスパンが師のバーンズに辛《から》い評価を下していることは第4章で見る）。ところが一方で経済に貨幣を供給しなさすぎれば物価は十分上がらないのに、他方でドラ息子たる銀行がセイフティネットに甘えて過度なレバレッジを取れば、中央銀行は「最後の貸手」機能を発揮してバジョット的スクランブルの発動を求められる。このため両者の間で「適正なバランスを見つけるために戦い続けねばならない」。あたかも金ならば自動的に描いたであろうマクロ指標の軌跡を想像し、人為的にそれに近似させた軌跡を虚空に描き出すかのように。

5　ロン・ポールとの議会討論

擬似金本位制

次にかなり有名なリバタリアンを取り上げる。ロン・ポールである。彼は一九三五年にペンシルヴェニア州ピッツバーグに生まれ、ゲティスバーグ大学で生物学を、デューク大学で医学を学び、空軍つきの外科医を務めた。その後一九五〇年代に産科医として四千を超える新生児の分娩を経験する（Paul 2008, 58-9 三二）。わが国で初めて彼の経済思想を組織的に紹介したのは筆者の論文だが（村井 二〇一〇）、本書では彼が議会でグリーンスパンとの間に交わした対話を取り上げる（ウェブサイトでも公開[28]）。ハンフリー＝ホーキンズ法はＦＲＢ議長に年二回の議会報告を義務づけており、二月と七月に議長は議会に行って用意した原稿を読み、その後質問に応じる。ポールは質問者としてグリーンスパンをかなり裸にすることに成功しており、フェドスピークの高い垣根の合間から彼がときおり本音をちらつかせる場面も見られる。この点で彼らの対話はグリーンスパンの思想に関心を抱く者にとって興味深いだけでなく、現代の思想闘争の現場をとらえる資料、アメリカ経済思想の歴史的展開を示す記録ともなっている。

まず一九九八年七月二二日の答弁である。ポールの尋問はドルの実質価値の低下に関するものが多いが、このときもそれを取り上げた。ただ話題は次第に望ましい経済成長のペースに移行していく。

ポール　健全な貨幣を持つ自由市場では経済の後退を決して歓迎などしないですよね。……ここで取り上げているのは連邦準備がいつ介入して経済を後退させるかです。……

グリーンスパン　「自由市場」という言葉で意味していることを定義されるべきです。法令貨幣制のもとでは、まあ世界中がそれですが。

ポール　それは自由市場じゃありません。

グリーンスパン　そうです。中央銀行は必然的にマネーサプライを定めます。金本位制またはその他中央銀行が裁量を揮わないしくみのもとでは、システムは自動的に作用します。現在ほとんど金本位制を支持する人がいないのは金本位制のころの市場調整が二〇世紀や二一世紀には適切でないと思われているからです。私は昔の金本位制をどこかノスタルジーをもって眺める珍しい人間の一人です。それはご存じのとおりですが、断っておかねばならないのはこの点に関して同僚の中ではごく少数派だということです。……後退を受け入れる必要もなければ、それを見て望ましいとも思いません。気をつけるべきなのは経済が長期的に見て持続しないペースで進み、結局は脱線して大規模な崩壊に至ることです。ですから成長の低下を待ち望むのではありません。持続力のある成長パタンにさえ関心を持っていればいいのです。言い換えると、目標が経済成長の最大限の持続だと考えるとき「最大限」と「持続」がともに重大な要素なんです。短期では最大限の成長が可能ですが、長期になるとそのことは誰も益しません。

現代の法令貨幣制下には自由な貨幣供給市場はないが、グリーンスパンは金本位制に郷愁を感じるのでFRB内で孤立していると述べている。後半は法令貨幣制のもとでの望ましい成長ペースをめぐる議論だが、そこでは景気循環を煽《あお》るような金融政策を自制すべきだとの立場を表明している。この立場は二〇〇一年七月十八日の答弁でも表明されている。このときポールは、低金利政策によってITバブルの発生と崩壊の原因をつくったとグリーンスパンを責めた。その際ポールはハードマネー制（金本位制）を法令貨幣制と対比して人間本性が政策当局のせいで誤導されるという見方を示した。これに対する議長のコメントはこうであった。

グリーンスパン　……法令貨幣制は法制度の問題で、そのもとで適切に機能している中央銀行というものは多くの場合に、金本位制であれば是非なく生じていたはずのものを引き写そうとつとめるものです。アメリカ合州国で金本位制がほぼ理想どおり機能していた時代をとりますと、おそらく一八七九年から、おそらくは世紀の転換期までになるでしょうが、この期間に景気循環が何度も見られました。そしてそれらは多くの点で私たちがここ数年で目にしたばかりのものとほとんど同じ特徴を持っていました。すなわち、見通しが好転して人々が無理をしすぎたときに陶酔感が生まれ、そのあと市場が行き詰るのです。まあ、市場を行き詰らせたのは一九九九年の実質長期利子率の相当大幅な上昇でしたが、この点を考えると金本位制でもそうなっていたと思います。そこでハードカレンシー制なら法令貨幣制のときに比べて人間本性を何らかの仕方で変えることができるとお考えなのかお尋ねしたいですね。私は変わらないと思うんです。……私たちが法令貨幣制をとりそれが国法であるのなら、おっしゃるような問題の背景の中でできるだけのことをしようというわけです。

法令貨幣制のもとでの中央銀行は金本位制を「引き写す replicate」ような政策をとっていることになる。グリーンスパンは二〇〇五年七月二〇日の財政金融委員会での答弁で、連邦準備はボルカーが大膨張の抑止に先鞭をつけてからそれに移行したと語っている。

ポール　ケインズは『一般理論』を書いたとき生産性の刺激効果ゆえに中央銀行の信用創造に大いなる信頼をおくと主張しました。しかしこれに加えてそれが物価と労働費用を引き上げると認めました。ところがこれを不都合ではなく好都合と考えました。経済の景気循環の修正局面では賃金が下がらざるをえません。この名目賃金の低下は嫌われます……。これは私たちの債務にもあてはまります。私見ではいまの方式はインフレをつくり出したあと債務を支払わないようにするのに都合のいい手法です。あなたも一九六〇年代に紙券貨幣制が富の没収のためのシステムだと説明されました〔「金と経済的自由」を指す〕。……一九七一年以来全面的に紙券本位制に移行しましたので、貨幣供給を基本的に一二倍にしています。……ほかでもない金についてうかがいたいと思います。今日、紙の貨幣はうまく機能しているようですが、壁にぶつかることもあるでしょう。それはいつでしょうか。金を見直すべきなのはどんな徴候が現れたときでしょうか。……

グリーンスパン　そうですね、中央銀行は金を持つ、通貨当局は金を持つとお考えですね。アメリカは多額の金保有国です。それで自問されるんでしょう、なぜ金を持つのかと。……一九七〇年代に中央銀行は インフレがいかに有害なものかを悟り始めました。このため実際一九七〇年代後半以降中央銀行家は一般に金本位制のもとにいるかのようにふるまってきました。……［けれども］特にこの段階で金本位制に戻る利益はあるんでしょうか。ないと思う、というのが答えです。そのもとにいるかのように行動しているからです。……私たちは十分仕事をしました。……ポール・ボルカーのことをご存じでしょうが、彼は一九七九年に就任し、信用膨張に厳しい枷をはめました。……私の信ずるところでは、そういう次第で中央銀行は法令貨幣の危険を学び、おそらくその結果でしょうが、法令貨幣制の基底に本当に実物的な準備があるかのようにふるまってきました。（Paul 2009, 90-1 〔三一一〕）

連邦準備がボルカー以来金本位制を手本に金融政策を進めてきたという主張は、彼が師バーンズのＦＲＢ議長（一九七〇～七八年）としての実績を低く評価していることと併せて注目に値する。これはインフレ抑止につながる限りで主流派も受け入れるだろうが、それを金本位制に関連づけるという視点はグリーンスパン独自のものである[29]。現代の経済論壇の中では異彩を放つこうした見解を彼は公的な場で何度となく表明してきたが、わが国ではほとんど関心も持たれていない。オーストリア学派のカールソンはこれに注目した一人で、この立場を「模倣的金本位制 mimic gold standard」と呼んだ（Karlsson 2005）[30]。本書ではグリーンスパン本人の「replicate」という語彙を重視して、これを「擬似金本位制 Replicated Gold Standard」と呼ぶ。

二〇〇四年七月二一日の答弁は、９・11後の利下げから数年ぶりの利上げの際に行われた。

ポール　ですからこの一％はまさしくバブルがへこむのを防ぐのに役立ったと思います。……一時的に勝利したとしてもそれはインフレ期に由来する歪みのあといつもきまってやってくる不可避な結果、苦痛、悩みを遅らせたということです。……ですが法令貨幣は長期間持ちこたえたことが歴史上一度もないので、あなたがいま直面している課題が集約されて歴史的出来事が起こるということがありえるか、ひょっとしたら三三年前にブレトンウッズ体制にとってかわった法令貨幣システムの終わりの始まりなのか、この点をうかがいたいです。……

グリーンスパン　そうですねポール議員、実物財本位制かその他の本位制かについてのけっこう根本的な質問です。……どんな理由からであれ、ある社会において金本位制のような実物財本位制が不可能だと決めて法令貨幣をとる場合、通貨供給を決めようとつとめる政府がないと、金本位制が効果的にやったことを一からつくり出すのはとても難しいという問題が自動的に出てきます。以前お話したとおり、この法令貨幣時代にいちばん効力を持つ中央銀行が成功するのは、主に何らかの実物財本位制をとっていればおそらく生じたと思われるものを引き写すことによるという傾向があることがおわかりいただけると思います。私は昔、法令貨幣は本来的にインフレ的だといつも思う、と申しました。

(Paul 2009, 86–8 二七–八)

こうした見解には常識に合致する面もあると述べたが、グリーンスパンがあくまで「金本位制」とか、ほぼ同じことだが「ハードカレンシー」という語彙を好んで用いることを見逃してはならない。その理由は「金と経済的自由」で端的に表明した金融思想を堅持しようとこだわっているからにほかならない。このことを裏づける証拠には事欠かない。それらを順次紹介していこう。

オーストリア学派を讃えるグリーンスパン

第一に、二〇〇〇年七月二五日の答弁でオーストリア学派を賞賛している。この日ポールは同学派が大恐慌やブレトンウッズ体制崩壊など経済上の大事件をことごとく予言してきたことを述べ、それでも間違いがあると思うか尋ねた。

ポール　オーストリア学派による自由市場的な景気循環の説明を私なりに解釈しますと、いったんインフレが始まると……利子率が歪められ、みんなが山ほどものをつくります。……オーストリア学派の……あなたもご存じのはずのミーゼス、ハイエク、ロスバード、それにヘンリ・ハズリットは、これについて書いていて、その予測の点でかなりいい実績を残しました。……一九二〇年代のオーストリア学派の経済政策論は一九三〇年代に起こりそうなことを説明しました。……オーストリア学派の経済学者の予測のうちいちばんすごかったのはブレトンウッズ協定の崩壊でした。……しかし彼らのような思想を持つ学派にとっても懸念されるのは、わが国がまだまだインフレを起こしていることです。……わが国は世界の準備通貨を持つ恩恵に与っているので、バブルを、金融バブルを続けられます。巨大な経常赤字のために一日に一〇億ドル以上借金をしているわけです。……このことに関わってお尋ねします。オーストリア学派の経済学者たちのどこが間違っていたんでしょうか。あなたは彼らのどの点かを批判し、彼らの言い分などまるで認められないと言われますか。……

グリーンスパン　そうですね、オーストリア学派について、また経済の作用様式についての近代的な見方に同学派が与える示唆について、時間をかけて学問的な話をできるのはうれしいことです。ルードヴィヒ・ミーゼスがおそらく九〇歳のとき実際そのセミナーに出席し、末席を汚しました。ですからオーストリア学派の教えの中には正しかったものが多く、またいまなお正しいものがたくさんあることは承知しています。いろんな意味で大学の専門家たちが彼らの見方を吸収して一般的な見解に活かしたことは間違いありません。このためオーストリア学派の教えの大なる部分が今日の種々の雑誌に掲載された学問的著述に見つかります。そういうことが議論される機会はときどきあるとしてもほとんどないわけですが。……オーストリア学派が持つ知の触手のようなものは遠い未来にまで伸び、彼らはその未来を見つめて日々の営みを続け、深みのある、また私なりの判断ではおそらく不可塑的な影響をわが国の主流派経済学者の考え方に与えました。

(*ibid.*, 82–5 一三一–五)

グリーンスパンは一度だけだがミーゼスのゼミに参加したことがあり、彼の学説を評価して深い関心を寄せているのである。そしてオーストリア学派が間違っている可能性を懸念するポールにそれは取越し苦労だと諭しているのである。

第二に、ポールがグリーンスパンに金本位制観を非公式に質したところ過去の見解の見直しをきっぱり否定している。ポールは一九九六年に議員に再当選したあとに下院銀行委員会のレセプションでグリーンスパンと同席した。この席では議員が彼と写真を撮り、打ち解けた雰囲気もあった。ポールは「金と経済的自由」が掲載された『客観主義雑誌』の現物を持参しており、サインをもらおうと思ってそれをグリーンスパンに見せた。彼はすぐに気づき、その後考えを改めたかとポールが尋ねると、ごく最近読み返したが一言一句変えるつもりはないと答えた(*ibid.*, 86 一二七; Paul 2008, 147–8 一四三–四)(31)。

注目していただきたいのだが、議会でのこうした質疑応答は内容的には「突き上げ」にほかならないのに、ポールもグリーンスパンも論戦を愉しんでいるような節がある。それは一見不倶戴天の敵のように対峙している両者がともにランドに心酔した経験により共通の地盤《コモンセンス》を持つからである。かつての友と戦場で敵として再会して相手を甘やかさずにあらゆる技を繰り出し、それでも急所だけは外すことでむしろ闘いが続くのを愉しんでいるかのようである。おそらくこのために彼らの対話は金融政策をめぐる実によくかみ合った、読み応えのある応酬《トランザクション》となっている。中央銀行の現役総裁が中央銀行に最も敵対的なオーストリア学派を公の場で擁護することは世にも不思議な出来事ではあるが、あえてその理由を問われれば、グリーンスパンがいまなお次のような国家思想を抱いているからだと答えよう。

個人の自由を尊重し、国家の介入を厭う、今ではリバタリアニズムと呼ばれている考え方が私の価値観となった。これはまさしくランドの考え方でもあった。純粋な意味ではこうした考え方をもつ米国人は多数派とは言えないだろう。だが、指摘しておきたいのは、この基本的な概念は米国憲法の支柱になっており、米国社会の重要な一面にもなっているということだ。……私はいつも米国憲法をつくった建国の父たちに強い感銘を受ける。

(Greenspan 2008, no. 8 一月九日付)

彼は二〇〇七年に出版した『波乱の時代』の内容を圧縮したものを「My Life Story」として『日本経済新聞』の「私の履歴書」に寄稿した。上の文章はその一部である。つまり突き上げられるグリーンスパンが突き上げるポールと同好の士なのである。いや、これでは奇妙な趣味を共有する変人どうしのように響く。むしろ彼らは生粋のアメリカ人なのであり、これこそがアメリカ魂なのである。上の述懐はすでに日本語にされているのだから私たちもこのことを早く察知せねばならない[32]。

第三に、そもそも『波乱の時代』においても擬似金本位制の立場を明確に表明している。

数年前に議会の公聴会で証言したが〔ポールとの対話を指す〕、法令貨幣下であっても経済が「金のアンカーがあるかのように」推移するような金融政策を実施すべきである。

(AOT 391 下巻一八六)

金本位制はその本性上物価を安定させるが、私はいつもこのことに郷愁を感じてきた――金本位制は何よりも安定した通貨をもたらした。とはいえ金本位制が政府の適切な機能に関していま広く認められている見解とは容易に両立しないということをかなり前から仕方なく認めてきた――とりわけ政府が社会的なセイフティネットを提供すべきだという要求と両立しない。議会は財源確保の途もないまま有権者に恩恵をつくり出そうとしがちなので、政府財政は株式市場の盛況で黒字となった一九九八年から二〇〇一年までを除き、一九七〇年代から毎年赤字となっている。こうした機能を果たすのに必要な実物資産の移転によってインフレ傾向が生じた。政治面では低金利の信用が広く利用できることや、雇用を引き上げて名目賃金・物価の低下による不快を回避することを求める圧力が広く見られ、これに抵抗するのはほぼ不可能になっている。概してアメリカ人はインフレ傾向を現代の福祉国家の中では容認すべきコストと思って我慢してきた。いまのところ金本位制を支持する声は聞かれないし、その復活の可能性はないと私は思っている。

（AOT 481 下巻三〇三）

グリーンスパンがＦＲＢ議長就任前、在任中、退任後を通じて金本位制のマクロ調整力に基本的な信頼を寄せ、その復活ではなく人工的再現を現代金融政策の基本指針と見てきたことは確実である。さらに先述の「金本位制と福祉国家の原理的な二律背反」や法令貨幣制の分配論的な分析視角も、上の引用文の中で表現を変えながらも（「実物資産の移転によってインフレ傾向が生じた」等）そっくり再生されている。金本位制が福祉国家の政策と原理的に両立しないことを「かなり前から仕方なく認めてきた I've long since *acquiesced*」（強調は引用者）という表現は彼の偽らぬ本音と思われる。金本位制時代には控えめであった信用膨張の天井が一九七〇年代の金‐ドル交換停止で高まったがスタグフレーションの悪夢で各国がこれに懲り、その後先進国は「その〔金本位制の〕もとにいるかのように行動している」のである。こうして地球最強の中央銀行の史上最高の総裁は理事会内のケインズ派の冷たい視線をよそに金本位制にノスタルジーを抱き擬似金本位制を政策指針にしてきたのである。

こうした見解がいかに今日の主流派経済学の常識と異なっていても、誰の信念も主観的であって、人間の行為の理解法としては主観に定位するものこそ客観的である。彼の「思想的転向」について判断を下すとすれば意見が分かれる可能性もあるが、思想の本質部分に関しては転向は完全になかった。注目すべきなのはむしろ道徳哲学を基底部に据え経済政策の最もテクニカルな展開に至るまでその哲学を反映させようという徹底したインテグリティである。「公的問題において妥協しても、それは原理に訣別したということを意味せず、文明の発達のために対価を払ったというだけのことである」。もしランドの思想に基本線で違和感を覚えるようになっていたら、『波乱の時代』で得々と彼女との交流を物語るわけがない。二〇一七年現在、彼はなおランド派なのである。グリーンスパンについての語りの中でランドとの交流にふれた例はむしろ多いが、その大半が行なっていないのは執拗なまでにインテグリティを保持しようとするこの姿勢への言及とその諸帰結の解明である。

第3章　グリーンスパンの資本理論

1　商学的経済学

経済分析への船出

ニューヨーク大学商学部卒業後グリーンスパンはシンクタンク「カンファレンス・ボード」に入り、機関誌『ビジネス・レコード』に経済論文を寄稿し始める。それらは個々の産業部門の統計を駆使した経済学で、ミクロ経済学のような行為動機からの演繹理論ではなく統計を基盤としている。マクロ経済学や計量経済学では集計値相互の関係に関する理論を行為動機とは必ずしも関係なく想定するが、当時のグリーンスパンの場合は一業種を詳細に分析するもので大がかりなマクロ・モデルは見られない。ただ目立った特徴もある。それはマクロ経済はおろか一部門の集計値さえ起点にせず、後者の内訳を細密に検討するという分析視角である。この意味でそれを「供給側重視の統計的中間ミクロ経済学」と呼べる。また結局は、大手企業が生産量を決めるためのコメントを提供するのがカンファレンス・ボードなのだから、これはそのまま商学的経済学（business economics）[1]という性格も帯びていた。事実彼はカンファレンス・ボード内で「Division of Business Economics」に配属されていた。

当時彼が書いた主な論文数点を概観する。まず一九五〇年の「全国鉄鋼生産状況」である。執筆は朝鮮戦争に突入するころだが、扱われる期間は第一次世界大戦以降と長い。戦後のアメリカは好況に沸き、生産が伸びる趨勢にもかかわらず需要の伸びがそれを上回ったために、全米を五地区に分類した政府センサスをもとに地域別の鉄鋼不足が取沙汰されていた。けれどもグリーンスパンの考えでは、こうした議論には統計の不備によって限界もある。

ところが鉄は同質的な財ではない。このため総計から各地域がいかに自らのニーズを満たしているかはわからない。例えば造船業者が鋼板の代わりにボイラー管を使う可能性はない。大抵の場合、別の鋼板はまるで使えない。幅、厚さ、鉄の種類等について仕様が特定されたものを使わなければならないのだ。製鋼所の中で近くの消費元が求めるあらゆる仕様や形のものをつくれるところはほとんどない。消費元は特定の種類の鉄の一部または全部をつくれる製鋼所が近くにある場合にさえ、必要な鉄を遠くの製鋼所から入手することになる。

(Greenspan 1950, 320)

センサスは機械的に全国を地域分類してデータを示すだけなので、個々の企業の取引関係の実態を把握するのには向かない。まず州境に近くて隣接州に大消費地があるとそこに売る製鉄所がある。例えばペンシルヴェニア州(中西部東半)には西部にピッツバーグがあるが、最大都市フィラデルフィアは東端にあり、そこの企業は隣のメリーランド州(東部)スパローズ・ポイントにあるベツレヘム製鉄から買う方が多い。輸送費を考えるとこれは自然である。また逆に輸送費を考慮しても、自社の用途に合致した種類の鉄を求めてf・o・b(輸送費を買手が負担)であれベイシング・ポイント法(基準点を境に買手と売手が分担)であれ遠くから買う場合がある。こうした企業取引の実態を踏まえると既存の統計だけではいかにも不十分である。その欠を補って地域別、鉄鋼の種類別の取引の実態を把握することが重要である。それを実行すると次のような結論になる。(1)全米一の産地である中西部は東西に区分され、一九一九年から四八年にかけて東部の生産シェアは落ちて西部が伸びたが、それでも合わせて全米の約八割を生産している。(2)消費ではカリフォルニア州が最も伸びてペンシルヴェニア州が最も落ちた。後者はかつての花形工業地帯で、第一次大戦当時は全米の二割ほどの鉄を使っていたが、いまでは一割にすぎない。(3)イリノイ、インディアナ、オハイオなどの中西部の州とメリーランド、ヴァージニアなどの東部から南部北端近くの州が出超で、ニューヨークなどの東部諸州は入超である。(4)西部では消費だけでなく生産も伸び、輸送費を考えると、重厚産業なだけに工場は消費地近くに立地する傾向にある（*ibid.*）。

この論文はグリーンスパンがまだ二〇代前半のころのものであり、金融政策とは少なくとも直接の関連性はない。分析は緻密ではあるが専門誌では見られそうな記事である。それでも取り上げるのには理由がある。それは議論がここから別の次元に入っていくからである。彼はまず品目分類に着目し始める。冷間圧延鋼板か熱間圧延鋼板かを選択する企業としない企業があるし、鋼管や構造形態鉄鋼など各種の品目があり、その輸送費も時代ごとに変遷したので、時系列比較の意味は限定的であると彼は言う。そして何よりも驚かされるのはこうした議論をする際に利用するデータ・ソースである。大手メーカーの資料は機密扱いのものも多いので彼はまず監査法人が議会向けに編纂したデータを見るが、それでも鋼管やワイヤーのデータはない。そこで買手企業側のアンケートを掲載した『鉄の時代 Iron Age』という専門誌や統計局のデータも参照するが、それらはメーカーのみに関するもので、建設・石油・鉄道系のデータを欠く。つまり品目別、地域別の鉄鋼製品取引の全体構造を伝えるデータセットが存在しない。そこで彼は独自にそれを構築するのである。

その後グリーンスパンは『ビジネス・レコード』誌で各業界の現状、貯蓄の動向や富の分布など分析しているが、どの論文でも細部のデータに驚くほどこだわっている。とりわけ政府センサスの不備を同業者団体や議会資料などに当たって補いながら、独自のデータセットを構築するというスタイルを早くも二〇代前半において確立していたことは特筆に値する。この手法は実はＦＲＢ議長時代を通じて彼が用いていたものであり、明らかにふつうのエコノミストとは異なる。彼は『日本経済新聞』の「私の履歴書」の第一回でこの点について自ら次のように説明している。

エコノミストとして六十年を過ごしてきたが、ほかの同業者と決定的に違うなと思うことがある。大半のエコノミストはマクロ経済学を学び、そこからミクロに入る。その多くは国内総生産や総所得よりも下の所にまでは降りてこない。私は全く逆だった。（Greenspan 2008, no. 1 一月一日付）

このことが持つ意義は大きいが、まずは先を急ごう。彼は自ら鉄鋼の専門家をもって任じているので、次もやはり鉄鋼業の現状を論じた「鉄鋼の在庫状況」を見よう（Greenspan 1953）。この論文で彼はおそらくかなりユニークな試みをしている。全米の鉄鋼の在庫を数字で示すというものである。それだけかと思う向きもあるかもしれないが、その手法にはどこかふつうでない点があるのであえて取り上げる。

論文が示すのは一九五一年からこちらの鉄鋼製品の需給実績総計および執筆時の在庫推計で、そのために先の論文と同じく品目別分析を行なっているが、地域別よりは需要側産業部門別に推計している。大局的な構図としては一九五二年六月から七月にわたる五十五日間の鉄鋼ストで供給ばかりか需要も激減するが、スト前の供給過多傾向は両者の落ち込みをへて需要過多に転じ、数か月で供給過多に逆戻りした。また部門別には次のようなことが言える。まず自動車産業は七〇〇万台をつくるのに鉄鋼を一四〇〇万トン必要とし、全米の鉄鋼生産量の約十六％を使う。このため自動車需要の落ち込みが鉄鋼業には打撃となり、その度合は自動車生産台数の低下次第で推測できる。一九五三年現在、全米の在庫は大工場に一一〇〇万トン、中小の事業所に約二〇〇万トンあり、その他鉄鋼を使う産業にも分布はするが少量にすぎない。自動車、機械・武器、建設など上位七位までの部門で鉄鋼の七五％ほどを使う。論文はこれが掲載された九月以降の各部門での消費動向を予想して幕を閉じる。

データのアラベスクのような一連の論文は生きた経済の動きに対する二〇代半ばの若いエコノミストの新鮮味溢れる関心と、それに応えるための執拗な統計収集への意欲をよく伝える労作である。分析は飽くなき収集によってのみ可能になる豊富なデータに支えられて高い精度を備えている。先に彼が鉄鋼の専門家だと述べたが、実はそうした部門別縦割りの観点だけでは不十分とも言える。各産業の各部門にわたる克明な叙述を眺めて思うのは、彼はいわば「需給状況と在庫のプロ」だということである。つまり鉄なら鉄、繊維なら繊維の部門全体、さらにはその中の特定品目の需給と在庫が、調査している時期に全国的にどれほどの水準にあるかを十分な精度で把握する手法を確立しているのである。連邦準備の地区銀行もこれに類した産業分析を行なっているであろうが、グリーンスパンはアメリカ経済の中心都市にオフィスを構える民間シンクタンクのエコノミストとしてこうした手法を洗練させ、オリジナルなデータセットの構築にまで到っていたのである。

特筆すべき論考は「航空戦力の経済学」である（Greenspan 1952a；1952b）。そこで彼は機密事項ゆえにデータがないはずの案件でも別のルートからデータセット構築を試み、戦闘機、爆撃機、輸送機、訓練機など軍用機の種類別の生産推計をはじき出して問題の全体像を描き出している。ペンタゴンはアメリカ最大の買手なのでマクロ経済の動向にも大きな影響を持つのに、ことが軍事機密に関わるだけにウォール街は実態を把握できない。グリーンスパンはまず議会公聴会の議事録に当たるが、肝心の生産台数などは編集によって空白にされていて役に立たない。そこで彼は航空機の設計マニュアル、ペンタゴンの発注書などに探りを入れる。この結果特定機種の生産台数が割り出せ、そうなるとそのマニュアルを見れば鉄・アルミニウム・銅などの需要量がわかるというのである。二回に分けて掲載されたこの論文には読者である企業幹部から大きな反響があり、またのちにペンタゴンの関係者から、機密扱いのはずの生産台数に近い推計値なので驚いたとのコメントが寄せられたという（AOT 42-3 上巻六二―三）。

ユニークなマクロ経済学観

このように綿密な調査屋として実績を積みミクロな統計から産業部門ごとのマクロな全体像を描き出す手法は見事なものである。考えてみれば、部門別の総供給がわかり在庫の動向も把握できるのであれば、主要な部門についてこの手法で集計値を算出してその総和を求めることで、十分な精度で今期GDPの近似値が予想できるはずである。そしておそらくそれは政策策定の重要な補助ツールになるだろう[2]。では彼はやがてケインズの意味でのマクロ経済学にたどり着き、上のような独特の手法をこの枠組と結合したのであろうか。第1章で引用した当時をめぐる本人の回想を思い返すと、当時までの彼はケインズ経済学の数理的な側面には魅かれたがマクロ経済学には関心がなかったのであったが（AOT 30 上巻四七）、それと同じ趣旨を繰り返した記述も見られる。

> データを取り込んでストーリーを語らせる能力に自信が出てきた。ただ経済全体の動きを把握することが楽しいとは思わなかった。それはケインズ派に任せておこうと考えていた。しかし経済のさまざまなパーツとそれらの関係についての理解はますます深まっていった。
> （AOT 33 上巻五二）

こうした回想が正しいことは上で見た『ビジネス・レコード』誌の論文の内容からも裏が取れる。むろんこのままでも彼は十分プロとして生活できたであろう。そのかわり世界は金融政策の神様も悪魔も持たなかっただろう。こう考えると問題になるのはグリーンスパンがその後いつごろどんなきっかけでマクロ経済学に関心を持ち始めたか、またそのマクロ経済学とはどういったものだったかになる。この問いに対する答えに近づくためにいま少しコンサルタントとしての修業時代を追跡しよう。

前述のようにグリーンスパンは大学卒業後の一九四〇年代末にカンファレンス・ボード入りし、五〇年にコロンビア大学の大学院に進むが、カンファレンス・ボードの仕事も続けていた。一九五一年から受け始めたウォルフォウィッツの父ジェイコブの統計数学の授業が「いつか経済全体を理解して予想しようとするかもしれないと思わせてくれた」（AOT 35 上巻五四）。一九五三年にはタウンゼンドという投資アドバイザーとパートナーシップで業務を始め、鉄鋼業界の専門家としてUSスチール、アムコ、カイザーなどの大手鉄鋼会社、アルコア（アルミ）、モービル（石油）などを顧客とした。初めアメリカの消費と貯蓄について博士論文を書こうとしていたが、仕事が順調すぎて顧客企業訪問のための出張などで忙しくなり、師のバーンズには催促されたがやがて執筆を諦めた（AOT 44-5 上巻六五-八）。

投資相談の内容はGDP予測ではなく自動車部品会社の経営者に六か月先のシボレーの生産台数予測を示すなどのもので、鉄鋼会社の場合は各部門での用途別需要、在庫と消費量の予測などであった。この経験から部門別の在庫サイクルや各社のシェア予測などをできるようになった。一九五七年にリパブリック製鉄の重役陣を前に景気の下振れを予測したことがある。これは生産量と消費量を見積もると生産過剰で在庫が増えていたためだが、CEOは彼を信用しなかった。ところが一九五八年になってグリーンスパンの予言通りになり、CEOは自らの誤りを認めた（AOT 45-7 上巻六六-七〇）。

経済の減速で一九五八年は景気が後退するが、このとき初めて経済全体に関する予想をした。鉄鋼業の調査にじっくり時間をかけていたので、きたる減速を予想するのに格好の立場にあった。当時のアメリカ経済では鉄はいまよりずっと中核的な力を持っていた。……

一九五八年の景気後退を言い当てたことで会社の評判が高まったが、顧客が有益だと思ってくれたのはマクロ経済の予想が的中したこと自体ではなかった。……私たちが提供したサービスは各要因の関係の正確な特徴について顧客が理解を深められるようにすることであった。それをどう使うかは顧客が決める。大企業の経営者は三〇歳の若造が景況予想をしゃべっても額面通り受け取るものではない。……「経済成長率がどうなるか」ではなく「六か月後の工作機械需要はどうなるか」「広幅織と紳士服市場とで値動きはどうずれそうか」という視点から話すようにした。

(AOT 47-8 上巻七〇–一)

こうしてタウンゼンド&グリーンスパン社は四〇%という驚異的な利益率をはじき出す超優良企業に発展してゆく。先に彼の当時の仕事について「ミクロ経済学のような行為動機からの演繹理論ではなく統計を基盤としている」と述べた。彼の商学的経済学は一九七〇年代ごろからケインズ派を批判した新生古典派(new classical)の「マクロ経済学のミクロ的基礎づけ」を思い起こさせる。「統計的中間ミクロ経済学」をミクロ的基礎にしてマクロ経済学にアプローチすれば、ルーカスらとはまったく違うスタイルでの集計値経済学への道が拓ける可能性もある。ケインズを激しく論難した彼らにしたところで「国内総生産や総所得よりも下の所にまでは降りてこない」ことには変わりない。グリーンスパンが「私は全く逆だった」と述べているのは彼がケインズに依拠しなかったことを告げるのみでなく、独自性の高いミクロ分析の手法からマクロ順進(補論1を見よ)したことを意味する。先の手法によって精度の高い集計値を得られたとしても、データそのものが集計値相互間の関係の体系を与えてくれるわけではない。異様なほどの熱意による収集活動でオリジナルなデータセットを構築しても、それをどんな枠組に嵌め込むかによって導き出される政策論的含意は異なりうる。ではその枠組とは何であろうか。ランドを経由して習得したミーゼスの景気循環論ABCT(Austrian Business Cycle Theary)であるというのが答えとなる。第2章では、ランドの「共同体」の中で貨幣とマクロ経済の関係についてのミーゼス派の所論が共有されていたことを見たが、その貨幣が生産のために用いられるときに生じる経済過程を、企業がいかに市場の先行きを読み込んで投資するかという観点から分析し、この資本理論に根ざしてマクロ経済の動態を理解する枠組を与えたのがABCTである。節を改めてその概要を述べよう(3)。

2　利子率と景気循環

中世から続く利子理論の伝統

だがその前に利子率決定論を概観しておく。ごく最近まで金融政策とは利子率操作であったし、いまの非伝統的金融政策が終わればまたそこに戻るだろう。にもかかわらず主流派経済学では伝統的に利子率決定論が曖昧《あいまい》である。しかし利子率がどう決まるかの定見すらなしに操作して所期の効果を出せるものだろうか。ところが、実はこの問題に答えるには中世スコラ経済学まで遡るという迂路をたどる必要が出てくる。

西洋ではローマ崩壊後長らく経済思想の深化は止み、次に顕著な展開があるのは中世の「ウスラ usura」をめぐる論争においてである。ところが同論争は、その存在は知られているのに内容は十分知られておらず、内容の含意となるとほとんど関心も持たれていない。特に問題なのは、カトリック教会がウスラを禁じることで商業の発達を阻害したという説がいまなお執拗に語られる点である。しかしルーヴァー、ヌーナン、グライス－ハチンスン、カウダー、ゴードンなどによる戦後の中世経済学研究は、カトリック道徳神学が商業に規制緩和をもたらす理論を構築してその基盤を確立したことを明らかにしている(4)。

発端は一三世紀の法学者の議論にある。ローマ法の起源は不明だが帝国の東西分裂後に東で法典が編纂されて西に伝えられた。ボローニャ大学ほかの教会法学者たちは、広大な商圏で活動する商人たちが持ち込む訴訟事案に対して一貫した法理から答えを返すよう迫られていた。教会は聖書などの記述を解釈してウスラを禁じたが、法学者たちは教会法をローマ法と融和させて規制緩和を推進した。約言するなら、ウスラを禁じたのも認めたのもカトリックであった。

ローマ法の「消費貸借 mutuum」によって小麦一〇〇キログラムを貸した人は、約定日に同等の小麦一〇〇キログラム以上の返済を求めるだろう。もし元の量しか返してもらえないなら貸す誘因が失われる。この場合、元の量を超える部分が「利子」だが、ではいったいどれくらいの利子までならとってよいのか。ところがこの問題はさらに小問に砕くことができる。利子をとることはどう正当化できるか、そしてその大きさはどんな基準で決めればいいか、の二つである。

第一の問題については、時間による財価値の複数性が答えになる。つまり一つの財は二つある。いかに奇妙に響こうとも、実際それがこうした事例を説明する際に中世人が援用した論拠であった。そう言えばなお「中世人は合理的でない」と非難する向きもあるかもしれない。だが現代人が利子を許容する理由も実は同じである(5)。私たちは確かに技術を進化させたが、別の「種」に進化したわけではない。おそらくサルにとってもヒトにとっても芋は同じくらいうまい食べ物であろう。しかし現在芋と将来芋を区別するのはヒトだけである。私たちはこの二つでは現在芋の方に高い価値を見出す。将来芋との間に差が生じる理由は人間精神の構造に根ざしたものであり、芋側の物的特性には存しない（むろん将来芋は現在のとは同等だが別の芋とする）。スコラ学者はこの点に着目し、財を時間に関して二つに分けて捉えた。この差はいまでは「本源利子 originary interest」と呼ばれる（Böhm-Bawerk 1959, 6；Mises 1998, 523ff. 五四一以下）。本源利子とは将来財を現在財に交換してもらうための手数料である。むろん一〇〇キログラムの小麦を借りて一〇五キログラム返すかわりに、前者の市価の五％を貨幣で払うこともできる。現物払いの利子を「物利 commodity interest」と呼ぶとすれば金納利子が「金利 monetary interest」である。

第二の問題はさらに重要である。中世の法は市価の二分の一以下での販売を強いられたら差額の支払いを求めるか契約を解除できると定めていた。むろん二分の一という数値には深い根拠はない。そもそも市価自体が時価であり日ごろから変動している。これに乗ずる定数を一見厳《いか》めしそうに定めてみても、算出された数値は変動に晒される。問題のポイントは、「公正価格 pretium justum；just price」を権威主義的に固定額とせず、市価を以てそれとしたことにある。現実的な措置である(6)。

芋以外にも多くの財は時間経過に伴って消耗または減耗する。時間選好の問題とは別に、このことによって財は未来において現在より大幅に価値を減ずる。ところが貨幣のみは消費貸借で借り入れた人物が支払った相手の手元にあり、消耗も減耗もしない。この性質は貨幣の「持主交替非消滅性」と呼べる。

交換は時間の長さを基準に即時交換と遅延交換に分けられる。即時交換とは財と財、または財と貨幣をその場で相互に引き渡す交換、遅延交換とはそれらのいずれかをのちに引き渡す交換である。ところが売買には両方があるのに対して貸借には遅延交換しかない。消費貸借も遅延交換で、貸金も貨幣と貨幣の遅延交換である。利子は基本的には遅延交換で問題になる経済現象である。割賦販売では財は即時に引き渡されるが代金は遅れて支払われる。消費者が即時交換以上の貨幣を支払うのは、将来ではなくいま欲しいからで、ここでは財の本源利子が貨幣タームで表現されている。経済理論はこうした日常的な取引の諸形態を統一的に説明できなければならない。貨幣財はその持主交替非消滅性によって、誰が所有する財か（帰属因子）以外につねにいつの財か（時間因子）を問題にさせるのである。むろん時間因子は小麦のような消滅財でも自動車のような消耗財でも問題になる場合があるが、即時売買交換では考慮されない。だが貨幣は交換用の備蓄財であって消滅も消耗も被らないうえに、それを即時売買することは無意味で（外為市場は除く）、貸借の対象にしかならないから、貨幣の取引ではつねに時間因子が（付随的ではなく）主たる問題になる。貨幣は時を超える。貨幣のこの性質は派生的なものではなく、それこそが交換用備蓄財としての貨幣の存在理由である。貨幣を全部使い切る人は稀なので、その多くが金融仲介を通して遅延交換に回される。かくて貨幣は退蔵されない限りいつも利子を生む。

ただ財を入手するために貨幣を「使う utor」とき、貨幣は当然その財の効用をもたらすと観念される。これは貨幣の「潜勢効用 potential utility」と呼べる（村井 二〇一五 a）。こうして利子（usury）と効用（utility）が同じ「使う」から派生する。このとき、一般財の貸付に伴う物利や金利と貨幣財の貸付に伴う金利は、使用権の移転に伴う手数料として同列に捉えられている。貨幣が潜勢効用を持つと観念される限り、貸金が本来しばらく待たないと顕在化させられない将来効用を先取させてくれるのは明白である。だから利子という手数料が発生する。ただ「ウスラ」は必ずしも時間因子と結合するとは限らない。事実、割賦販売（財売買に貨幣貸借の要素が加わる）で総支払額が一括払い額を大幅に上回ったときだけでなく、馬を担保にとって膨大な馬草を要求するなど財に付帯する財で巨額の収入を得たときや、一括払いの即時交換でも価格が高すぎたときは、すべてウスラ性を疑われた。結局ウスラとは財や貨幣の使用のための取引（販売・貸付とも）に伴って生じる利得一般を指したが、法外な利得を徴収する者が増えると不当利得を指すようになった。だからウスラを高金利の意味で「高利」と訳すと正確な理解は遠のいてしまう。利子はあくまでウスラの一部でしかない。

しかし、より重要な別の側面がある。先述のとおり訴訟事案としての利子は二つの問題を提起する。そして後問は市価を公正価格と見る結論を導いた。ということは、財市場における価格の貨幣市場での対応物が金利だということである。利子率決定論は貨幣市場の価値論なのである。公正価格論はさらに労働市場の価値論にも適用され、市場で決まった賃金が公正と見られていた（Roover 1958）。かくてスコラ学者たちは一般財と貨幣財の相違を踏まえつつも両者を包括するモデルで市場取引料率の一般理論、財‐貨幣交換と貨幣‐貨幣交換を束ねる一般価値論の定立という問題に取り組んでいたことになる。実はアクィナスに続く数世代のうちに一般価値論の骨組は完成している。それは思弁的であったが、訴訟事案に結びついている限りで経験的なものでもあり、財・貨幣・労働の三大市場を共通プラットフォームで取り扱う「物価・金利・賃金の一般理論」の母体なのである。これは現実の個々の取引から始めて一国レベルにまで応用されていた点でミクロ的基礎づけを持つマクロ理論でもあった。中世経済学について考えるときこの点を見逃してはならない。景気循環現象を理論化したミーゼスの仕事をいまから見るが、それはある意味で中世のものと同型の貨幣理論に近代的な資本理論を加味しただけかもしれないのである。(7)

金利とは将来貨幣の現在貨幣への交換手数料だというのが一連の考察の結論である。借手側は、約定日には返済するので将来には元利分の貨幣を持つ。だが使いたいのはそれを持たぬいまである。貸手側は、いま貨幣を使って財の効用を実現するのを諦めて将来の返済日まで待たねばならない。しかも貸倒れの懸念すらある。こうして金利は逸失利益の補償とリスクテイクに対する正当な見返りとなる。この問題を端的に表すキーワードが「利益停止lucrum cessans；profit ceasing」で、それが待忍の報償としての金利を正当化するのである。こうした借手と貸手の間で貨幣財の取引の場としての貨幣市場が成立し、その需給のつり合いで利子率という貨幣賃貸の単価が決まるのである。

ＡＢＣＴの概要

回り道をたどったおかげで、いまや私たちはグリーンスパンが依拠したＡＢＣＴを理解できる位置にこぎ着けている。しかもマクロ現象の謎を解くミクロな鍵を手にしている。主流派経済学では貨幣を交換の対象物とは見ないが、貨幣も財の一つだから交換の対象物と見る必要がある。また貨幣機能論はしばしば（財市場の）需要側の視線で語られ、供給側が貨幣を資本として活用する資本機能を見落としている。それは資本理論という別の論点に属するとされるためだが、貨幣が社会循環しているという基本的事実は需給両側の関連如何を問題にするよう迫る。ＡＢＣＴはこの問いに答えを返すものである。

以下ではＡＢＣＴの概要を二段階で述べる。すなわち、まず純粋に自発的な意図のみから交換が行われる「無妨害市場 unhampered market」の理論を確立し、それを構成する因子の一部に政府の介入が入ったときの「妨害市場 hampered market」の作用メカニズムを原則からの逸脱の事例として扱う[8]。

いま「時間選好 time preference」を人が将来財よりも現在財を好む度合と定義する。また財価格は財が増えれば下がり、減れば上がるという法則をそれぞれ「増量財減価則」「減量財増価則」と呼ぶ。無妨害市場で時間選好が高いもとでは消費が多く貯蓄は少ない。このとき貨幣にも財と同じく減量財増価則が作用するから利子率が上がる。企業家は財市場で製品が飛ぶように売れる状況を目にして、追加投資で利益機会を拡大しようとする[9]。彼はまずは既存設備での生産要素の追加投入を考えるだろうが、それによる増産には限度があるから新規設備投資を同時並行的に進める。そしてそのためには自己資金の枠を超えて貸付市場に目を向ける。ところがいま利子率が高いわけだから、新規投資には向かい風が吹いている。消費が堅調なので財市場では財貨幣交換が盛んになって物価は高騰しており、労働需要も高いから賃金も上がっていく。このように財・貨幣・労働の三大市場において交換比率である物価・金利・賃金が一様に上がる状況を「好況」と呼んでいるわけである。

以上は時間選好が高いもとでの今期の様子だが、来期はどうなるだろうか。高金利に抑止されて企業家は収益機会を十分拡大することができないが、それは彼を必ずしも不利にしない。なぜなら生産には時間がかかるが、高次財（生産財）への新規投資が低次財（消費財）を増産できるようになる来期には、今期の散財で財布が軽くなっている消費者は増産された低次財を十分消費しないからである。セー法則は常住不変であって、今期は高位での正値同調（利益を伴って需給が出会うこと）、来期は低位だがやはり正値同調が成り立つ[10]。

反対に時間選好が低いときの各市場の様子も考察しよう。いまや消費が伸びず貯蓄は多いから、物価も利子率も低くなる。消費が伸びなければ既存設備への新規投入は伸びず労働需要も低いので賃金も伸びない。かくて物価・金利・賃金がそろって低い不況が姿を現す。ところが利子率は低いから、新規投資には追い風が吹いている。企業家は不況でも貪欲である。ここでもそれは発揮されるが、彼の野心は挫かれずにすむ。今期は財布の紐を締めていた消費者が、高次財への新規投資が低次財を増産する来期になると製品を買ってくれるからである。こうして時間選好が低いもとでは低位の正値同調を見る今期に、高位の正値同調を見る来期が続く。やはりセー法則は裏切られない。

続いて政府に登場願おう。現代では非常時以外は物価や賃金は統制されないが、金利はつねに統制対象だとみなされている。だからこの「政府」とはむろん中央銀行である。無妨害利子率が低いときに中央銀行がそれを引き上げようとすることはほとんど考えられない。歴史をとおして中央銀行は政府の無形の圧力に屈して、無妨害利子率が高いときにそれを引き下げてきた。いま時間選好が高く、したがって利子率も高いときに利下げをするとどうなるであろうか。貪欲な企業家が目の前の活況がいつまでも続くと考えて増産をねらうのは、無妨害時と同じである。ところが本来高いはずの利子率は引き下げられている。彼は正常なら新規投入も新規投資も並行して進めるであろう。このため補完財（材料や労働）の需要が増えてそれらの市場の価格（後者なら賃金）も軒並み高騰する。企業家は今期の収益は当然だが、来期にはそれ以上に、再来期にははるかに収益が伸びると夢を膨らませる。だがその日は実際には決してやって来ない。今期においてすでに財布が軽くなった消費者は、来期には増産された高次財が生み出す大量の製品を買うだけのおカネがないからである。投資拡大が進むうちに、投資家の一部が雲行きの変化を何らかの徴候から察知する。通常その舞台は資産市場で、そこで価格が突発的に崩落する。この現象の通り名が「恐慌」である。

セー法則は一見破綻したかに見えるが、実は違う。人工的に生み出された低金利という仮象に騙された企業家が思い思いに見た新規投資の壮大な夢は、実は一部しか実現していない。なぜなら妨害によって貨幣が増えたのは確かだが、経済資源は増えていないからである。そのもとで利下げが資源配分を歪めたのである。上述した無妨害市場の複期的同調の成立状況を見てもわかるとおり、利子率は資源の複期的適正（最適ではない）配分というきわめて重要な役割を担う。ある財の価格を政府が上げ止めれば、材料価格が高騰して企業の経営が圧迫され価格統制は維持できなくなる。それでもこの措置は無関係な財の市場を含む経済全体を蝕むことはない。これに対して利子率をいじると必ず経済全体に影響が及ぶ。現代の貨幣制度では利下げは貨幣増量によって行われる。その貨幣に用途指示書はついていないので、新規貨幣の取得者は高次財を含む各種の財を思い思いに買い求める。だからこの措置はすべての市場を歪めてしまう。この状況をミーゼスは一般的過剰生産ではなく「誤投資 malinvestment」と見た。それは低金利に対して高次財市場の方が先に、かつ大きく反応し、低次財市場とのバランスが崩れることを強調するためであろう。続く章での議論を理解するうえでこの点が特に重要になる。(11)

以上でグリーンスパンがランド経由で吸収したＡＢＣＴの輪郭が示された。それは、貨幣を含むミクロな交換の場面からマクロな現象に視野を拡大していく際に、資本・生産・時間に注目することで景気循環現象の首尾一貫した理解を可能にした。この知見に基づいて、次に若きグリーンスパンが書いた中で最も重要な論文「株価と資本価値評定」を概観する。そしてケインズと彼の接近と離反を定式化する。

3　論文「株価と資本価値評定」

将来割引率

グリーンスパンは一九五〇年代にランドと出会うが、これは彼の経歴の中ではカンファレンス・ボード時代である。当時の論文は先に概観しておいたが、それは各産業部門の細やかな分析ではあってもマクロ経済全体を対象としたものではなかった。実は彼がマクロ経済に関心を持ち始めたのはランドとの出会い以降である。この点は第1章ですでに紹介した次の回想からも裏が取れる。

> 彼女に出会うまで私の知的世界は狭かった。それまでの仕事はみな経験的で数字をベースにしたもので、価値を追究するものでは全然なかった。高い能力を要する専門的分析をしていたが、それだけであった。
>
> （AOT 52–3 上巻七一–八）

マクロ経済学への関心の芽生えについてはすでに述べたが、その成果はブランデンが一九五八年にランド思想を普及させるために立ち上げたＮＢＩでグリーンスパンが担当していた「自由社会の経済学」講義を見ればわかる。

この講義は貨幣の機能論から始めて銀行制度の発展に展開されていたが、第四回と第五回の主題は資本理論である。第2章では省略したその内容を見ていこう。

グリーンスパンはこのとき「将来割引率 Rate of Future Discount」という語を用いた。これは将来資本の価値を現在の価値に換算する割引現在価値論を応用して導かれたもので、将来財価値が現在財価値よりも下回る率を意味する（のちに詳論）。そして利潤率が将来割引率に収斂する傾向を指摘する。この議論はさらに大きな枠組の中に置かれることで別の意味を与えられる。グリーンスパンはこの株価理論を銀行理論と結合し、銀行信用が適度ならマクロ経済が同調し、過剰なら経済危機に至り着くとし、この観点から連邦準備の信用膨張を自由社会の敵とみなしていた。つまり一連の資本理論は最も大きな枠組としての自由市場経済というコンテクストの中で提示されているのである。

ただ問題をより詳細に理解するには別の資料が必要になる。この要望に応えてくれるのは「金と経済的自由」ではなく一九五九年の「株価と資本価値評定」である。これは彼が学位論文に収録した一篇であった[12]。グリーンスパンはこの論文でいわばさや取りモデルによる株価決定理論を展開し、演繹的なモデルの変数に一九世紀に遡る歴史的データを代入してリスクプレミアムと景気の相関の系列を帰納的に構築している。ただ論文には十五もの節があってまとまりに欠けるとともに、難解すぎて議論の筋道が見通しにくいため、まず摘要をある程度紹介してから要点をまとめ直す手順で説明する。

論文「株価と資本価値評定」

第一節「資本価格」では将来収益を資本還元（割引現在価値に換算）しながら状況改善を図る行為者の資産選択モデルの枠組が設定される。行為者には企業家も消費者も含まれるが、重要なのは個々人の選択の基準となる効用表とそれを構成する諸変数である。それにはリスク評価や時間選好などの心理的な変数が含まれ、その諸関係を純化するために第二節「資本のための市場」では財を買うときのように買手の主観的な効用から資産選択のプロセスを分析しようと試みている。個人は資産一口ごとに別のリスクプレミアムを適用し、このため割引現在価値も資産の口ごとに異なる。それら諸変数を資産に適用して資本還元し、資産が収益をあげる期間全体についてその稼得力を見積もることができる。まずは金融仲介機関がないもとで「資産選好表 Asset Preference Schedule」を想定し、それに従った取引は資産間のバーターのようなものと考える。

第三節「流動性選好」では金融機関を導入し、そこからの借入を含めて資産選択を行う人の選好表を「流動性選好表 Liquidity Preference Schedule」と呼んでいる。個人は各金融商品に自らの流動性選好表に基づいて出費する。株からの平均収益を $r+\theta$（rは市場利子率、$\theta \geq 0$）とすると基礎証券（primary securities）のそれは $r+\varepsilon\theta$ $(0 \leq \varepsilon \leq 1)$ となる。[13] 縦軸に基礎証券利回り、横軸に「現金／基礎証券」の比率 μ をとり、個人が証券類を保有するために借入をする例も考えると、事前的（理論的）な流動性選好表は右下がりに書ける。銀行側は基礎証券を買わせるために貸付をしてその利回り以下の金利しか取らなくても貸付金利分は稼げるので、利子率が高いほど貸付を増やす。だから事前的な現金供給表（曲線）は右上がりになり、この貸付は預金残高を増やすことで行われる。需要側と供給側が同じ基礎証券市場で反対の勾配を持つ曲線をもとに取引を行うからこの市場は均衡点を持ち、そこで利子率と現金残高が定まる（図3・1）。流動性選好表を事後的に検証するためにデータを図の座標空間にプロットすると、一九世紀に遡って事後的（歴史的）なパネルデータ（時系列値）が示せる（図3・2A～D）。それからも、流動性選好表

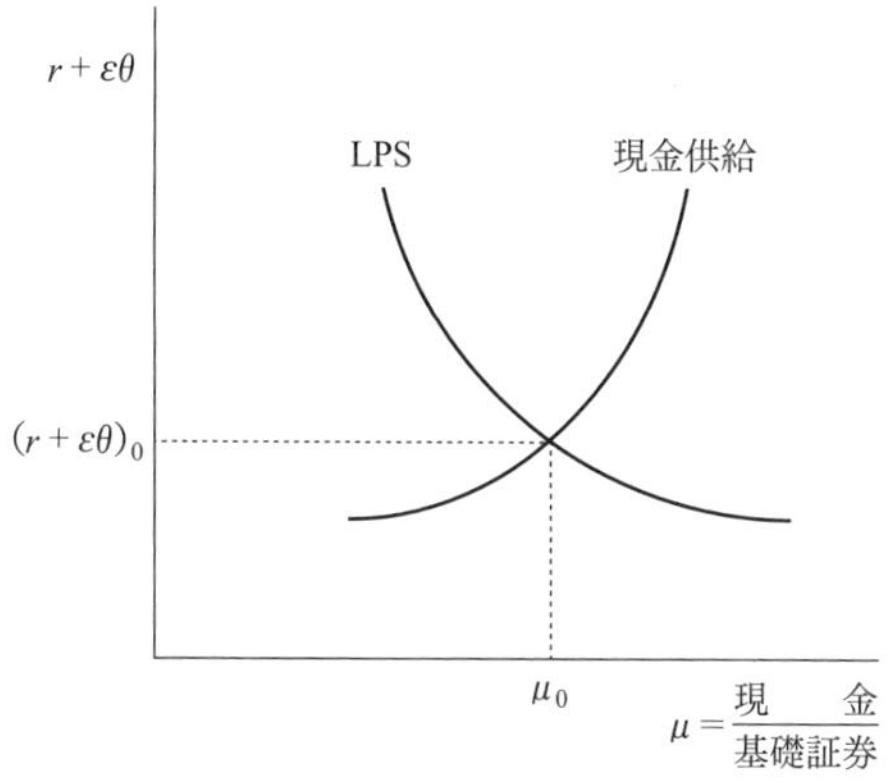

図3・1　資金貸付市場の短期需給

出所）Greenspan 1959, 5.

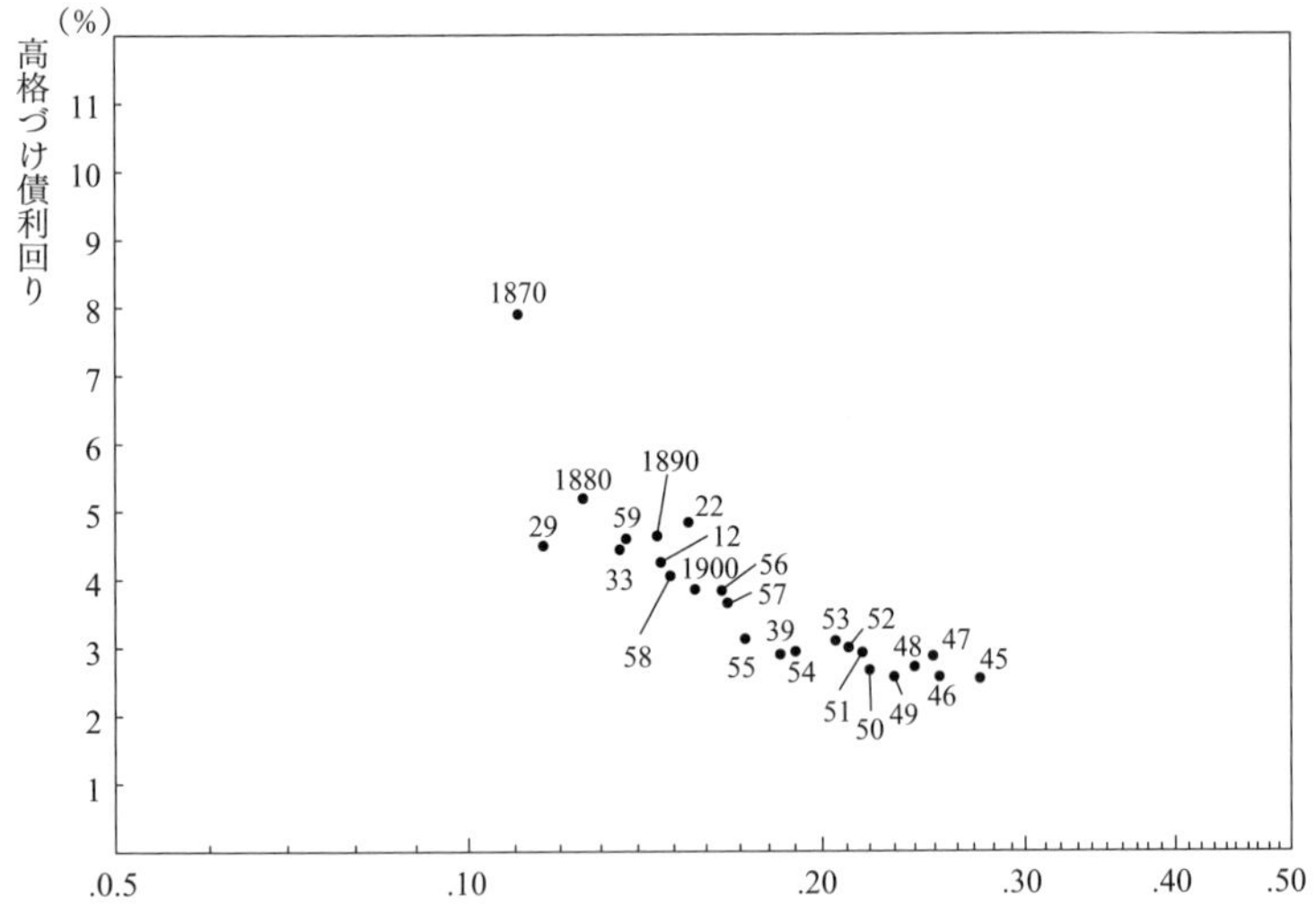

図 3・2A　流動性選好表：決済用預金のみ

出所）Greenspan 1959（以下 D まで同じ).
注）横軸は基礎証券に対する比率（D まで同じ)。

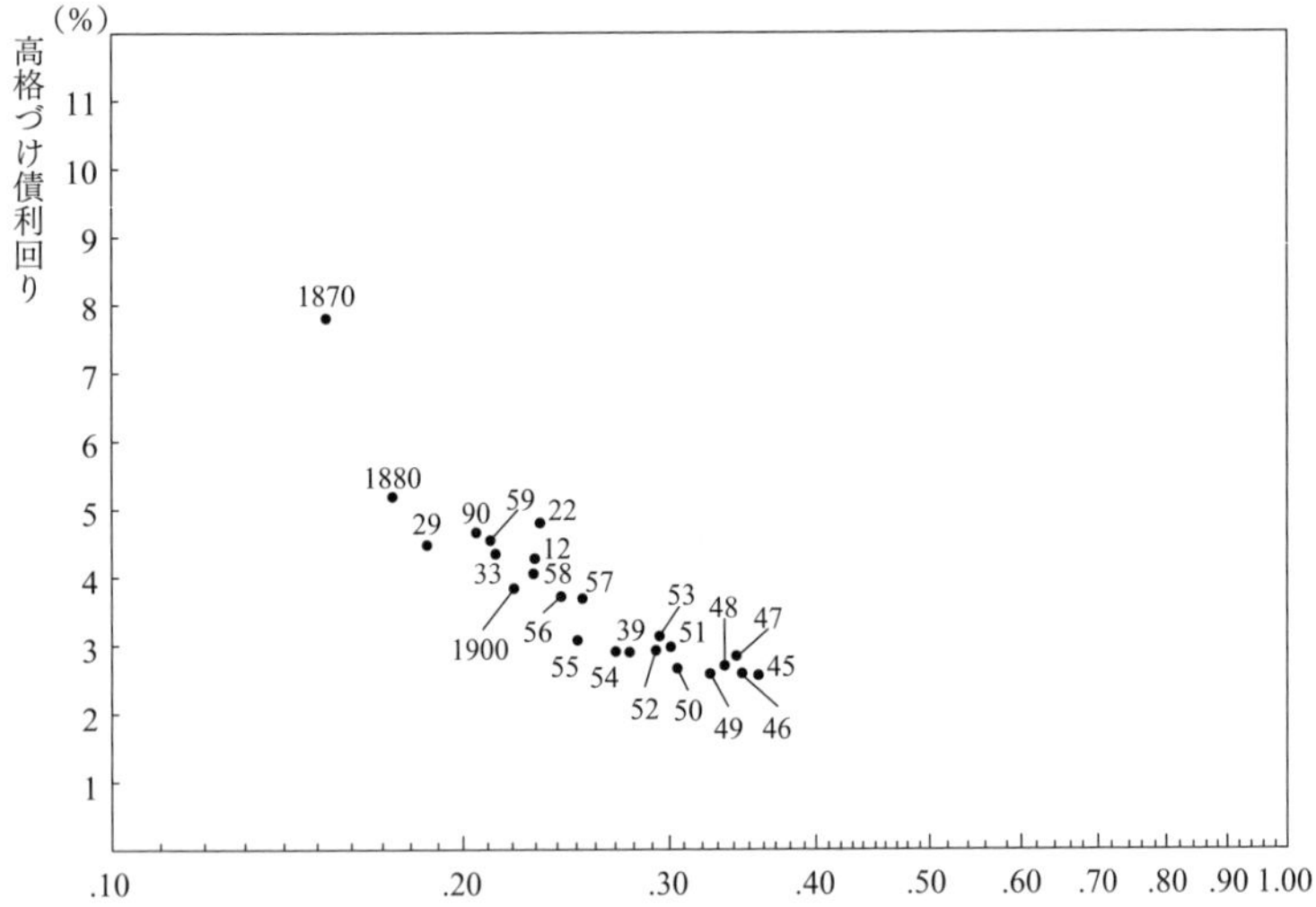

図 3・2B　流動性選好表：決済用預金と定期預金

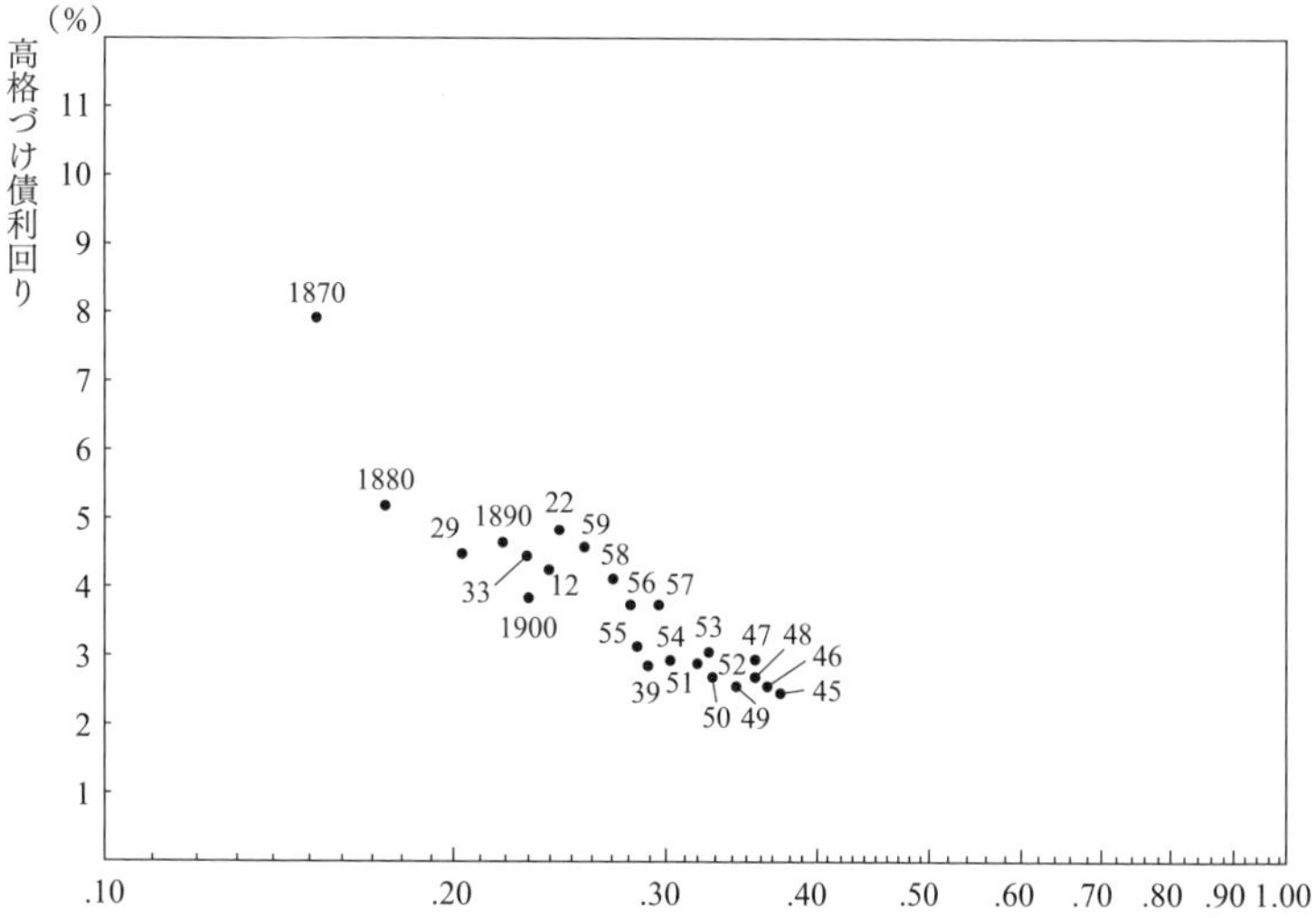

図 3・2C　流動性選好表：決済用預金と定期預金と貯蓄性預金

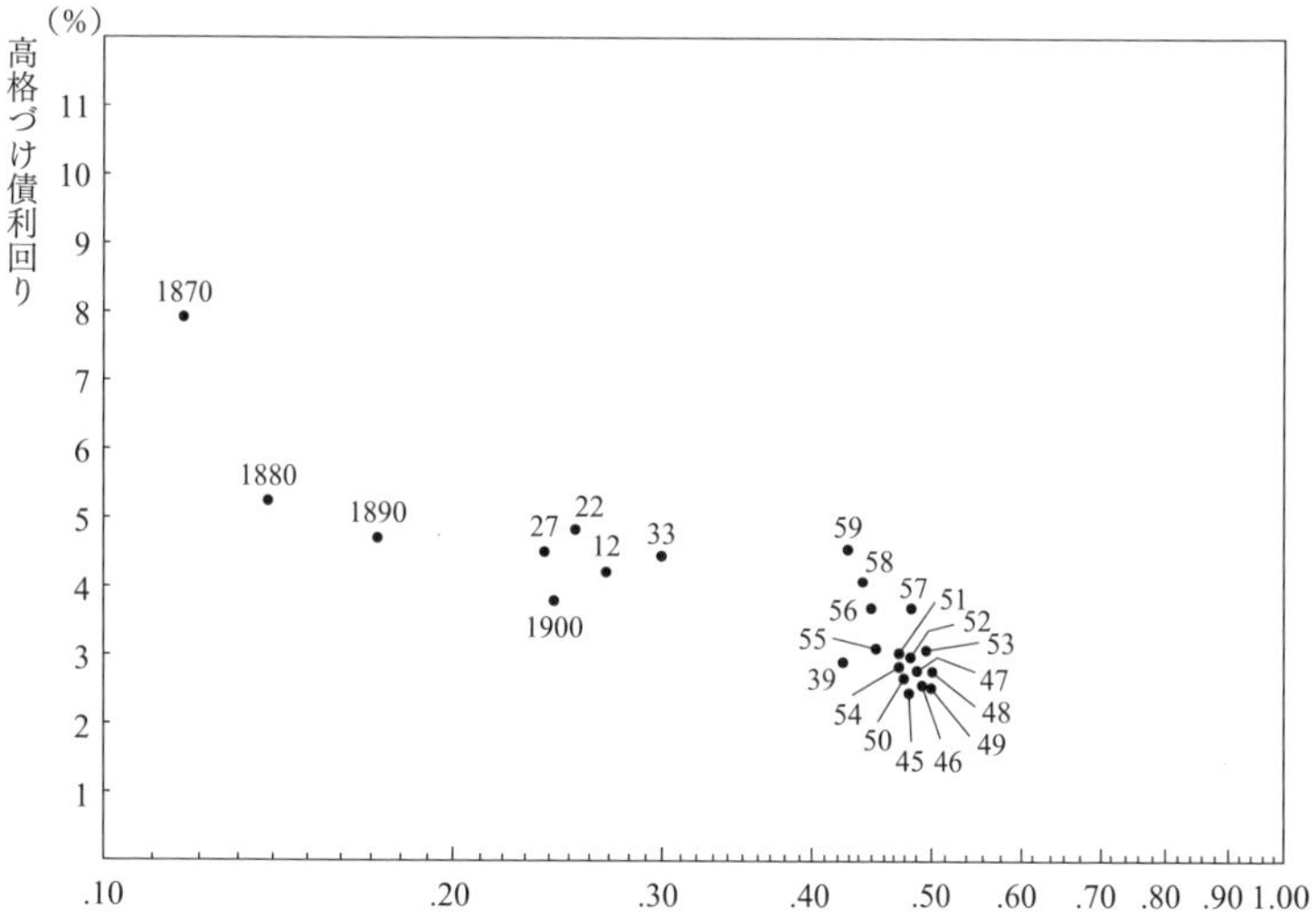

図 3・2D　流動性選好表：金融機関資産全体

は図のような曲線に回帰できると考えられる。

第七節「株vs債券」では長期と短期の関係が考察される。株の利回り（配当）は長期では資本資産全体の現在価値と共振するが、短期では債券の利回りとのスプレッド$(r+\theta)-(r+\varepsilon\theta)$［$=(1-\varepsilon)\theta$］である。各個人は自らの主観的なリスクプレミアムをもって市場に現れ、それとこのスプレッドを考量して買入の意思決定を行う（グリーンスパンの「リスクプレミアム」の主な構成要素はインフレ期待で、他には政府規制がある）。

第九節「資本支出と資本価値」は企業の投資意思決定を扱っている。新規設備投資は株価との間に相関を持つ。それはリスクプレミアムが低下すると将来の収益見通しが向上するので新規投資が活発になるためである。資本の限界効率（投資一単位からの利益率）が$r+\varepsilon\theta$を上回ると新規投資が行われるが、株価が上がると資本調達コスト（借入金利）が下がるので企業が投資拡大案を立てる。このとき企業は新規設備の取得に関してはプライス・テイカーだが、設備が値上がりしても株価の値上がり率の方が高ければ新規投資を行う。だから資本支出の指標は「株価／資本財価格」で与えられる。

第十節「消費支出と資本価値」ではこうした資産の支出増大効果が消費支出にも適用される。消費者の支出決定は「限界消費表Marginal Consumption Schedule」に基づくと想定できる。需要の弾力性は消費で消滅する財よりも耐久財で高い。例えば株価が上がっても特に食べ物への支出を数倍にすることはなく耐久財支出が増える。消費者は資産の値上がりによる所得の増加を実感すると生活水準の全般的向上を図り限界消費表を高次化する。

第十一節「利子率」ではこれらが利子率決定にフィードバックされる。借入もして証券を買うと貸付需要が増して利子率に上げ圧力が加わる。強気市場《ブル》なら短期利子率が引き上げられ、弱気市場《ベア》なら借入は手じまいされて利子率は引き下げられるが、これらの動きは株価の一方的な値上がりや値下がりを抑止して、その短期的浮動性を演出すると考えられる。

第十三節「不確定性とリスクプレミアム」によると、証券の平均期待収益が所与なら支出の意思決定は期待がどの程度実現するかの確信次第となる。けれども不確定性は不合理な悲観主義で高まるわけではない。企業はむしろ入手できる情報は極力収集したうえで合理的に反応する。だが政府の政策変更などビジネスを取り巻く諸条件に変動が多いと不確定要因となって投資は冷え込む。好況期には不確定性が低く見積もられてリスクプレミアムが低下し、この状態は長続きしやすいが、ひとたび不安が市場を襲うと急速に不確定性の波が高まるという周期を繰り返す（言い換えればリスクプレミアム変動の波形は正弦波のように一サイクルの波形内で対称性を持つものではない）。また不合理な楽観主義のみでリスクプレミアムが長期的に低下する可能性はない。

第十四節「景気循環と資本価値」では以上の枠組を用いて景気循環が扱われる。景気の底では不確定性が極大化し、企業はコストや利潤見込みを計算し直さねばならない。それが不確定性の再低下をもたらし、株価が再度回復するので消費支出も増す。これは金融仲介を上向かせるが、利子率に上げ圧力ももたらす。景気の上昇局面では株と債権の利回りスプレッドが上がり始め、リスクプレミアムは下がる。局面はある時点で逆転し、株価が下がり始めると、有効需要が低下して下降のスパイラルに突入する。これを再び上昇局面に戻すには、資本の投売りによる生産体制の再編を認めるのが最適である。安いコストで入手した設備をもとに、企業家は一から長期的な収益獲得の体勢に入れるからである。

論文はかなり難解で説明の手際はあまり優れてはいないから、大きな枠組を再構成しよう。

図3・1の横軸は、低利回りの安全資産である基礎証券発行額に対する現金量を表すが、おそらく現金需要とみなせる。そして縦軸は基礎証券の利回りだから利子率を示す。図3・2が図3・1の均衡（同調）点をプロットしたものなら、それが右下がりの推定線上に並ぶということは現金需要と利子率が相反的関係にあること、需要側が市場のトレンドを決めることを示す。この現金需要とは投資向けの貸付需要で、財消費に回されない貨幣を金融機関が金融仲介で供給すると想定されている。時間選好が高く財消費が多いときは貯蓄が少なく、利子率は上がって貸付需要は低まる（逆なら高まる）。図3・2は貯蓄が多いと低利になって投資向け現金需要は増大（逆なら減少）

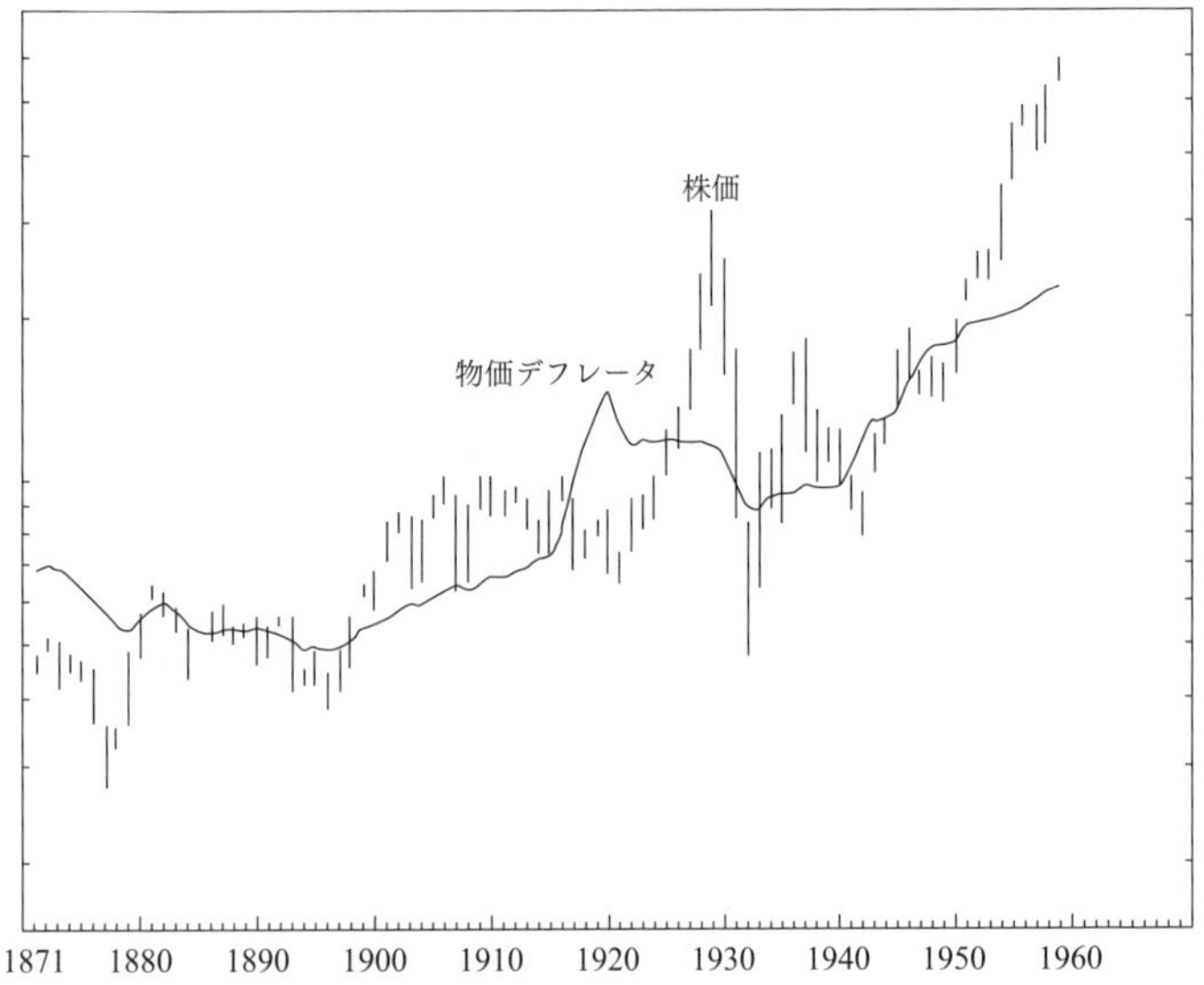

図3・3　株価とインフレ率

出所）Greenspan 1959（図3・4とも）.

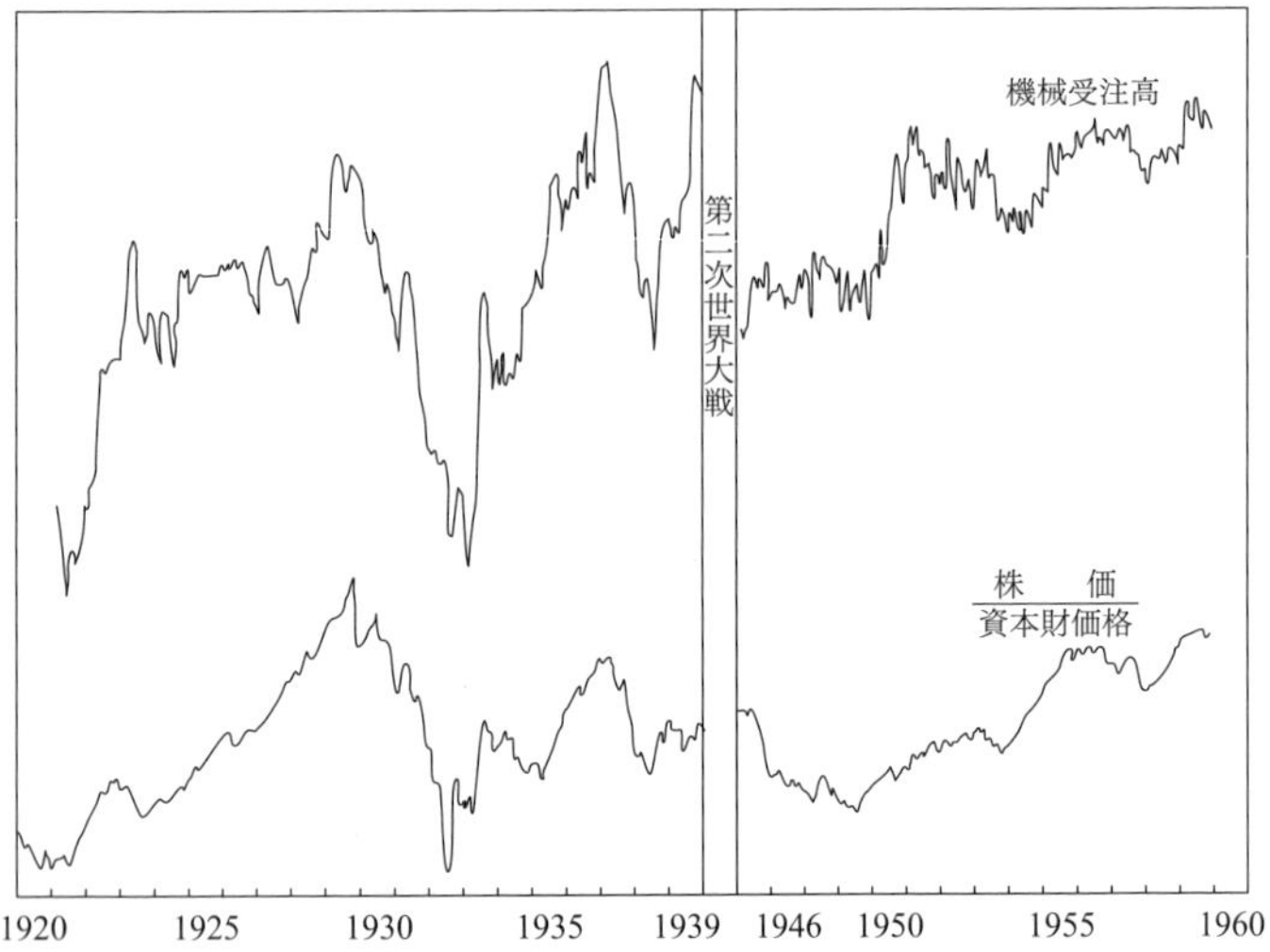

図3・4　資本支出指標と設備投資

注）戦前と戦後では時系列比較不可。

することを示すから、実はABCTの想定と同じである。

一般に株式市場とは銀行を介さない直接金融の場とされるが、銀行からの借入を用いて株を買う場合もある。だから貸付資金市場では企業だけでなく消費者（や証券業者）も需要側に回る。双方の貸付とも少なからぬ部分が信用膨張で賄われるから、純粋な無妨害市場（信用膨張がない自由放任の貨幣市場）[14]と違ってこの妨害された資産市場では資金市場の原資である貯蓄の水準を超えて供給が需要に応じる。これが株価を押し上げる。無妨害市場なら消費財価格の指数としてのＣＰＩと利子率や株価は比較的共振的に動くはずだが、信用膨張が過ぎると必需財はもうそろったお腹《なか》一杯の消費者は高級品や耐久財に触手を伸ばす。株が現金と違って比較的固定的な収益（金利）以上のものをもたらしうることを考慮すると、耐久財購入額の拡大と株価の上昇は相乗的と見られ、インフレ率（ＣＰＩではなく消費財以外も含むＧＮＰデフレータ）と株価は特定の条件がそろえば乖離しうる。

彼は南北戦争後から一九五〇年代までのアメリカにおける株価とインフレ率の関係を示すグラフ（図３・３）、資本支出指標と設備投資の関係を示すグラフ（図３・４）等の時系列パネルデータを掲げているが、図３・３を見ると第一次世界大戦のころは株価に対して物価が高く、一九二〇年代は逆である。つまり平時に好況が続くと株価は地に足のつかない水準に達する。また図３・４を見ると第九節に言うとおり株価と設備投資がかなり共振して推移していることがわかる。これらは、バブル的株価でも企業はそれを見抜けずに投資を増やすことを物語る。特に図３・４の示唆はグリーンスパンがＦＲＢ退任後も何度となく強調した重要なものであることを明記しておく。

4　グリーンスパンとケインズの距離

流動性選好と資本の限界効率

「株価と資本価値評定」の理論的枠組はＡＢＣＴだが、ケインズの用語が用いられている。それは基本的には「流動性選好」と「資本の限界効率」の二点である。本節ではこの問題を見る。

初めに「流動性選好」から取り上げる。ケインズが『一般理論』でこの語を用いていることは広く知られているが、グリーンスパンのものはそれとは意味が異なる。ケインズは第十三章「利子率の一般理論」で、流動性選好を「個人が別々の諸状況で貨幣の形で保有しようとする資源量——賃金単位[15]で測られる——の表（schedule）で与えられる」と説明し（Keynes 1936, 166 一六四）、流動性選好表については「貨幣量を利子率に関係づける流動性選好表はふつう貨幣量が増えるにつれて利子率が減ることを示すなめらかな曲線で与えられると想像できる」と述べている（*ibid.*, 171 一六九）。これに対してグリーンスパンは流動性選好表の定義しか与えていない。

> 各個人は現金だけでなくその他銀行が仲介する〔貸付で購入可能にしてくれる〕債権について選好を持つ。この表を流動性選好表と定義しよう。ある個人の流動性選好表が定めるのは、基礎証券だけを保有する場合に比べて関与の度合いを低くできる形で〔高い転売可能性をもって〕自分の資産の一部を保有するために、意図して先取りする資本資産から得られる追加的な所得である。(Greenspan 1959, 4)

つまり彼は「流動性」に現金性資産（随意に換金できる資産）全般を含めている。だからケインズとの間には現金以外に証券を含めるかどうかで差があるとともに、「流動性選好」という語を「流動性選好表」という形でしか用いないグリーンスパンに対して、ケインズは「流動性選好」の方を重用し、取引や保蔵などのために金利という褒美を諦めてまで現金を手元に置きたがる性向を主に念頭においている点でも異なる。

次に「資本の限界効率 Marginal Efficiency of Capital」である。こちらの方は、元の意味とほぼ変わらない用法である。ケインズは『一般理論』第十一章で資本資産の供給価格を取得原価として想定したうえで資本の限界効率について、「資本資産からその存続期間全体で得られる年々の収益の現在価値を、この資本資産の供給価格にちょうど等しくさせるような割引率に当たるものとして資本の限界効率を定義する」としている（Keynes 1936, 135 一三三）。

グリーンスパンの方は一九五九年のこの論文ではケインズの用語を単純に借用して異なる意味を与えてはいない

が、おそらくその数年後から担当したと思われる「自由社会の経済学」講義では「将来割引率」を多用した。これは基本的に市場参加者の心理的要因をより強調したものだが、資本の限界効率との関係については後述する。

グリーンスパンがニューヨーク大学時代にケインズを読んだと述べていることはすでに述べた（第1章）。同窓生でのちに母校教授となるロバート・カベシュは最近（おそらく二一世紀に入ってから）BBCに出演してこう述べたという。

私たちを一つに結びつけていたのは、経済学が過渡期にあり自分たちがその最前線にいるという感覚だった。当時経済学を学んでいた者は誰しも大きな恐慌は二度と来ないと考えていた。一九三〇年代のそれは第二次世界大戦に帰着した。そういうわけでこうした惨劇はあってはならないという感覚が充満していた。民主党、ケインズ、それから政府が経済情勢の舵取りを強力に推し進める役割を果たせるし果たすべきだという彼の思想、これらに強い影響を受けていない学生はまずいなかった。（AOT 30 上巻四七）

すでに紹介しておいたグリーンスパン自身の「経済政策には興味がなかった」という回想はこの直後に語られているものである。ただそうだとしても『一般理論』が難解で筋の通らない箇所も多いことは多くの論者が口をそろえているところである。カベシュの証言ではグリーンスパンはこのためかディラードの『ケインズの経済学』（Dillard 1948）を虎の巻のように用いてケインズにアプローチしていた（Tuccille 2002, 34–5 ; Martin 2000, 24–5）。同著は『一般理論』を手際よくまとめたもので、ある時代に比較的よく読まれた[16]。

こうした事情から考えると、グリーンスパンがケインズを吸収したことは間違いないが、かといって彼がケインズ派であったかのように述べるのは誤りである。ランドに心酔するケインズ派なるものは明らかに形容矛盾である。そうなると問題は結局、彼がケインズから何を学び何を学ばなかったかである。この問題に関する結論をあらかじめ述べておこう。まずグリーンスパンがケインズからいくつかの分析概念や着想を学んでいることは確かだが、用語上の類似性は表面的なものにすぎない。むしろケインズの着想の意義は認めつつもその用語法の難解さに手こずって改変している。次により重要な点だが、グリーンスパンが議論の全体を位置づけようとしているコンテクストはケインズ派ではなくオーストリア学派のそれである。こうした結論が導き出せる理由を先の二つの用語に即して説明する。

第一にグリーンスパンがおそらく資本の限界効率という語にヒントを得て将来割引率という語を用いた背景を検討しよう。ケインズは資本の限界効率を定義した直後に次のような但書きをつけている。

> 読者は資本の限界効率がここで利益の期待値と資本資産の今期の供給価格から定義されていることに注意すべきである。それは貨幣がもし新規に生産された資産に投資されていたら得られただろうと期待される利益率に依拠するものであり、一投資物件の稼働期間終了後にその実績を振り返って投資物件が原価に対してどれだけ利益を生んだかという過去の結果には依拠しない。(Keynes 1936, 136 一三四)

ディラードも述べるとおり、こう限定するのは「資本の限界生産力」などの語を用いると事後的なデータがイメージされてしまい不確定な将来を予想しながら投資を決める企業家の活動状況がフレームアウトしてしまうからであろう (Dillard 1948, 40–1 五二–三)。そうすると資本の限界効率とはケインズ経済学において長期の時間が重視される例外的な局面であることになる。ただこの語はやはりわかりにくい。とりわけなぜ割引率が「……効率」と呼ばれるのかが不可解であり、ケインズが注記したような事前的「期待」として確率論的に説明されるべき主観的変数であることは用語からはわからない。彼の賞賛者サミュエルソンでさえも『一般理論』は教室での使用には向かないと認めたほどだが (Spiegel ed. 1952, 767)、グリーンスパンはＮＢＩで講義を行うにあたって同書の中でミーゼスらの議論に近い例外的な部分を伝えるために、より的確な用語を考案する必要を感じたのであろう。このことが「株価と資本評価評定」のときは用いていなかった将来割引率という語が誕生したきっかけと推測できる。定義によると資本の限界効率とは主観的な割引率であり、この点にヒントを得て固有の用語を考案したのであろう。将来割引率の定義は「人が将来の貨幣に対する請求権を現在価値で表すために差し引くパーセンテージ[17]」であった（Bostaph 2000)。この説明はケインズを思わせる。しかし概念の起源をたずねて一九五〇年代の論文を振り返ってみると、将来割引率が資本の限界効率と表面的には似ていながらも本当は異なる概念であることがわかる。

ケインズはほとんどの箇所で資本の限界効率を定義が示唆する事柄（資本の将来収益を現在におけるその取得費用にまで引き戻す割引率）よりは、企業の投資が将来産み出す利益の、投資額に対する比率として用いている。これらは結局同じものとなるが、後者を素直に表現すれば「資本の期待利潤率 Expected Profit Rate of Capital」または「資本の期待限界生産力 Expected Marginal Productivity of Capital」となろう[18]。将来割引率は前者と似た響きを持つが、実際には個人のリスクプレミアムと時間選好の二要素から構成される。「株価と資本価値評定」で将来割引率という語が用いられていないことは前述したが、グリーンスパンは個人 i が第 n 口の資本 K から t 期にわたって得られると期待する収益 $z_i^K(t)$ の割引現在価値（Discounted Present Value）を次のように表している。

$$\rho_i^{Kn}(\mathrm{t}) = \frac{z_i^K(t)}{w_i^{Kn}(t)[1+\beta(t)]^t} \quad \cdots\cdots\cdots \text{(ア)}$$

ここで w は・i 氏のリスクプレミアム、［ ］内は同氏の時間選好割引率（Time Preference Discount Rate）を示すので、おそらく右辺の分母が将来割引率だと解釈できる[19]。記号法が複雑なので二期だけのモデルに置き換えておく。

$$DPV = \frac{K(1+e)}{w \cdot TPDR} \left[\text{将来収益の割引現在価値} = \frac{\text{将来収益}}{\text{リスクプレミアム} \times \text{時間選好割引率}} = \frac{\text{将来収益}}{\text{将来割引率}} \right]$$

第二に流動性選好をめぐる問題だが、こちらの方はやや複雑である。グリーンスパンは資金市場のグラフが「ある時点でのもの」と断って短期を想定していることを示唆しており、おそらく先にふれたケインズによる流動性選好表の説明を図示したものと思われるが、利子率と現金需要の規定‐被規定関係で両者は逆だと考えられる。

ケインズが示す「貨幣量が増えるにつれて利子率が減ることを示すなめらかな曲線」という流動性選好表の説明は規定‐被規定関係を明示しないが、貨幣の用途を債券投資か消費（取引動機）と見ると、彼は利子率が落ちると債権での儲けが減るからそれが現金化される、つまり流動性が増えると見ているように読める（Keynes 1936, 171-2［一六九‐七〇］）。ここからは彼がグラフを縦軸の利子率が横軸の現金量を決めると見ているものと読める。だがグリーンスパンは現金需要が利子率を決めると見ている。

「株価と資本価値評定」の第四節「ノンバンク金融仲介機関」によると、供給側に金融機関の資産全体をとったデータ（図3・2D）では相関が弱いが（年度ごとにプロットされた点が、傾斜する推定線から離れる）、定期預金や貯蓄貸付組合（S&L）による貨幣供給を除いた商業銀行の（決済用）預金だけのときの相関（図3・2A）、これに定期預金を加えた場合（図3・2B）の相関、定期預金とS&Lを加えた場合の相関（図3・2C）は同じくらい強い。これは保険会社などのノンバンク金融機関は特定資産を長期保有する傾向がある（利潤動機によるポートフォリオの可動性が低い）ためだという。そして現金（要求払い預金）への需要が利子率に及ぼす影響が決定的だとしている。[20]

彼の考えでは一面で基礎証券とその価格（金利）は金融機関に左右されるが、他面で金融機関は個人の流動性選好表からの需要に応じるために貸付を行うから、個人の利益動機が利子率を決める。例えばS&Lは貸付金利と証券の配当の差で利潤を得るし、保険会社は主に基礎証券からの受取金利と保険金の差で利潤を得る。だからノンバンク金融機関の運営指針はこの引き算の後ろの項を上回るだけの前の項を確保するというものになる。ところが前の項の額は個人の資産需要次第である（証券類買入の原資である保険料収入は保険商品という資産への需要を反映する）。こうして結局は流動性選好表が最も始源的な規定要因になる（Greenspan 1959, 6）。

理論的前提が未整理なので推定を挟んで説明する。彼は貸付市場の需要と供給を問題にしており、そこでの現金需要とは貸付需要である。だが金融機関の貸付の原資は貯蓄であり、貯蓄とは消費の余りである。ただ消費者が投資を行うと支出は消費と投資からなる。そして彼は投資向けの貸付需要は消費と共振的と見ている。以上を時系列的に整理すると、時間選好が高いとき消費と投資が多く、これらがいずれも利子率を引き上げる。時間選好が低ければ反対になる（次節で視野を広げて再説する）。

これはグリーンスパンがケインズ利子理論の不備を克服しようとしているものと読める。その結論は彼と正反対の決定理論になっている。ケインズは利子に関して首尾一貫した見解を述べず、中心的な主張もデータで簡単に反証できる（後述する）。上述のとおり利子とは将来貨幣の現在貨幣への交換手数料であり、この意味で比較的長い時間を前提しないと発生しないものであるから、ケインズが設定した短期の枠組の中では原理的にモデルの内部では説明がつかないのである。彼は不況期の有効需要の低迷を説明するために現金退蔵という重商主義期からある視点を援用し、貨幣の社会循環を見落としてしまった。流動性選好論からは不況期に利子率が上がることになるが、グリーンスパンは統計マニアで過去のアメリカ経済の統計値を一部暗記しているほどなので、こうした妄説を信じる可能性はない。グリーンスパンのケインズとの違いを上の二つの用語以外の観点から三つ確認しておこう。

ケインズと違う株価決定論

「株価と資本価値評定」の冒頭部分で、彼は株価が少数の大口取引で決まり、収益性資産の取引ではこれがむしろ一般的だと述べている。すなわち、百万ドル以上の再売出し（secondary offering）がその前までの百株単位の取引と同水準で実行され、株価はそうした大口取引によって安定するのであって、取引所の通常のビッドとアスクで決まるのではない。値動きを予測した投機とは、実質的な企業価値の変動を読み込んだものであり、それはむしろ短期的な価格変動をもたらすが、それのみで長期にわたって株価が左右されることはない（*ibid.*, 2）。

これがケインズ批判であることは明白である。彼が『一般理論』第十二章「長期期待の状態」で投機のプロが素人の売買を少しだけ先んじて利ざやを稼ぐという図式でウォール街の株式投機を説明していることは、そこで用いられた「美人投票」の喩えとともにあまりにも有名である。しかし、この章において彼の主張は二転三転しており、全体を貫く整合性ある論旨は存在しない。彼の株式市場分析の根底には、「所有と経営の分離」のもとで企業の業績ではなく転売の利ざや目当てに株が買われているとの見方がある。

彼はまず、企業行為には投機性がつきものなのに、株の持主が転々としても誰かが持つから企業の長期資金になるという議論から始める。ところが、投機と投資は本来衝突し合う関係にある。[21] そこで彼は、株価が急落することはほとんどないという見通しを「慣習 convention」と呼んで導入する。しかし、当時の世相においてはこれを支える強い「確信 conviction」はない。そこで彼は、証券市場の参加者をプロと素人に区別し、それらの関係についてこう述べている。

> 平均的投資家より優れた判断と知識を持つ専門的なプロ（expert professionals）どうしの競争は、あるいは視野の狭い無知な個人の気まぐれを修正するかに考えられる懸念もある。しかし、実際は違う。プロの投資家や投機家のエネルギーと眼力は、主にそれとは別なことに向けられるようになってしまっている。というのも、実際には、こういう人たちの大多数の主な関心は、投資物件からその存続期間全体にわたって得られそうな収益について優れた長期予測を立てることではなく、株価評定の慣習的な原則の変化を一般大衆よりちょっとだけ早く見抜くことだからである。
>
> (Keynes 1936, 154［一五二―三］)

こうして一度はプロを想定しながら、このあとでプロが素人を出し抜いてババをつかませるとか、そもそもプロどうしでこのチキンゲームが成立するので株式市場に素人など必要ないなどと、先の主張をいとも簡単に翻すのである。椅子取りゲームや美人投票などの有名な喩えが披露されるのはこのコンテクストにおいてである（*ibid.*, 155–6 一五三–四）。この結果彼は現代においては真の長期期待に基づく投資はほぼ不可能で、成果を生むのに長期を要するから、国が投資を代行すべきだという社会主義的結論を導き出す（*ibid.*, 157–64 一五四–六二）。しかしこうした証券市場観は特殊事例の一般化にすぎない。

その問題点を、プロが素人を後追いする説明モデルから検討する。平時に買い持ちしている機関投資家などのプロは企業業績を調べて資本の限界効率で資本還元される収益を計算したうえで銘柄を選ぶはずである。そして素人が売りに出るとその銘柄が急落することを恐れるというのだろうが、小口保有で行動パタンもバラバラの素人に本当にそんな市場支配力があるかは疑問である。それがあると仮定すると、まず素人が慣行を変え、それを兆候の段階で察知したプロが素人より早く売ることに集中する結果になり、実はプロが資本の限界効率を気にする必要はあまりなくなる。しかしこの場合彼らは何のプロなのか不明になる。

そこでプロどうしのチキンゲームのモデルを出すのだろう。この場合、同業者が売りに出れば大口保有なので株価は低下して出し抜かれる。株価上昇局面では長く保有するほど含み益も大きいから、この場合どうやって売りのタイミングを判断するのかが問題になろう。ただ恐慌ではプロさえも出し抜かれて損失を被ってしまう。ある意味でそれが恐慌の定義とも言える。証券市場の投機《スペキュレーション》において思惑《スペキュレーション》が外れると彼らは恐れ慌ててパニックに陥る。だからこの現象を「恐慌《パニック》」と呼ぶのである。大半のプロの負け戦を尻目に売り抜けるのは企業の業績から見て株価が高すぎると見抜ける程度に合理的に判断しているプロであろう（本当は素人でもよい）。そして彼は正しい長期期待を抱いている。ところがケインズは長期期待に基づく投資はいまや「ほとんど実行不可能なほど難しい」と述べる（*ibid.*, 155 一五七）。これでは真のプロなどいない、または全員が素人だと述べていることになろう。結局ケインズの「プロ」は謎の集団である。

むろん彼は信頼の崩壊が恐慌を引き起こすとみなし、景気循環の原因がそれによる資本の限界効率の急落にあるとするから（*ibid.*, 315 三五-六）、バブルが来たあと恐慌が起きる場面を想定している。この場合は大半の銘柄が値を崩す。素人後追いモデルなら恐慌で崩壊すべき「信頼」をふだん抱いているのは素人になるが、烏合の衆である素人の大多数の間で信頼が急落するメカニズムはやはりわからない。プロのみのモデルでも、大多数の保有銘柄を売りに出す理由はわからない。

　さらに不可解なのは投機と投資が言葉の上だけではなく現実にも区別できるかのような叙述である。だが買い持ちで徐々に株価が上がるのを待って一年間ある銘柄の株を保有したあと売り抜けた人は、ケインズが正しければその銘柄をずっと投機目的で保有していたことになるが、売却日までは明らかに投資しているとしか説明しようがない。現実の証券取引において投資とは投機であり投機とは投資である。株による儲けの多くはふつう長期で株価が上がることで発生する。投資をギャンブルに喩えるのはシニシズムである。株式投機においては利得の総和はゼロではないだけでなく一定ですらなく、むしろプラスであることが多い。そして本来このプラスを生む銘柄を合理的に選択しているのに企業も投資家も中央銀行の介入で騙されるからマイナスをつかまされるのである。ケインズはこれを見抜けず、行き当たりばったりに憶測の危ういトロッコを走らせた。だが注目すべきことに彼はそのことを自覚している。

> しかし信頼の状態についてアプリオリに言えることはあまりない。結論は主に市場の実際の観察とビジネスの心理学に依拠しなければならない。このため以下の余談（digression）は本書の大半とは異なる抽象的なレベルに寄り添っている。
>
> （*ibid.*, 149 一四七）

　自らの限られた投機経験からウォール街の市場参加者の行動を憶測しているだけだと告白しているのである。同章の大半が投機《スペキュレーション》をめぐる思弁《スペキュレーション》を綴った「余談」であり、筆のすべりであろう。[22] そういう議論を真に受けて権威主義的に右から左に伝えるのは慎慮ある態度とは言えまい。

ケインズの支離滅裂さはとりわけ景気循環論に余すことなく表れている。彼によると不況時には資本の限界効率が崩壊して流動性選好が高まるので利子率が上がるという（*ibid.*, 315-6 三一五―六）。しかし一九二〇年代は高利で三〇年代に利子率は低下した（図3・5）。不況期に利子率が上がらないことなど「素人」でも知っている。景気循環の章を「覚書」としているとおり、実はそれにあまり関心がなかったのではなかろうか。これでは議論の出発点そのものが単純素朴な勘違いだと言う以外あるまい。さもなければ悪い冗談である。(23)

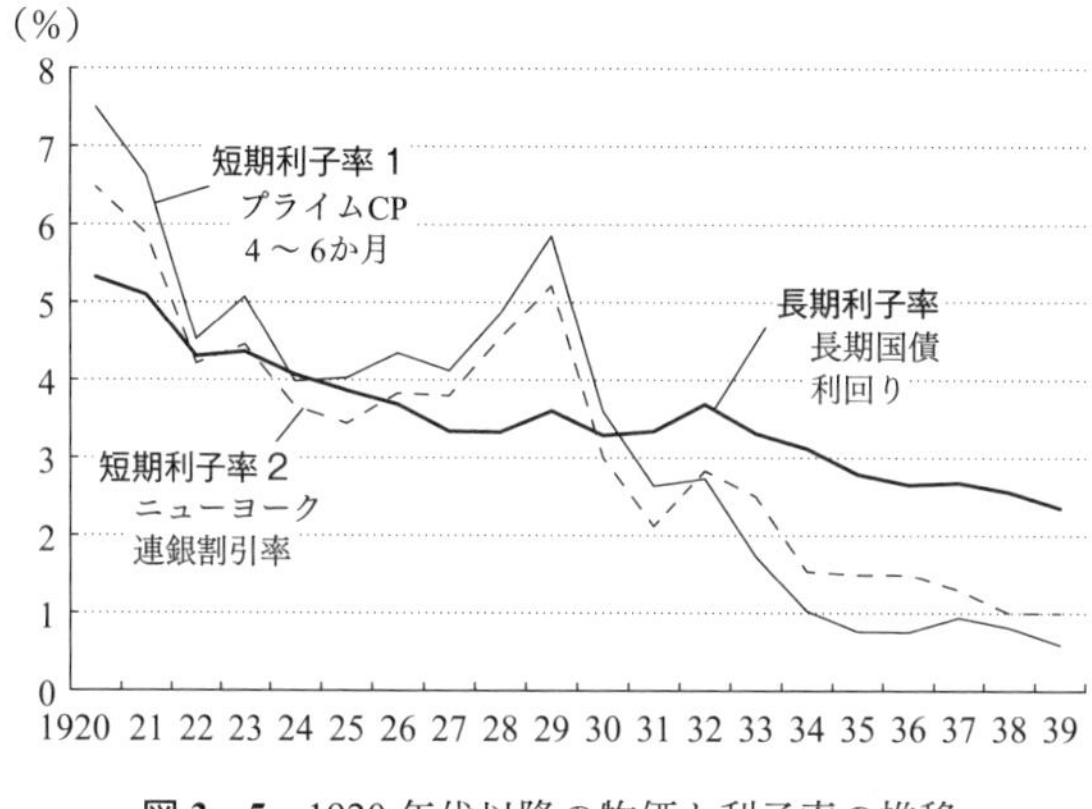

図3・5　1920年代以降の物価と利子率の推移

出所）Homer and Sylla 2005, Tables 48, 49.

信頼の崩壊をめぐるケインズの全議論が不可解なのはそれが景気循環の兆候であって原因ではないからである。長期期待論は理論的には景気循環論と、歴史的には大恐慌論と密接に関連しており、『一般理論』にとって周縁的ではなく中核的な論点である。その部分が空想的である以上、彼が景気循環論を終着点とする体系を築けなかったのはむしろ当然である。要するに彼は大恐慌を前提してしまっており、それが起こるような条件を一般的な前提系列から論証するという課題にはまったく取り組んでいない。グリーンスパンの上記論文のねらいは株価が長期で企業の新規設備の価値に収斂することの論証にあるから、ありていに言ってそれは本質的に反ケインズ的である。

ケインズと違う完全雇用仮定

一九六一年の論文「企業の投資意思決定と完全雇用モデル」でグ

リーンスパンは、いまや完全雇用モデルが経済学の正統を示すとしたうえで、そうしたマクロ経済モデルが結局は景気循環論に帰着するほかないと指摘している。

> 完全雇用という概念は本質的に経済全体に関わっている。この結果いかなる完全雇用モデルも暗黙のうちに経済変動の一般理論に基づいている。モデル構築者は雇用水準決定の特定の局面のみを前面に押し出そうとするかもしれない。にもかかわらず彼のモデルは必然的に一般理論も含んでいる。だから完全雇用モデルは景気循環論と同じ土俵で吟味されなければならないことになる。
> （Greenspan 1961, 102——強調は引用者）

そのとおりである。雇用とは企業が生産のために人を雇うことであり、生産は資本と労働を結合して行われるのだから、雇用理論は資本理論と一体不可分なはずである。そして雇用がいかに短期的に異常な低水準になろうと、それは平常時の水準からの連続性において、つまりは有時間的なモデルにおける一局面として、連続して継起するプロセスの中で生じる断絶として考察されるべきである。グリーンスパンは雇用の問題を資本理論から扱い、その際に時間を考慮して時空間的全体性を強調し、それをわざわざ「一般理論」と呼んでいるわけである。こうなると名前こそ挙げていないものの彼がケインズを論難していることは歴然としている。英語の「general」は「一般的」とも訳せるが「全般的」「総合的」という意味もある。マクロ経済の一般理論が目指すべきなのは経済全般を説明する理論である。ところがそう考えるとケインズの『一般理論』に欠けているものはまさしくマクロ経済の一般理論それ自体であることに気づかざるをえない。

ハイエクはケインズが一八世紀イギリスに関しては詳しいのに一九世紀については外国人の自分より無知なこと、近代の資本理論の達成を無視しており、（彼の多才さを強調して言葉の棘を抜いてはいるが）経済学に関してプロとは言いかねること、さらには基本的に特殊な事例を扱ったにすぎない本に『一般理論』というタイトルをつけたこと自体を批判したが (Hayek 1995, 244 一九九)、ケインズ批判においてグリーンスパンはハイエクとほとんど変わらない。グリーンスパンは「伴奏で満足する」メンタリティの持主なだけにあからさまな個人批判を通常行わないが、それは彼が特定の学者に批判意識を持たないことを意味するわけではまったくない。

またグリーンスパンは、FRB議長時代にアダム・スミスの生誕地カーコーディで行なった講演の中でセー法則が二〇世紀に復活したと示唆している (Greenspan 2005b)。これは一九九〇年代に需給ギャップを極小化してみせた自らの実績に基づく発言と思われる。詳しくはそれを翻訳、解説した拙論 (村井二〇一二d) に譲るが、そもそもケインズはセーの議論のコンテクストを無視して我田引水によって彼を過小評価してみせた。グリーンスパンはこの講演でもう一つ驚くべきことを述べている。彼はケインズを古典派に含めたのである。しかもかなりさり気なく。彼は経済学史全体を経済史と関わらせて叙述しながら、ケインズをモナリザとしてではなく窓の向こうのトスカーナの樹木の一本のように描いたのである。以上に詳細を検討してきたグリーンスパンの経済学的認識の発展プロセスを踏まえると、この見方はランドやオーストリア学派に関心を深めた一九五〇年代末にほぼ出来上がっていたと考えてよい。

いまやまとめに入ることができる。グリーンスパンによるケインズ的用語の借用は、見た目の類似性にもかかわらず、というよりも類似性ゆえに、彼のケインズからの距離をいっそう際立たせている。先に引いた「私が魅かれたのは数理面での革新と構造的な分析であって、経済政策に関する考え方ではない」という発言は実に正確に彼のケインズとの距離感を伝えたものと判断できる。そしてこれはABCTが明示的には姿を現さないまま彼の足もとに伏流水として流れているためである。一連の論文でグリーンスパンが挙げた参考文献にはフィッシャーやケインズの名は見えるのにオーストリア学派の名は見えないが、彼が議論の全体を位置づけようとしている枠組は既存諸学派の中ではオーストリア学派に最も近いことは間違いない。とはいえ彼の議論とABCTとの関係については節を改めて詳論する。

元級友のカベシュによれば、「株価と資本価値評定」におけるグリーンスパンの試みは、株価を景気循環の決定因として捉え、利子率決定理論を一歩進め、各種の時系列データをマクロ経済に関して統合したことに利点がある（Kavesh 1959）。つけ足すなら、グリーンスパンがミーゼスの枠組をケインズ的な数理志向の分析手法と結合しようとしている点は基本的に新しいものであって、学史的にも評価に値する。それはおそらくカンファレンス・ボード時代以来の統計分析を特定業界からマクロ経済にまで拡大したものである。だから彼は一九五〇年代末にはシンクタンクの情報分析の手法とＡＢＣＴに依拠した全体経済学（補論1参照）を結合した新しい分析手法を確立していたことになる。

5　ミーゼス理論と「株価と資本価値評定」

グリーンスパンの資本理論

続いて「株価と資本価値評定」とその後のグリーンスパンの航跡をＡＢＣＴの発展という視点から概観したい。まず一九五〇年代末ごろボスタフが聴いた「自由社会の経済学」講義に戻ろう。その第四回は生産理論であった。そこでグリーンスパンは時間選好や将来割引率の概念を説明している。生産財は将来の生産可能性ゆえに現在価値を持つが、その際必ず現在価値の方が将来価値よりも高い。人間は現在に住むことしかできず、将来の不確定性のために手許にすでに財があることを望む傾向にある。このために将来割引率が問題になる。それは市場そのものに付随する現象というよりも心理学的要因に由来し、自由経済の中核的なパラメータである。グリーンスパンはこの観点から将来割引率を先述のとおりに定義した。

企業側にとって将来割引率は生産財の生産性次第で定まり、利潤率に収斂《れん》する傾向がある。利潤とは生産財が産み出す製品から出てくるので、その物的性質に左右されるためである。株式市場とは古い生産設備を取り替える市場と考えられ、株価は新規設備の取得価格に一致する傾向がある。このため、株式市場は自由経済における価値選好の中核であり、生産財の生産を調整する場である。

第五回はこれを受けた続編である。資本の平均収益はその市場で直接決まるのではなく将来割引率に一致する。また、将来割引率が低いと平均賃金が高くなるが、政府介入が将来割引率を引き上げると平均賃金は下がる。

さらに基本的には金融史を概観した第八回には一部にこうした生産理論と関係した議論が含まれていた。それによると、銀行システムの活動は将来割引率を引き下げる諸力をもたらしたが、一九三〇年代には政府の介入的活動が不確定性を高め将来割引率を引き上げた（Bostaph 2000）。

次にこの講義と関連が深い「株価と資本価値評定」、および同時期の仕事も見よう。実は先に同論文を紹介したときに省略した点があった。グリーンスパンが結論部で述べた連邦準備批判である。若いころの彼の論文は結論に向けて主張の凝縮性が増すクライマックス法に従う場合が多い。結論は第十三節「不確定性とリスクプレミアム」以下に述べられている。

いま資本の平均期待収益、つまり一三一ページの(ア)式の分子 $z_i^K(t)$ が所与なら、あとは期待の実現度に関する確信の変化が重要になる。

不確定性の変化はわずかの事例を除くと非理性的な（irrational）楽観主義や悲観主義の波がもたらす結果ではない。実際には企業家が確信を抱いて行為に打って出たり確信を失って手を引くプロセスそのものが、少なくともその根底部分では合理的なものである。（Greenspan 1959, 18）

一九二〇年代にはリスクプレミアムは低く、経済は安定し長期投資が増した。ただ後半には例外的に「非理性的な楽観主義」が支配した。一九三〇年代には不確定性が増してリスクプレミアムは上昇した。株と債権の利回りスプレッドは縮小し、将来見通しは暗くなった。物価の安定が続くほど確信は固まり投資に追い風が吹く。これがバブルを呼ぶと今度は正反対のプロセスが展開する。

下降の激しさは資本損失の程度次第で、それは株価の上下幅に現れる。言い換えると、リスクプレミアムが下がった場合ほどその後のショックが大きい。要するに景気循環がもたらす不安定性は好況の程度で決まる。ところが好況の天井は利子率上昇がいつごろ起きてどのくらいの水準に達するかに依存する。そして銀行システムが資金需要に準備の限界まで応じきった場合に株価が最も上昇する。第十四節「景気循環と資本価値」はこう結ばれている。

> 銀行システムが「タイト」できわめて高利でしか現金を供与しなければ、乗数効果を伴う株価上昇は循環の上昇局面のとても早い段階で引きとどめられる。そのあとの下降は行くところまで行った場合の金融後退に比べると明らかに厳しさで下回り、期間も短くなる。(*ibid*., 21)

第十五節「一般的示唆」では景気循環の鍵を握る銀行システムについて述べる中でグリーンスパンは連邦準備をはっきりと批判している。南北戦争からこちらの景気循環史を振り返ると、一九世紀には比較的小幅の循環波動ですんでいたのに第一次世界大戦後にそれが急激に拡大したというのである。そして、

生産と雇用の変動は資本価値の変動と並行していると思われる。株式市場は景気循環のよき予測指標だと考えられてきた。私たちの論文では、循環指標として株価が歴史的

に先行するのはそれが経済活動の予測指標ではなくむしろ根本的な決定要因であることを伝えている。……言うまでもなくこの論文は「管理された」準備を持つ連邦準備制度という機関をある歴史的コンテクストに位置づけるが、それはあまり一般的なコンテクストではない。第一次世界大戦前の貨幣恐慌は外生的に生じた望ましからざる経済現象などではなく、むしろ投機的資本の価値が長期的な資本の生産性に同調して抑え込まれるようなメカニズムであった。第一次世界大戦前の金本位制は投機における「現実からの遊離 flights from reality」を妨げた――この遊離がもたらす悲惨な帰結とともに。（*ibid.* ――強調は引用者）

それは株価をつり上げるような利己心の逸脱が利子率の上昇という手綱で引きとどめられたからである。しかし連邦準備が出来たおかげで状況は変わった。

「企業の正当な需要を満たす」管理通貨を持つ機関がかなり伸縮的なマネーサプライをもたらし、投機的な資本価値がその「自然な天井」の範囲内では自由に上がりうるようにした。

中央銀行から見ると資本価値の増大を支えるのに必要な債務創出は企業の正当な需要に見えるに違いない。……資本価値を支える総需要において、ある資産が新規に創出されたか既存のものにかさ上げされたか見分けはつかない。……こうして中央銀行はさまざまな形を取る資本信用を区別できない。マネーサプライが少しでも増えると必然的に資本価値〔価格〕と株式市場に注ぎ込まれる。こうして企業の正当な必要を満たすことを条件とした管理通貨は循環的不安定性のエンジンのごときものになる。（*ibid.*, 21-2）

前章でランド・サークルの中でグリーンスパンが連邦準備批判を好んで口にしていたことをブランデンの証言や論文から裏づけたが、実を言うとブランデン論文より早く公表されたこの論文ですでに自ら連邦準備を批判しているのである。また同じ年に『フォーチュン』誌上でグリーンスパンがインタビューに答えた記事があるが、その中でも同様の趣旨を繰り返している。同記事は「株式市場の新傾向」と題され、企業再編ブームに沸く一九五〇年代末の株式市場に関する質問に対する彼の回答が紹介されている。

彼〔グリーンスパン〕の説明によると、第一次世界大戦前は金融界の周期的な「行き過ぎた潤沢さ over-exuberance」は牽制されるか市場の自動的な諸力によって停止させられた。株価が現実的な価値から大きく外れる可能性はなかった。なぜなら市場に対する信用の供与は制約された貨幣供給によって自動的に制限されたからである。それに続く修正はいかに急激であれ短かった。

グリーンスパンの推論では連邦準備が立ち上げられてからは貨幣供給が不足することはなくなった。連邦準備は不可避的に片足を政治に突っ込み、投機的ブームに襲われたときにもいつも適正量以上の貨幣供給を維持してきた。さらに最近連邦準備は連邦債務を突きつけられ、これは巨額で一部は国債市場で買う形をとったので貨幣供給が増える傾向が生じ、その額が民間企業のニーズにつり合わなくなっている。この「感覚を超えたinsensitive」流動性が与える直接的効果は経済を人為的に浮足立った状態に保つことである。

グリーンスパンが言うには、行き過ぎた膨張と過剰な信用が実際に罰を下すわけではなく、投資家が行き過ぎた信頼を抱くようになる。連邦準備が企業の方を麻痺させる程度に信用を厳しく制限しないと、この行き過ぎた信頼は強気の株式市場で潤沢さという表現をとる（finds exuberant expression）。このためグリーンスパンは株価が急騰に向かいはしないかと懸念している。株価が論理的な手法では価値評定しがたくなる一点に達すると一九二〇年代のように株に買いが入る（投資のためではなくもっと高値で売り抜けるために買われる）と彼は警告する。(Burck 1959, 201)[24]

これは同誌の記者による聞き書きだが「exuberance」や「exuberant」という語彙はグリーンスパンのものであろう。また明らかに連邦準備に対して批判的な姿勢をとっている点も注目に値する。

続いて一九九〇年代のグリーンスパンが一九五〇年代の彼から理解できることを論証する。初めに取り扱いたいのは「自由社会の経済学」講義で株価が企業の新規生産設備の期待価値に等しくなると述べていた理由である。これは一九五〇年代末からの既述の二本の論文に詳しい。

好況期に株価が上がると新規設備の供給価格が安定なら資本の限界効率が上がる。基礎証券の利回りがこれ以下なら、それを売って得た現金で新規設備に投資した方が儲かる。企業側も株価が上がると設備を刷新しようと考える。株価が上がると借入のコストも下がるので社債よりも株による資金調達が好ましい。反対に株価が下がるとリスクプレミアムが上がるので新規設備からの期待収益の現在価値が下がる。資本の限界効率は下がり、利子率が下がらない限り新規投資は鈍る。この状況とは企業が既存設備と新規設備を収益性の観点から比較衡量している状況とも考えられるが、平均期待収益については時間選好とリスクプレミアムという将来割引率の二大要素が新旧設備で同様なために共振的に変動するのに対して、供給価格は既存設備についてはもう変動しない。このもとで新規設備の供給価格以上の割合で株価が上がると新規設備の方が生産性が高いことから先の(ア)式の ρ（割引現在価値）も高く見積もられ、企業は新規投資を選ぶ。株価の低下局面では以上の逆の結論になり、既存設備で我慢する。いま株価が下がってスプレッドがゼロに近づくと株と債券は将来収益力に関して無差別になるが、このときは新規投資が鈍っている。だからスプレッドを見ると新規投資の規模が予想できることになる（Greenspan 1959, 12, 15）。

また「企業の投資意思決定と完全雇用モデル」では別の角度からの説明が見られる（Greenspan 1961）。先にふれた投資の期待収益を資本還元して得失を考量する手法では、（割引現在価値の算出）式の分母にも分子にも主観的変数が含まれていた。そしてこれは企業の投資判断にも適用されるのであった。この論文のテーマは企業の投資意思決定なので、この点が問題にされている。企業側はρの分子や分母について合理的ではあっても主観的な思惑を適用するが、すべての投資案に支出すると予算をオーバーするから比較衡量が重要になる。

資金調達の源泉は株か借入である。重役会は内部留保金を配当するか投資するかを考え、普通株への配当以下の稼得しかない投資案件には支出しない。借入では社債もあるが、自己資金ではないために財務諸表で債務を増やして借入コストを上昇させるという問題がある。債務コストは利払い分のほかにエクイティ部分（時価変動に晒される部分）の将来見通しも含めて計算する必要がある。新規投資を検討する企業はそれで株価が上がるかどうかにも配慮せざるをえない。このため普通株の株価を要素コストで除した値と資本支出に相関がある（図3・4参照）。株価が上がると新規設備のコストが相対的に低く見えるので資本支出が増す。より具体的に意思決定の場面に即して言うと、株価の変動を見てキャッシュフローの堅実さを確信すると新規投資を行い、それが産み出した直近の利潤データをもとに次期の投資を決める。つまり株価を参照値としても目的値としても用いて設備投資を検討するため、資本コストは普通株の株価に収斂していく。これを事後的データから検証すると、株価上昇に九〜十か月ほど遅れて設備投資が増えることがわかるし、一般的には株価の上昇期にはその上昇幅に見合って投資が拡大し、下降期には同様にして投資が縮小する（図3・6A〜D）。グリーンスパンは同論文で次の式を導き出している。

$$V=\sum_{i=1}^{m}\frac{Y_i}{(1+\rho)^i}$$

ところが左辺Vは普通株の現在価値、Yはi年の期待収益、ρは割引率で（mは会社の存続期間）、かつこの割引率はリスクプレミアムと時間選好が結合したものとされるから（先述）、記号法が異なるだけで要は「株価と資本価値評定」における割引現在価値の算定モデルと同じである。

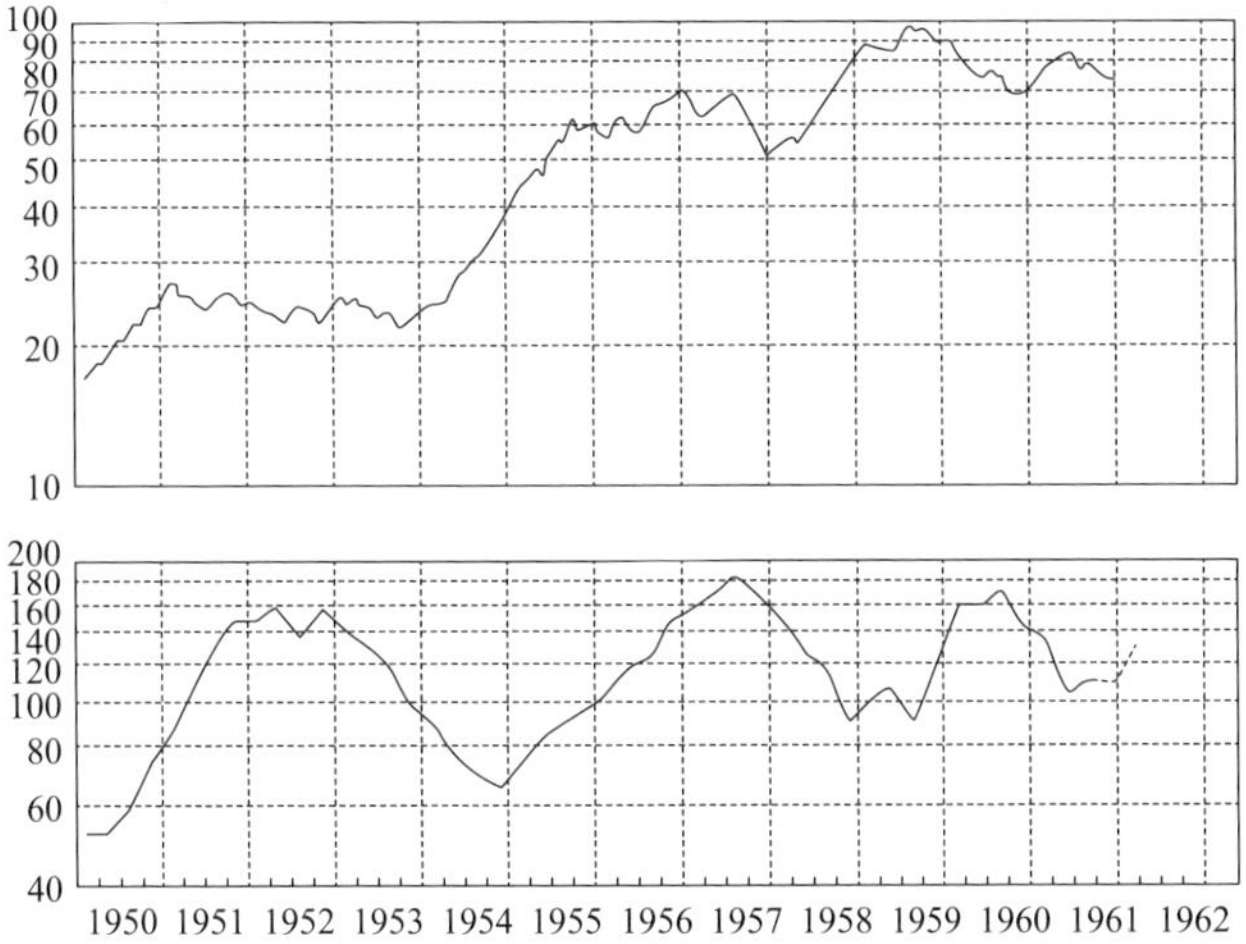

図 3・6A　株価と設備投資：鉄鋼

出所）Greenspan 1961（以下 D まで同じ）.
注）上段が株価（1941～43 年を 10 とする指数），下段が設備投資（十億ドル）。D まで同じ。

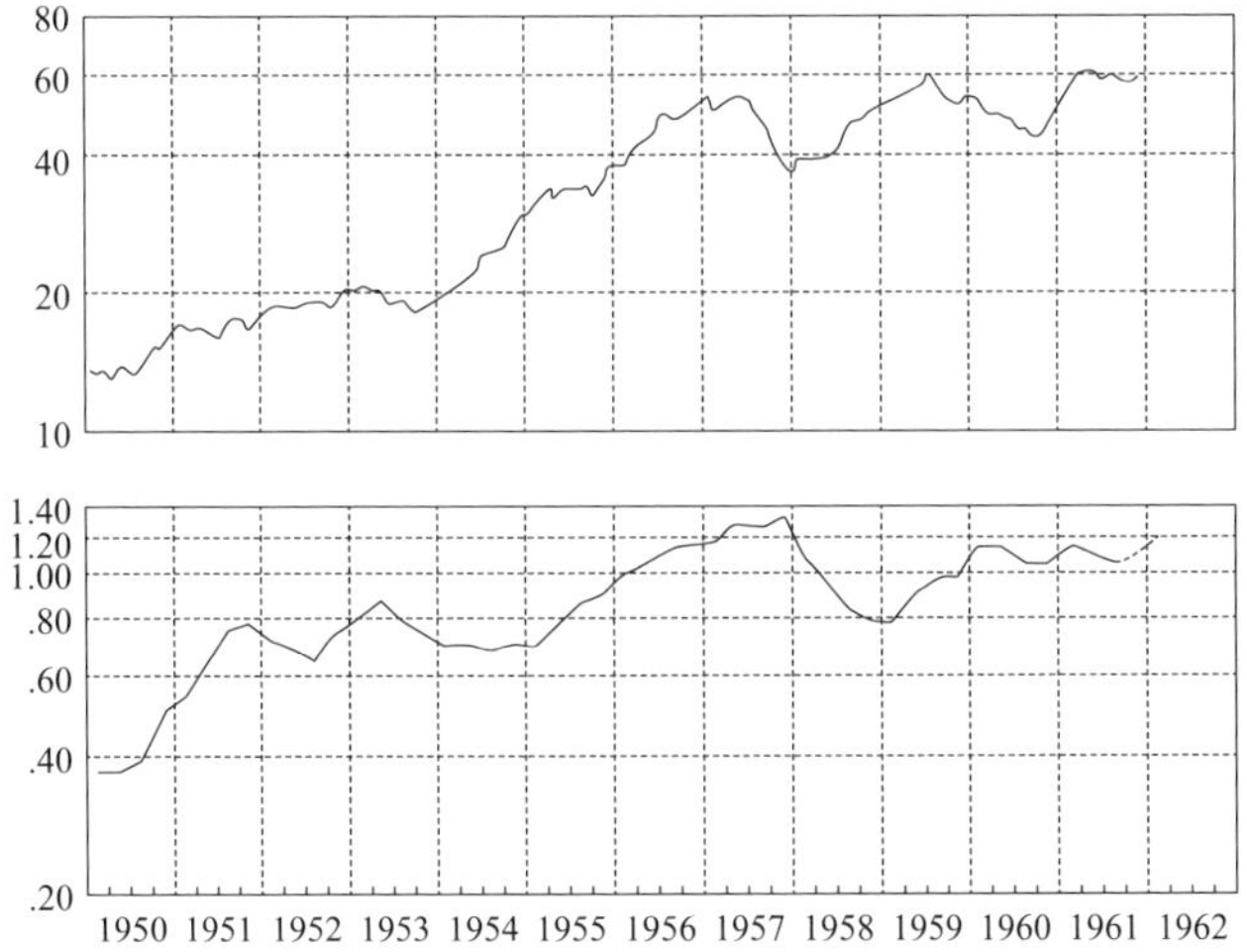

図 3・6B　株価と設備投資：非電気系機械

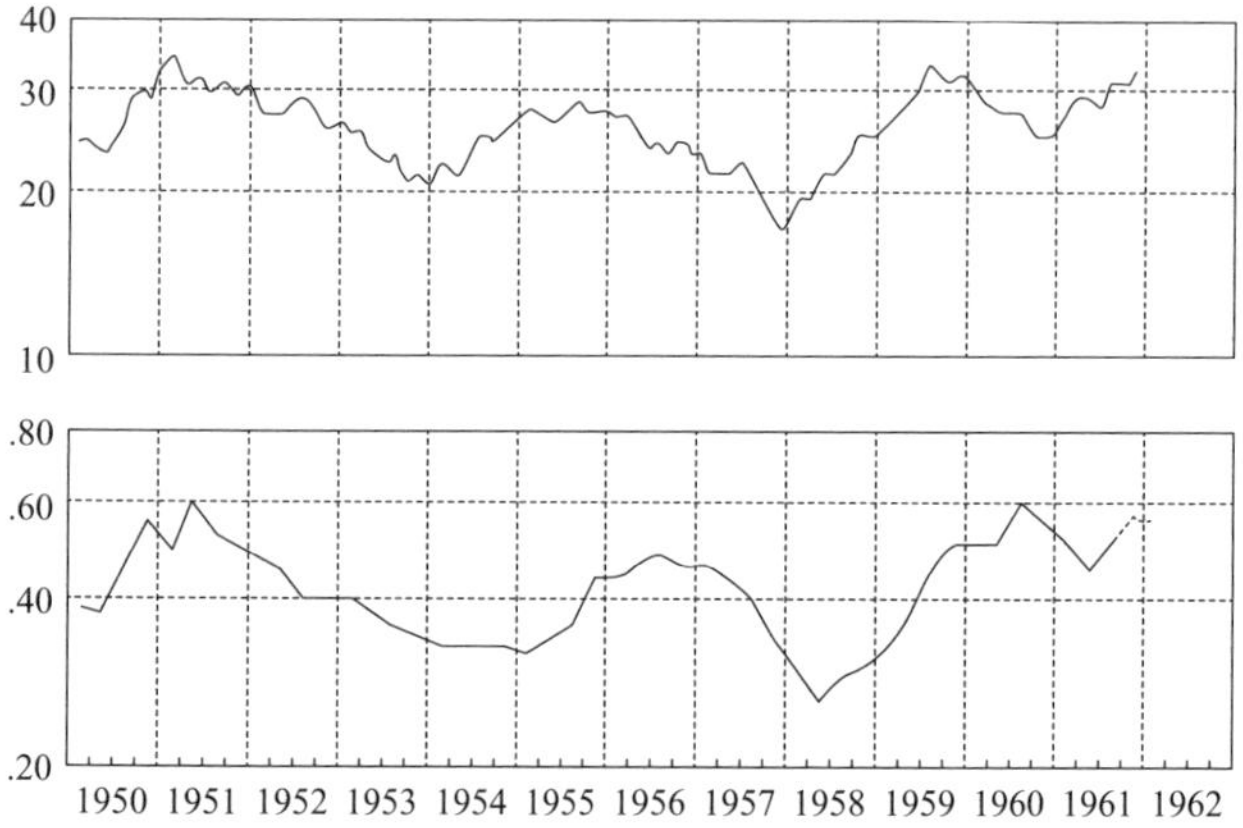

図 3・6C　株価と設備投資：繊維

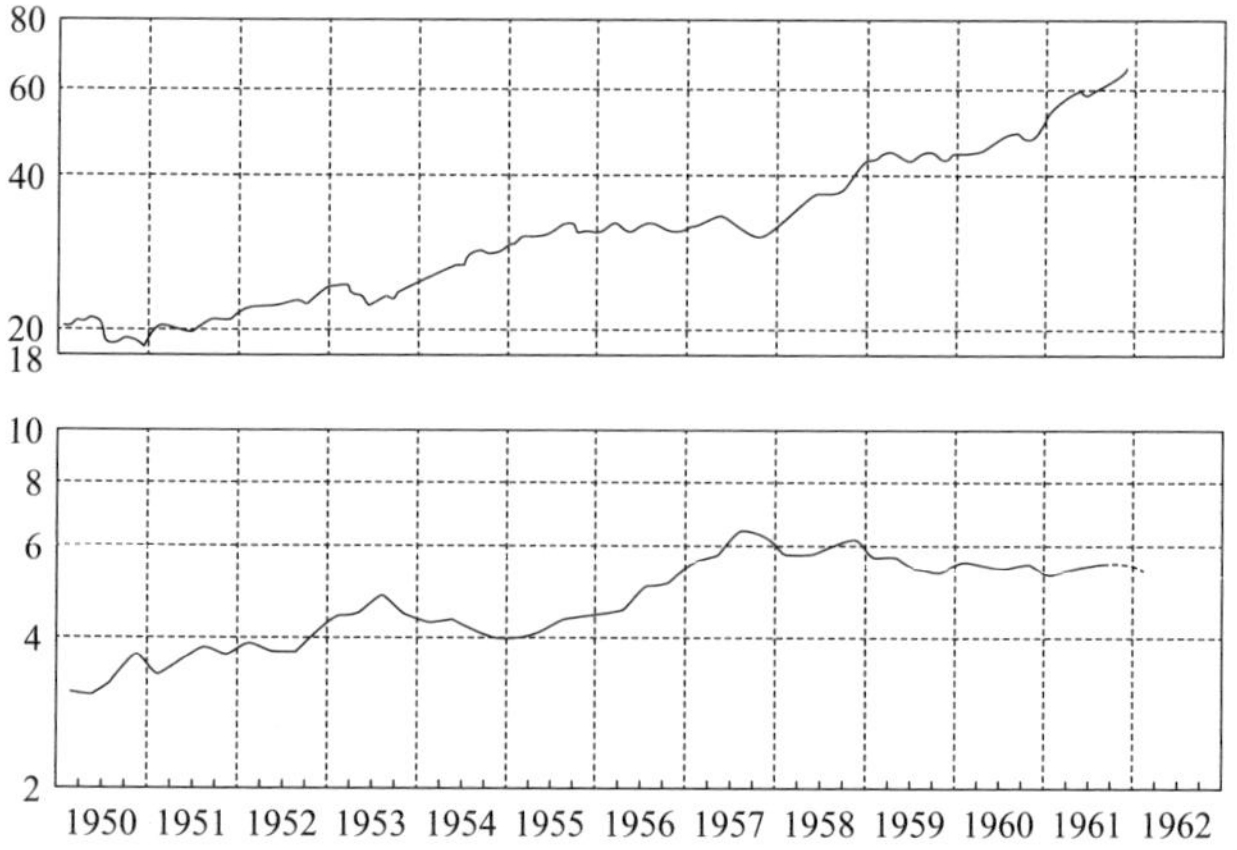

図 3・6D　株価と設備投資：公益事業

ＡＢＣＴ発展の試み

一九五〇年代からのグリーンスパン経済学の連続性を理解するためには、このこととマクロ経済およびそれを分析する理論としてのＡＢＣＴとの関係を定式化する必要がある。

基本的に単年度フロー比較静学として成立している現代マクロ経済学は没時間的で没資本理論的であるため、マクロ経済の動態を捉える枠組を持たない。言い換えれば、実際にマクロ経済に参加しているミクロな主体の行為原則から回折なくマクロ順進して構築された体系ではなく、ミクロとマクロがつながっていない。だから実際のマクロ経済はいわばマクロ経済学の「目を盗んで」進展する。そしてこの問題を考えるうえでとりわけ重要なのは長期投資を含む経済のストック面である。

ボスタフがグリーンスパンの「自由社会の経済学」講義を紹介した論文に何度かふれてきたが、そのタイトルは「グリーンスパンのオーストリア学派コネクション」である。同論文は当時現役だった議長の二〇〇〇年二月十七日の下院銀行委員会での証言と三月六日のボストン大学講演の話から始まる。これはＩＴバブル崩壊前の時期だが、グリーンスパンは両方で利上げを示唆した。その理由は、生産性の上昇で企業期待利潤が上昇し、それが株価をつり上げて資産効果から支出が増すので、総需要が総供給を上回りつつあるからだった。そしていずれ総供給の方が大きくなる局面に移行するから「注意深い連邦準備」が「両者の必然的な整列 alignment」を探ると述べたのである。ボスタフによると「貨幣」の定義がふつうより広いので銀行業界が戸惑ったという。しかしグリーンスパンは一九五〇年代から換金性に優れた証券も貨幣とみなしているのであった。さらにボスタフはこの議論とＡＢＣＴの関係について、前者が需要側も供給側も含むので判断が難しいと述べている。

この問題はＡＢＣＴにおける「支出」の意味範囲に関わる。先に流動性選好論に関わってグリーンスパンの利子率決定論を概観したが、それを視野に問題を整理する。

長期投資を行うとき企業家は銀行借入または株の発行によって資金を調達するのに、ＡＢＣＴでは株からの調達

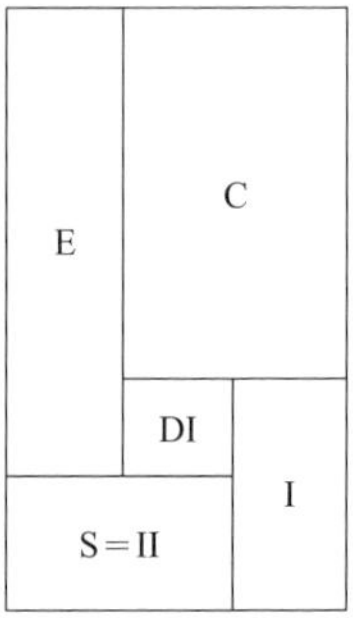

図３・７ マクロ変数の関係

注）高さが額を表す。

に関する議論が十分ではない。グリーンスパンはＡＢＣＴにこの論点を付加しようとしているものと理解できる。オーストリア学派の議論でも消費と投資が支出を構成する。しかし貯蓄は投資に等しいともされる。これはおそらく貯蓄が金融機関の仲介で企業に対する貸付に回されることを想定しているためであろう（Rothbard 2005a, 39）。ただ消費者による直接投資の部分の位置づけはどうなるのかが問題になる。

支出Ｅは消費Ｃと直接投資ＤＩからなり、間接投資ＩＩが貯蓄Ｓに等しく、直間を合わせた投資Ｉが生産量を決める。いまそれを視覚的に示すと魔法陣のような図を得る（図３・７）。時間選好が高くて消費が好調な局面では高利だが、支出の一部は証券投資に向かって企業の投資拡大に寄与するだろう。ただ中央銀行の利下げで株ブームが起これば金融仲介と区別された意味での「信用創造」によって給与と資産が増えて直接投資部分も増えるから資本構造の長期化に寄与するだろう。

先に述べた「現金需要」と「貨幣需要」の関係を考えよう。メンガー以来オーストリア学派は貨幣の大半が今期には使わないためにあると考えている（補論１）。これは来期も同じで、実は永続する。この未消費部分が「貨幣需要」ならばそれは貯蓄と同じことになる。しかし現代アメリカのように豊かな社会では個人も投資に励むから消費のほかに直接投資も支出項目を構成し、消費と直接投資の残金が貯蓄、つまり貨幣需要となる。だから財市場での支出が消費、証券市場での支出が直接投資と考えると、後者で資金を積み増すための貸付に対する需要が現金需要になる。その原資は未支出部分に「信用創造」分を加えたものであろう。だから貨幣需要が落ちる（時間選好が高い）と現金需要は増えて利子率は上がり、貨幣需要が上がる（時間選好が低い）と現金需要は減って利子率は下がると考えられる。ただこう考えると「現金需要」を「貸付需要」と呼んだ方が理解は容易と思われる。

直接投資から買い注文が入って上昇した株価を見て企業が新規設備を導入する。むろん機関投資家が株を買っても同様の効果を生む。こう考えると、資産効果を消費者側にも企業側にも認める一九五〇～六〇年代のグリーンスパンの議論はＡＢＣＴのアップデートの試みと考えることもできる。

ミーゼスも人為的に注入された流動性の資産市場経由でのマクロ不安定化作用は分析しており、グリーンスパンはこれを踏まえてその先を見通していたと思われる。

貸付の分類をしても信用膨張に制約を課すことの代わりにはならない。ところがこの制約があるからこそ、株の相場の上昇や固定資本投資の増大を実際に防げるわけである。……問題となるのは新規に創造された信用が流入してくるという点である。銀行が農業経営者に与える信用を増やせば、農業者は他の源泉からの借入を返済し、現金でものを買える立場になる。銀行が企業に対して流動資本に与える信用を増やせば、〔企業は〕それまでこの用途に拘束されていた資金を自由に使えるようになる。いずれにせよ銀行は豊富な可処分所得を創出し、それを手に入れた者は最も収益性の高い投資対象を探そうとする。とてつもなく速くこれらの資金は証券市場取引か固定資本投資にはけ口を見出す。株価を値上がりさせることも固定資本投資を拡大させることもなく信用膨張を追求できるとの考えは不合理である。

(Mises 1998, 790〔〇〕)

一方でどうすれば入手できるか不明な完全情報を用いた最適化行動で一度だけ取引を行うというのが一般均衡論の想定である。この意味でそれはミクロ的基礎を持つマクロ経済学のようではある。しかし定義により均衡状態ではそれ以上交換が行われないというなら、好況や恐慌はおろか私たちの日々の営みすら地上の出来事ではなくなるだろう。しかし実世界では交換は毎日行われているではないか。他方でミクロな個人の活動に注意を向けることなく初めから集計値に着目してその相互関係を定式化し、目的関数最適化のために政策介入を求めるのがケインズ経済学である。静止画の中に映り込んだものは静止しているだけに分析しやすい。お望みなら経済を数量的に把握することもできる。しかしそれらの数量分の財や貨幣はどこからどれだけフレーム内に入ってきたのか。なぜフレーム内にそれだけの数量が入ってきたのか。撮影したあとはフレーム外のどこへどれだけ出て行くのか。写真家はそもそも何にカメラを向けているのか。こうした問いに答えるには、経済に参加している具体的な個人の顔が見える思考モデルをつくって経済全体を初めから「流れ sequence」として理解する以外に方法はない。短期を想定して形成された理論を長期化すること、静学としてつくられた理論を動学化することに意味はない。長期や動学を扱いたければ最初から有時間的交換行為を起点に理論を打ち立てよ。オーストリア学派はそう促す。彼らが一つながりの定性的経済分析の果てにたどり着いた結論はなるべく、ないしまったく信用膨張を起こさないことである[25]。

法令貨幣制のもとでの金融政策はピラミッド状に積み上げられていちばん下の層以外は目張りをされたワイングラスの山に、天辺からシャンパンを注ぐような営みにならざるをえない。注ぎ手は最下層のグラスしか見えない状態で、シャンパンがそれらに入らぬことはないように、しかし同時に溢れ出すこともないように求められる。ところが適量が入ったのを確認した段階で手を止めても、そこまでで注ぎ入れたシャンパンがちょうどグラスを縁のところまで満たすのかどうか確信できない。そもそも注入と充満の間の時差はなくならないし、一部はこぼれたかもしれない。最下層のグラスの中身が少なすぎれば苦情が出る。だが多すぎても特に感謝はされない。中央銀行のおかげだとは知らないからである。ただバブルがはじけてしまうときまって苦情が出され、もっとシャンパンを注入せよと叫ぶ声が方々で聞かれる。おまけにこの注入作業は一年で終わりにできるものではない。毎月のように、別のテーブルにあるシャンパン・ピラミッドを回って天辺のグラスから注ぎ入れる。ところが注入の効果はやはり明瞭ではなく、最下層のグラスのシャンパンが少なめでも、そのうちいっぱいになるかもしれないだけではない。溢れていたとしてもグラスしか見えないからちょうどの量であることと見分けがつかない。溢れ出した液体＝流動性はテーブル下部の受け皿に伝い、各年度ごとの受け皿に溢れ出たシャンパンが「壁の街《ウォールストリート》」と書かれたポンプに吸収され再循環のサイフォンを通じて再び中ほどから注入されているらしいが、注ぎ手自身はその部分をコントロールできない。結局好況が進展する中シャンパンは溢れ出す。資産市場に溢れ出す。過剰生産は止められない。かくて金融政策という「わざ《アート》」はいつまでたっても「科学《サイエンス》」になることはない。

ケインズは財政政策を推奨した印象の方が強いが金融政策についてはロバートスン（Dennis H. Robertson 1890–1963）に反論して順循環的な指針を支持している。好況時には人々が高めの資本の限界効率を抱くが、やがて現実との乖離に気づくと崩壊が始まる。それならば好況を続かせるように利子率を下げればよいというのである。

> こうして好況の対策は利上げではなく利下げである。利下げによりいわゆる好況が続くようにさせるだろう。景気循環の正しい対策は好況を棄てて恒久的に半ば不況にとどめることにはなく、不況を棄てて恒久的に半ば好況の状態を保つことにある。（Keynes 1936, 322 三二）

しかし「半ば好況の状態を保つ」ことこそ恐慌の原因ではないか。火を消すためと称して油を注ぐよう勧めるのが経済学なら、経済学者は畢竟反社会的存在であることを免れないだろう。理論的根拠を示すこともなくインフレ化に舵を切ることを説くインフレ主義者たちが現代経済学の主流派をなす。その果てにハンフリー ‐ ホーキンズ法のような規定が成立している。グリーンスパンはワシントン入りしたときにその遵守を誓約したのであるからこの線に沿って仕事を進める責務を負っていた。そこでとった手法は物価安定策によって同法の要請に応じつつも貨幣注入を最小限にとどめ、資産市場にバブルの兆しが見える前に予防的利上げを行い、これによって物価安定と成長を両立させるというものであった。ただインフレ率の目標値は〇％ではなくハンフリー ‐ ホーキンズ法の定めに従って約三％となっている（第９章参照）。この意味で、彼の金融政策は結果においてマネタリズム的だが手法においてはそうではない。ところが物価安定のもとでの長期成長は必ずバブルを生み出すから、そのときは迷わずバジョット的スクランブルを発動する必要も想定されている。就任直後の一九八七年、さっそくブラック・マンデーへの対処を迫られた。この方針はのちに「グリーンスパン原理」と呼ばれるようになり、バーナンキもサブプライム・ローン危機の際にこれを引き継いだ。

ところがその背景には株価分析を含む資本理論があり、これを経由して結果的に長期で信用膨張を適度に抑制しようとしてきたのである。ABCTを参考に物価安定を図るというのも奇妙な組合せだが、それを実行せざるをえないとなれば、次のような政策指針が導き出されるだろう。すなわち、利子率操作等によって銀行システムに貨幣を注入するとまず高次財への投資が膨らむ。その様子を知るには、高次財産業の株価が低次財産業のそれより膨らむことが検出できればよい。なぜなら株価は新規設備への投資と同形の軌跡を描いて上下するからである。グリーンスパンが「企業の投資意思決定と完全雇用モデル」で掲げている図表を見ると、一九五〇年代の好況時に鉄鋼・機械など高次財産業の株価と新規投資がきれいに上昇し、繊維・公益事業などはこうした動きに無反応であることが一目瞭然である（図3・6）。それがわかれば次なる手順は利上げによって信用膨張を休止し資本構造の長期化を最小限にすることになろう。膨張が進展するほど、バブルが、したがってそのあとの不況がひどいものになる。ボスタフもこうした指針の存在を想定している。

グリーンスパンが本当に取り組んでいるのは総需要と総供給の「整列」ではない。それは低次財対高次財の構造というコンテクストの中での消費財需要と生産財需要の関係〔の調整〕である。信用膨張が原因であるが、需給のコントロールは名目利子率によって間接的に行うことになる。それは現代経済では貨幣が実物財ではなく、連邦準備は直接的に貨幣や信用膨張をコントロールできないからである。(Bostaph 2000)

また彼から「自由社会の経済学」講義のことを聞いたギャリスンも、フィリップス曲線が成立しない現代では物価や賃金率ではなく利子率が政策のターゲットだとして、ほぼ同じ見解を示している (Garrison 2007)。生産プロセスを視野に入れたうえでGDPギャップ自体よりも資本構造の長期化の回避によって期間別資本構成のバランスを保ち、単年度ごとではなく数か年にわたって需給バランスをとるという手法が擬似金本位制と整合することは、一九五〇年代に遡るグリーンスパンの仕事からも明らかである。というよりも擬似金本位制のもとでしかそういう結果は得られないと言うべきである。グリーンスパンは胸中で擬似金本位制を資本理論と結合して捉えている。再びギャリスンの証言を引こう。

ほとんど知られていない、または十分評価されていないのは、グリーンスパンが中央銀行業務の諸問題に関して最も早期に公にした意見表明が、ルートヴィヒ・フォン・ミーゼスが提唱し、フリードリヒ・A・ハイエクが発展させたオーストリア学派景気循環論を解読し、さらには講義するにさえ及ぶという形をとったという事実である。(*ibid.*)

最後に本人の証言からもこのパースペクティブを確認しよう。一九九〇年代の初めごろにやや景気後退があり、その後は回復基調に転ずるが、グリーンスパンは後述するゴンザレスとのバトル（第6章2節）のころから景気が過熱しすぎていると見ていた。理由は、第一にそれまでFFレートが三%、インフレ率も三%なのでほぼ実質利子率がゼロだったためである。

第二の理由は景気循環それ自体であった。経済は成長局面にあり、そのうち不可避的に下降局面に入るが、それがあまりジェットコースター的な激しい下降にならないようにしたいと私たちは思っていた。……連邦準備は以前から景気の波を乗り切ろうとしており、初めてインフレの兆候が出てきたときにどうしようもなく過熱するからその前に利上げしていた。だがこのやり方で利上げをする手法で景気後退を避けられたためしはなかった。このときは経済が相対的に安定しているのを利用してもっとラディカルな手法を試してみることにした。それはインフレがまだ現れもしないうちにゆっくりと予防的に（preemptively）利上げをする手法であった。（AOT 153-4 上巻三三）

こうして一九九四年二月から「予防的利上げ」が導入される。この手法はおそらく歴史的なものである。それが「軟着陸」として成功したのが一九九五年の状況であった（AOT 155 上巻三六；Greenspan 2008, no. 20 一月二一日付）。回顧録の説明はここまでだが、背景に株価と投資の収斂法則やＡＢＣＴをとおした高次財部門の株価への着目という具体的手法があると考えてよい。当時のアメリカ経済を引っぱっていたＩＴ産業は一九五〇年代における鉄鋼業と違って高次財でもあれば低次財でもあるという厄介な性格を持つ。そのため株価が昔ほどきれいに景気先行指標にはならなかったであろうが、一九九五年十二月の公開市場委員会（ＦＯＭＣ）を前に彼はこの手法を適用して生産性統計の過誤を疑っていた。(26)「予防的な利上げ」を実行に移すには、実は何らかの徴候《サイン》を確認しなければならないはずであるが、それは定義によってインフレではない。だから経済学者はこのような発言があれば議長が何を徴候と解釈して利上げを実施していたか説明すべきであろうが、そのような務めを誰も果たしていない。議長がＦＯＭＣで理事たちに理解されていないことは、ポールやパークスとの会話での告白からもブラインダーやメイヤーらの回顧録からも明白だが（竹森 二〇〇六、下巻Ⅳ二）、もともと主流派経済学者から見るとほとんど異星人のような手法をとる議長なのだからそれも仕方ないだろう。

しかしインフレなき成長を史上最も長期間実現したのはその異星人なのである。一九九六年には景気は再び上昇局面に入る。生産性上昇論や資産効果論といった議論が現れてきたのはこうしたコンテクストからであった。

補論1　二つの経済学

1　二つの限界原理

従来の経済学史の盲点

二つの経済学がある。財と財を等価で交換して価格が一定化する均衡状態に至るまでを考える均衡経済学と、不等価で交換して常時価格が変動しながら経済が循環運動するまでを考える循環経済学である。起源はともに古代ギリシアにある。前者は事実上スミスを祖としてのちにワルラスが均衡の成立範囲を拡大したことで説得力を高め、現在主流派をなす。ワルラスはフランス人だが故国では不評で主に英語圏で受け入れられてきたので、均衡経済学は「英米経済学」と呼べる。後者はアクィナスを祖として一六〜一七世紀スペインのサラマンカ学派経由でメンガーが近代化しミーゼスが完成したが、現代ではオーストリア学派、より厳密にはミーゼス派のみが受け継いでいる。その拠点はアメリカだが、カトリック諸国で受持されてきた歴史から「大陸経済学」と呼ぶことにする。

経済学史叙述史を振り返るとき、このような基本的な事実がほとんど意識されてさえいないことは実に驚くべきことであり、残念なことでもある。一般的な学史は、重商主義から始めてスミスに経済学の祖の位置をあてがったうえで労働価値説の行詰まりが限界革命を招き、それを担った三大家（triumvirate）の中で特にワルラスが一般均衡論を提唱したことをもって最も包括的な体系が完成したと告げる。しかしこれは一つの語りにすぎず、しかもおよそ公平なものとは言いかねる。近年の大変発達した経済学史研究は過去の資料のほとんどファウスト的なまでに貪欲な縦覧を踏まえて従来の学史理解の基本前提を覆しつつある。実はそれらの中でも論点を細分化する動きと、逆に一定の視点から別のマクロ史を提出する動きがある（両者が無関係なわけではないが）。本補論ではとりわけ、ミーゼス門下でランドの門を叩いたことからグリーンスパンの知己ともなったロスバードの経済学前半史『オーストリア学派の視点による経済思想史』（Rothbard 2006）を重要な参照点として学史を再整理していく。同書は後者の中でも最高の到達点を示す大作で、それによるとオーストリア学派の起源は中世のポスト・アクィナスの理論家たちやサラマンカ学派にあり、これを受け継いだカンティヨンが初めて近代的な経済学体系の構築に成功し、スミスが経済学を退行させた。こうした代替史観の提出によって同書はシュンペータの『経済分析の歴史』を上回るインパクトを与え、ある意味で経済学史叙述史に革命をもたらしたと思われるが、以下ではそのうち本書にとって重要な部分のみを用いて、グリーンスパンが依拠したミーゼスの体系の歴史的独自性が浮かび上がるように二つの経済学の輪郭を素描する。

最も重要なのは、大陸経済学がミーゼスに至って「貨幣的ミクロ経済学」とも言うべき理論に根ざすマクロ経済学に結実したという点である。ところが日本ではこの分野にほとんど関心が寄せられていない。本補論ではその摘要を叙述するが、まずは似た部分を持つ他の語や経済学との類語識別（disambiguation 曖昧さ回避）から入ろう。

主な学派はみな身近な交換の理解から始めて一国経済やそれ以上の大きな対象を説明する理論体系を構築しようとしてきた。これらは二〇世紀に「ミクロ経済学」と「マクロ経済学」に区別されるに至る。ところが主流派経済学では基本的に交換を物々交換で考察し、貨幣を交換の媒介物と見てミクロ理論から放逐してきた。棄てられた貨幣を拾うのはマクロ理論の役目である。この二分法のもとでは「貨幣的経済学」とはマクロ経済学になる。しかしミーゼス経済学では貨幣を交換の媒介物ではなく対象物と見るから、この語はミクロ理論も含む。

あらたまってこう書けば経済学の門外漢ほど驚くだろう。現代社会で物々交換がほとんど行われていないことなど自明だからである。しかし経済学の世界ではそんな常識すら通用しない。本書が「貨幣的経済学」という語を用いるとき、そこには「物々交換ではなく財貨幣交換から経済全体を考察すべきだ」とか「貨幣の出てこない交換の理論だけでは体系は完成できない」というメッセージが込められている。

筆者は理論経済学者で近年のテーマは経済政策分析である。この発言は意味不明とされかねないので背景を説明しよう。理論は現実から独立であってよいだけでなく独立であるべきだが、現実分析に適用されたとき例外なく切れ味をまざまざと見せつけられなければならない。できないならその理論はよくて単なる頭の体操である。ところが主流派経済学はミクロとマクロの分裂、静学と動学の不整合といった一連の長患いからなお回復しておらず、実世界で展開するマクロ経済の主な側面の分析に直接使えるミクロ理論は持たない。ミーゼス経済学ではミクロとマクロの分裂がないので理論をそのまま政策分析に適用でき、政策用の理論を別途外づけする必要はない。だから上の発言になるのである。

本論に入る前に、経済学史を振り返るときに必ず問題になるのに従来必ずしも十分に言語化されてこなかったと思われる問題があるので、それについて一言する。

歴史の各分野の中でも思想史、より狭くは理論史においては、「事実」はしばしば重要ではない。むろん事実を無視したり歪曲してもよいという主張は論外だが、理論とはもともと事実をある角度から眺める営みの名であるから、実は「事実そのもの」は初めから問題になっていない。そのことは自然科学でもある程度あてはまる。ある日ある地域で豪雨があり地すべりで被害者が出たとする。これは「事実」であって、この日雨が降らなかったという理論など考えられない。だが重要なのはむしろ、この日雨が降ったという理論がありえないことの方である。雨が降ったのなら降ったのであり、それ自体に争いの余地はない。この場合、理論とは降雨の有無を取沙汰する営みではなくその原因・結果等、つまり事象の人間にとっての意味の探求の謂いである。豪雨の原因が偏西風の蛇行による前線の南下のもと湿舌が居座ったことだと聞かされると、例のないほど集中的かつ長時間にわたって豪雨が襲うという点で経験則に反すると見えた怪現象の謎が解け、スミスの言う自然界の「見えざる鎖」(Smith 1982, 45 三六) が見えた気がして人は一定の安堵を感じる。十分な対策が講じられないこともまた明らかだとしても。

あくまで人間事象と比べたときの相対的な一般論にすぎないが、自然事象には一般に事実の因果連関の理論に十分な確定性がある場合が多い。人間科学ではどうであろうか。ある財の価格が上がったとする。この事実の原因について展開される理論は豪雨のそれよりも不安定である。その財の生産に必要な材料の一部の供給が減ったからか、人々の需要が増したからか、両方が寄与しているなら何割ずつかといった問いに確定的な答えはない。しかし財価格の高騰が供給減か需要増か両者で起こるという理論の正しさはそれによって決して揺るがない。

ところが「限界革命」のような事象では問題は複雑になる。限界原理が「事実」ではなく「理論」であるうえに、革命とは価値決定原理の変化という複合観念だからでもある。事実、限界革命はなかったとする学史家さえいるが (Blaug 1997 三七―八)、こうした見解の存在をもって歴史叙述に「科学性」が欠けていると難ずることは問題の本質を誤解したものである。異論があることは自然であり、ないことこそ不自然である。理論史のあらゆる語りは語り手の理論的立場と一体不可分である。立場を選択しなければ理論史の叙述自体が実行できない。これを手短に理論史の視点依存性 (perspective-ladenness) と呼ぼう[1]。異説が開示する歴史理解は新たな事実ではなく古い事実の新たな配列を与えるものである。理論家の新たな遺稿が発見されればむろん研究に利用できるが、利用してもそれが理論の本質の理解を左右するとは限らない。利用すべき部分はどこか、どう利用すべきかといった具体的な問題を吟味する段になれば、その基準は新資料が自分の視点を改めるか否か、または自分の分析を補強するか否か等になる。いずれにせよ、問題となるのは資料発見に先立って自らが抱いている視点、これに尽きる。

他方でまったく新しい視点からの歴史が叙述されたとすると、従来支配していた過去の見方という連続体に亀裂が入り、見慣れた光景が一新される点においてそれ自体が一つの異化作用を持つ。いかなる歴史理解も特定の立場からなされる語りが生み出すものであって、語りの外に「歴史そのもの」を求めても何も見つかりはしない。しかしこの考え方は恣意的に選び取られた前提系列や世界観から勝手気ままに（または布教的情熱をもって？）過去を再構成することとは異なる。基本的な事実は客観的実在であることに変わりはない。そのもとで、いかなる叙述も語り手が視点を定めなければ一行目を書き始めることすらできないということを自覚しつつ自らの立場と語りの間の密接な関連に意識的な姿勢を堅持しようとする不断の努力が求められることになる。歴史をある視点からそう叙述することが正しいか否かという問題と、その叙述やそれが基づく視点が自分の立場から見て正しいか否かという問題は区別すべきである。筆者は前者については確信を抱いている。そういう叙述を以下で展開する。

限界革命における視点の相違

まず取り扱いたいのは限界革命だが、同時に限界革命ではない。これは禅問答を気取っているわけではない。限界革命について熟考するほどそう言わざるをえないのである。この革命がある意味で完結していないからである。光を当てる必要のあるのはむしろ限界革命の舞台となった価値論（value theory）であり、それをとおして限界革命が価値論をどう変えようとしたか、なのになぜ結局失敗したかを論定することが重要になる。価値論を問題にするのは、それが経済学において単一の論点として最も重要だからである。近代的な経済学では価値論とはふつう価値評定や価格決定の理論であり、後者で問題になる「価値」とは交換価値を意味する。経済学史最大の転換点と目される限界革命の舞台となった論点も価値論であったが、それは価値論が変わることが他のほとんどすべての論点に影響を与え、ひいては経済学の体系の実に全体を変えずにはおかないインパクトを持つことを示唆する。ただ同革命は実際には価値論の完全な主観化に失敗した。実はアクィナス以降の中世経済学の通説は主観的価値論であり、スミスからマルクスに至る約百年の方こそが客観的価値論の支配する例外期であった。それだけにスミスが「忘れえぬ師」ハチスンだけでなく『法学講義』の自分すら忘れて労働価値説を提唱した出来事こそ歴史的大事件だったのであり、改まって価値論における「客観革命 objective revolution」と呼ばれるべきだと主張したい。そう考えると、限界革命とはいわば先祖帰りの運動であったことがわかる。

限界革命を考えるとき最も重要なのは、三大家が確かによく似た単位観念を共有しながらも、使用価値に関してメンガーのみは等価交換のパラダイムを採らなかった点である。彼は使用価値の均等性を交換の成立条件ではなく停止条件とみなした。物々交換の場合に典型的に問題になるが、交換者は互いに自分の所持財より相手のそれの方が使用価値は高いと思っている。いや、より正確にはそう思い合っている。こうした条件で成立する点から、筆者は先にメンガー的交換を端的に「不等価互恵交換」と命名しておいた（村井二〇一五a。なお、この「価」は使用価値を指す）。

他方ジェヴォンズやワルラスは等価交換のパラダイムを採るとともに、後述のとおり財がほぼ即時にすべて消費されると考えた。これは「連続消費仮説 continuous consumption hypothesis」と呼べる。同仮説を前提すると、限界単位とは可能的に思い描かれた不定量財の最終単位（last unit of undefined amount）となる。ゴッセンの第一法則以来、限界効用逓減則は連続消費における飽和が根拠であり、今日の教科書は例外なくこの限界原理のみを解説することで事足れりとしている。このことは三大家の革命がほぼ同じねらいを持っていたとする見方の原因でもあれば結果でもある。ワルラスでは各財の全賦存量が既知の取引所が仮構され、プライス・テイカー仮定はなく、相対《あいたい》取引で価格と数量が同時に決まる。

ところがミーゼスは連続消費仮説を採らず、限界単位を財賦存量が未知のもとで現実的に入手できるものに絞られた所定量財の関心単位（relevant unit of the defined amount）とみなした。ミーゼスは経済学を行為学の一分野と見た。行為主体は胸に抱く目的の達成に役立ち、かつ現実的条件がゆるす範囲で交換という行為に訴える。このとき財の全賦存量や他のすべての場所での価格等は関心の範囲外である。ミーゼスは必ずしも自らの独自の限界効用理

表補1・1　メンガーの効用表

効用表			
S氏		T氏	
牛	馬	牛	馬
50	50	50	50
40	—	—	40
30	—	—	30
20	—	—	20
10	—	—	10
0	—	—	0

初期状態

効用表			
S氏		T氏	
牛	馬	牛	馬
50	50	50	50
40	40	40	40
30	—	—	30
20	—	—	20
10	—	—	10

第1回交換後

効用表			
S氏		T氏	
牛	馬	牛	馬
50	50	50	50
40	40	40	40
30	30	30	30
20	—	—	20

第2回交換後

……

効用表			
S氏		T氏	
牛	馬	牛	馬
50	50	50	50
—	40	40	—
—	30	30	—
—	20	20	—
—	10	10	—
—	0	0	—

第5回交換後

出所）Menger 1968, 163-7 邦訳 140-5.

論から派生する問題を包括的に扱わなかったから補足しながら説明する。彼は架空の取引所での交換を論じても合理性はないと考えた。この仮定のもとでは交換者は売手が提供する財のみを交換対象の候補と見るから、プライス・テイカーであるだけでなくロット・テイカー（企業や店が提供する数量単位で買う）でもあればクオリティ・テイカー（企業や店が提供する品質の財を買う）でもある。交換者はときに入手した財を連続消費することもあるかもしれないが、それを原則と考えることはできない。飽和するくらいなら消費を中止して将来に持ち越す方が合理的だからである。このような限界概念が主流派とは大きく違うことは明らかであろう。一八八一年生まれのミーゼスがこの議論を展開したのは一九一〇年代以降だから限界革命よりかなりあとであるにせよ、それはメンガーの基本視角を継承したものと考えられる。その理由を説明しよう。

メンガーの革新性

メンガーが『経済学原理』の交換の章で家畜の物々交換を例に挙げて一頭ずつ交換していくモデルによって限界原理に基づく主観的価値評定を説明したことはよく知られている。[2] 彼は二人の孤立した農夫が牛と馬について表補1・1左端の効用表の数値で表せる価値を認めており、頭数の多い家畜と引換えに頭数の少ない家畜を入手する交換を取り上げた。この二人をS、Tとし、牛と馬の初期保有頭数をS(6, 1)、T(1, 6)と表そう。メンガーの効用値では初期総効用は両者とも二〇〇である。一頭ずつ交換すると、第一回の交換で頭数はS

(5, 2)、T (2, 5) となり総効用は両者とも二四〇、第二回ではS (4, 3)、T (3, 4) で総効用は二六〇となる。さて、第三回によってS (3, 4)、T (4, 3) となり両者とも牛馬の頭数が入れ替わるだけなので総効用が二六〇のままなのは明らかだが、ここでメンガーはあることを述べている。実はそれは注なのだが、ある意味で同書でも最も重要な一節ではないかと思われるほどである。すなわち、第三回の交換は「無差別な」ものなので「人間の先読み的配慮Vorsorge」が空回りする（満たされない）点で「非経済的」だと言うのである（Menger 1968, 165n 一四三注）。

なぜこれが重要かを説明するために、よく似た事例を挙げたフィッシャーの議論を参照しよう。彼は『価値と価格の理論の数学的研究』で小麦粉と石油を二人が微量ずつ増減し合う交換を引合いに出した（Fisher 1925, I.1.2–3）。彼はまず小麦所持者は小麦より石油を、石油所持者は小麦より石油を高く評価し、要は効用の不均等性ゆえに交換が始まるという。本書では使用価値（use value）と効用が同じ事柄を指すと仮定したうえで、こうした主観的価値評定を次のように記号化する（「UV」は使用価値を表す）。

UV_S(小麦＜石油) かつ UV_T(小麦＞石油) ……(イ)

この式は、使用価値に関しては、小麦をより多く所持するSは小麦より石油を高く評定し、逆に石油が余りがちのTは小麦の方を高く見ていることを示す。フィッシャーはメンガーと同様に徐々に交換量を増やしていって「どの点で交換を止めるであろうか」と問う。そのあと彼は両財を無限分割すれば不等式の両辺が均等になると述べる。それが限界効用均等則の一表現であることは見やすい。この状態を次のように書こう。

UV_S(小麦＝石油) かつ UV_T(小麦＝石油) ……(ウ)

しかし実を言えばフィッシャーは交換停止条件に関する自らの問いに答えていない。「(ウ)式が成り立つとき」では答えにならない。なぜならそれは(イ)式と相容れないからである。いま(イ)式が示す状態が交換成立のために不可欠な条件なら(ウ)式の状態に変わったときにも交換が成立するとただちに結論を下すことは論理矛盾である。そう結論するなら、両式が同時に成立しえないのに両立するかに述べる根拠を別途示す必要がある。しかしフィッシャーはそうした論証をまったく行わないだけでなく、論証の必要性にすら思い至っていないようである。

フィッシャーのモデルからある示唆を読み取れる。それは連続的に数量を変えながら最終的な交換量を検討する交換者のモデルが一般的な意味での限界原理の方に合致するということである。しかしメンガーとフィッシャーで議論の基本形がよく似ているにもかかわらず、いや、よく似ているからこそ違いも際立っていることにも気づかねばならない。この違いは直接的には使用価値の均等性が交換の停止条件になると見るメンガーとそう見ないフィッシャーの違いだが、背景には所定量財の関心単位の限界原理と不定量財の最終単位のそれの差が横たわっている。

それはメンガーのモデルを再解釈すれば出てくる結論である。二人二財の最小単位の交換を「ユニット交換」と呼ぶと、実はメンガーのユニット交換モデルの中では、S(6, 1)、T(1, 6)からスタートして最初からSは牛二頭で馬二頭を入手したいという意図を、Tは馬二頭で牛二頭を得たいという意図を抱いていたと考えてもS(4, 3)、T(3, 4)となる。これが「先読み的配慮」の具体的内容であろう。このとき次の式が成り立つ。

$$UV_S(2牛<2馬)\ かつ\ UV_T(2牛>2馬) \quad \cdots\cdots\cdots (エ)$$

これは両者にとって「牛二頭」や「馬二頭」がひと塊または一単位と観念されていることを示す。だが初めから牛三頭、馬三頭を得るつもりはないのである（市場までの移動を考えても、初めから二頭のみを連れて行く方が合理的であろう）。S(4, 3)、T(3, 4)でスタートしたとすると（各家畜の効用分布は同じで）、メンガーの交換条件に従うとこのとき交換は一回も生じない。だとすれば、連続的に数量を変えて最終的な交換量を検討するモデルは所定量の関心単位の限界原理と合致すると理解できることに気づく。連続的な数量変化を逐一追う説明法は、最初から所定の量を交換するつもりの交換者の意図を説明する手続上の便法にすぎない。以上より、不等価互恵交換のパラダイムが共有されているもとでミーゼスがメンガーの基本視角を継承したと約言できるのである。

家畜以外でも財はその物的特性に従ってしか分割できなかったり、パッケージで取引する方が便利なので微調整ができない所定の数量単位で交換する方がふつうである。だから入手可能な所定単位の財を目の前にした行為者は必要と認める分量以上の場合にのみそれ一単位の交換を検討するだろう。今日は牛二頭を何とか豚五頭以上と交換しようとか、トマト四個入り一パックを入手しようと考えるわけである。そして交換者があらかじめ欲した（先読み的に配慮した）数量単位が関心単位であり、それについて不等価互恵交換が行われることになる[3]。

不等価互恵交換でのユニット交換の定式化に向けた第一歩を踏み出したのはアクィナスであった。アリストテレスは『政治学』で「取財術《クレマティスティケー》」とは足りないものを輸入し余ったものを輸出することでもあって、「相互扶助βοηθεια《ボエーテイア》」が国と国との間で行われて生まれたと述べている（Pol 1257a）。アクィナスは『神学大全』では「相互扶助」を「相互効用 utilitas communis」と言い換えて肯定し（ST 77.1 一八巻三六九）、『アリストテレス政治学註解』ではこの一節をめぐって「相互扶助 mutual assistance」のために貿易が発展したと述べている（CP 52）。この見方はイタリア、スペイン、フランスなどラテン系諸国で五百年以上にわたって連綿と受け継がれて伝統となり、スミスと同時代のチュルゴや革命後のセーなどもこの原理で交換を考察している。本書では(イ)式を一般形にして不等価互恵交換の原理を表す次の式を導き、これをワルラスやフィッシャーの「交換方程式」に対して[4]「アクィナスの交換不等式」と名づける。

$$UV_S\ (A<B)\ かつ\ UV_T\ (A>B)$$

ここでAやBとは財の種類で、(エ)式と違ってそれらに係数がないのは何単位でも所定の一単位とみなすメンガー＝ミーゼス型の限界原理に根ざす議論だからである。

2　限界革命の革命限界

等価交換など存在しない

先にフィッシャーとメンガーの類似と相違について簡単に述べたが、フィッシャー・モデルでは交換の原理を不等価互恵交換だけで一貫して説明することはできない。ところが実を言うと、逆に等価交換でも交換の一貫した説明原理を確立できない。本節ではこの問題がアリストテレス『ニコマコス倫理学』で示された不思議な交換と貨幣の図式に由来すること、この図式が「完全競争」による財価格の斉一化（一物一価の成立）や均衡の概念と分離不能な形で結びついており、それがユニット交換を超えてマクロ経済の描出パタンにも影響を及ぼしていることを述べる。

重要なのは、等価交換の定義がなされていないこと、実は定義不能なことである。フィッシャーでもワルラスでも英米経済学では、物々交換におけるA財の価格を交換が成立したときの均等式の両辺を財に付された係数で割って得られる数値だと考えている。例えば四単位のAと五単位のBが交換されたとすれば、「4A＝5B」だから「A＝1.25B」「B＝0.8A」で、それぞれ「B財表示のA財価格」「A財表示のB財価格」を指す。むろんこの定義は正しい。ただしこれは交換価値の均等式にすぎず、使用価値については不等式しか成り立たないのである。式の冒頭に交換価値（exchange value）を表すときは「EV」、使用価値を表すときにはこれまでどおり「UV」という記号をつけて、これを式で示そう。やはりSとTが交換したとすると、この交換は両価値に関して次のように表記できる。

UV_S (4A＜5B) かつ UV_T (4A＞5B) ……… (オ)

EV (4A＝5B) ……… (カ)

この(カ)式を数学的に変形しても問題はないが、同式は(オ)式との間にいかなる数学的関係も持たない。例えば両式を連立させても経済学的には無意味である（数学的にもそうだが）。むろん両式の間に経済学的関係はある。それは(オ)式が表す状況こそ(カ)式を生んでいる、すなわち使用価値に対する二人の主観的評定のずれが二財に交換価値を与えているという関係である。私たちがものに見出す欲求がものを財にし、それが交換を生み、交換が成立するからこそ交換価値が存在するのである。では(オ)式からフィッシャー的想定を用いて(カ)式が導出できるであろうか。答えはできないというものになる。ここで重要になるのが、等価交換など存在しないという点である。

まずメンガー－フィッシャー的な連続変量のモデルを拡張する。SとTの財A、Bの初期保有量をS (90, 10)、T (10, 40) とし、先と同様に一つずつ交換して計一〇回交換が行われたとする。

S (90, 10) (89, 11) (88, 12) …… (80, 20)

T (10, 40) (11, 39) (12, 38) …… (20, 30)

いま第n個目の財を「n^{th}A」と表すと（限界財とも言える）、この交換が使用価値について等価交換ならば次の式が成り立つ。

UV_S ($10^{th}A=10^{th}B$) かつ UV_T ($10^{th}A=10^{th}B$) ………㈹

この交換は理論空間の中では想定できても、現実にはほぼ実行されないであろう。まずS、Tとも一〇個目でA、Bの限界効用が一致する必要がある。A一個につきB二個とかA二個につきB三個で交換する等としてみても、結局は両者の限界効用が両財で等しくなる数量を見出さねばならない。欲しい数量以上をいったん入手して別の相手に売るとしても、その相手との間で同様の問題が生じる。ジェヴォンズは貨幣起源論で物々交換は欲求の二重一致が成立困難だと述べた（Jevons 1875, 3-4）。これを「ジェヴォンズ制約」と呼ぶと、上の交換すべてが同制約を受けるだけでなく、同じ数量で二人とも二財の効用が均等となることも要する。Sの先読み的配慮は二個のリンゴで四個のバナナを得ることだとしても、Tは四個のバナナで三個のリンゴが欲しい、あるいは三個のバナナで二個のリンゴが欲しいかもしれない。この程度の微細な思惑のずれだけで交換話は流れてしまう。

等価交換とは「XとYが等価である」ような交換だから、XとYに具体的に何かを代入できなければならないが、実はそういうものはない。まず個人間での効用比較は不可能だから、SにとってのAとBの効用が均等だと見るしかない。だが均等性とは「無差別性 indifference」でもあり、無差別とは「どちらでもいい indifferent」ことでもあるのに、人間はどちらかでないといけないから交換するというのが人理学（補論2参照）の基本公理である。そのうえそもそも厳密な均等性の作出は意外なほど難しい。急に「二個目のリンゴと効用が同じのは何本目のバナナですか」と聞かれて即答できるとは信じられない。メンガーの不等価互恵交換原理はシンプルなものだが、以上の難点すべてを免れている。

これに対して、例えばUという第三の人物がいて、SがTともUともリンゴ二個を売ってバナナ四個を買う交換を行なったとすれば、S－Tの交換とS－Uの交換は等価ではないのかという反論があるかもしれない。しかしこれは二つの交換において価格が同じだと述べているにすぎず、むしろ「同一価格交換」と呼ぶべきである。この反論は二つの交換を比べたものであって、一つの交換（ユニット交換）について等価性を確立したものとは言えないだけではなく、交換価値と使用価値を混同してもいる。

小麦（粉）や液体のように、財がかなり細かい単位に分割できる場合にはどうなるかという問題も検討しておこう。結論はやはり等価交換を定義することができないというものになる。

SがA、B財の使用価値について「110A＞50B」だが「90A＜50B」と思ったとする。このとき、

$$UV_S\,(90A < 50B < 110A) \quad\cdots\cdots(ク)$$

が成り立つ。次に数量幅を狭めてSに再質問を続けると「99A＜50B＜101A」と判明したとする。このとき次式が成立するであろうか。

$$UV_S\,(100A = 50B)，\text{ゆえに } EV_S\,(100A = 50B) \quad\cdots\cdots(ケ)$$

これは使用価値でも交換価値でもBはAの二倍だという関係を示すが、成立しない。なぜならやはり使用価値が等しいときは非経済性ゆえに交換が実行されないと考えられるからである。(ク)式より単位を細かくして「99.9A＜50B＜100.1A」なら(ケ)が成り立つか、さらに砕いて「99.99A＜50B＜100.01A」ならどうかと質しても無駄である。結局フィッシャーの結論は誤りである。財の無限分割とは論理の蜃気楼にすぎない。いかに細かな単位であれ、交換するときの量は具体的な数値（せいぜい数桁の有限小数か分数）となる。しかしその量一単位について使用価値が均等なら実益がないから交換は生じない。不等価互恵交換の原理は財の取引単位の細分化によっていかなる影響も被らない。ここで「50B＝kA」となるkを探しても見つからない。一般に、交換が成立するとき使用価値について

「$hB = kA$」となる有理数の組合せ（h, k）は存在しない。日常語で言えば、交換が成立すれば等価ではなく等価なら交換は成立しない。この命題は重要なので「交換と等価の原理的二律背反」と命名する。

家を出るとき晴れていたので傘を持たずに出先で用を足したが、帰りの電車を降りると雨が降っていたとする。駅前の店で傘が五〇〇円で売っている。このとき彼の主観的価値の序列では五〇〇円よりも傘の方が上位に来るだろう。誰かが話しかけてきて、あなたのバッグは自分の好みに合うから私のと交換してくれないかと言ったとする。見たところ自分にとって二つのバッグはほぼ無差別に見える。では彼は交換するであろうか。しないであろう。なぜならバッグのことはいまの彼にとってどうでもいいからである。彼が関心を向けるのは雨をしのぐ傘であってバッグではない。交換成立の大前提は行為しようとするいま問題となる具体的な関心であり、それは価値落差の発見を伴うから無差別性（indifference）ではなく有差別性（difference）を伴う。この点を覆せば合理性が根底から否定されることになりかねない。ロスバードがジェヴォンズをもじって「主観的価値評定の二重の不一致」と述べるとき、不等価互恵交換における価値評定の構造が見事に表現されているのである（Rothbard 2006, I.17）。

アリストテレスの呪縛

続いて等価交換のパラダイムを初めて詳論したアリストテレス『倫理学』の当該箇所を要約する。幾何学の比喩を用いると交換は「対角線的」で、大工と靴屋、医者と農夫のように異質な職種の人たちの間でしか生じず、その二者間の交換を貨幣が均等化する。この意味で貨幣は「仲立ち《メソン》」である。このような貨幣は家一軒が靴何足に等しいかを表す。「あらゆるものがある一つのものによって計量されることが必要である」。その一つのものとは「あらゆるものの場合を包摂する需要にほかならない」し、「貨幣が需要をいわば代表する」。だから貨幣《ノミスマ》は自然《ピュシス》ではなく人為《ノモス》の所産であって、それを変更、無効化するのは人間の自由である。しかし何回か取引して初めて均等性が実現するなら途中の取引では超過利益が生じて問題があり、交換に先立って応分比例の交換比率を定める必要がある。「以上の仕方においてのみ彼らは均等的で共同関係的である」。相互に需要がなければ交換は生じず、それを代表する貨幣を保有することで、いまは何も必要なくても必要が出てきた将来に財を入手できる。貨幣の価値はつねに等しいわけではないが、他のものよりは価値が長持ちする。だからすべてのものに価格をつけておけばいつでも交換が成り立つ。この意味で貨幣はいわば尺度である (Eth 1133a-b)。

この一節は論理の底なし沼の如きものであり、ほぼ無意味である。以下ではそう言える理由に加えて、にもかかわらず過去から現在までそれがきわめて根深い影響を及ぼし続けていることを説明する。

アリストテレスは『政治学』で交換価値と使用価値を区別したが (Pol 1257a)、上のくだりではそれらを混同している。二者間で価値序列が同じなら交換は生じないという冒頭部分では使用価値が暗に示唆されており、それは正しい。だが「貨幣が均等化する」とはどういう意味であろうか。先に述べたとおり、均等性を叙述するには「XとY」が特定されなければならない。いま大工と靴屋が家と靴を物々交換したなら交換価値について「Xが家、Yが靴」と言えるが、彼は「貨幣が均等化する」と述べている。そこで「Xが家、Yが貨幣」「Xが貨幣、Yが靴」と考えてみることはできる。だがこのとき交換は二つに分割された間接交換であり、一つ一つは不動産業者と消費者、消費者と靴屋の財貨幣交換である。家一軒が三〇〇〇万円で靴一足が三〇〇〇円とすると靴一万足で家一軒が買えるという計算は成り立つ。しかし現実に靴屋が靴を一万足持って家主を訪問する可能性はなかろう。だとすれば靴と家の間に「価格」は存在しないはずである。ところが「貨幣が均等化する」のが使用価値だとすることはできず、交換価値(価格)とするほかはない。以上よりこの一節は何も語っていないと結論せざるをえない。

では家と貨幣、貨幣と靴の交換において貨幣は何かを均等化しているのであろうか。否であろう。財貨幣交換の基本定式はのちに論ずるが、そこでも人は原則として財の限界効用が貨幣の限界価値の購買力を上回ることを指向すると考えられるから、ある靴が三〇〇〇円以上に値すると思うときにのみそれを買う。交換においては使用価値に関する限りいかなる等価性も存在しないのであった。

しかし問題はこれで終わりではない。彼は貨幣の価格表示機能または建値手段機能を「価値尺度機能」と誤解している。この誤解はスミス以降にも受け継がれ、現代の教科書でも修正されていないから、なぜそれが誤りであるかを簡単に説明しておこう。

使用価値または効用を測定する試みはつねに長さ測定に範を仰いできたが、それがなぜ可能なのかをほとんど考えてこなかった。二つの物体の長さを測るとき、あらかじめ作成した尺度物体を物体に当てて目盛を読み取れば同じ物体内に集約してそれらの長さが表示できる。温度などの条件がほぼ一定なら一つの物体を後日測定しても長さは同じだろう。しかし財については使用価値はもちろん交換価値さえ同様の一義性をもっては表示できない。現代ですら実際には価格差を埋めるさや取りが徹底的に行われてはおらず、厳密な一物一価は見られない。まず同じ製品が店によって違う価格で売られている。しかもそれは偶然ではなく営業戦略の一環として意図的に行われている。そうすると一般均衡論は反商学的であることが知れる。次にある財の価格が将来も同じということはありえない。極端な例では株価や為替価格は秒単位で変動しているし、他の財でも数週間、数か月単位では価格が変動している。これは端的な事実であり、誰も否定することはできず、実際否定してもこなかった。したがって貨幣は共時的にも通時的にも価値尺度ではありえない。こう考えてくると非常に重要な結論が導き出せる。

第一にアリストテレスは貨幣を交換の対象物ではなく媒介物だと見た。貨幣はまるで恣意的な仮の約束事、単なるトークンである。この考え方は「貨幣第三物主義」と呼べる。彼は二つの財貨幣交換を結合した多辺式 EV（$hA = iM = kB$）から中辺の貨幣を「中抜き」するという手順で貨幣をユニット交換の外に排斥した。使用価値の不均等性が交換を生み、交換は必ず具体的な数量で行われるから「価格」が存在する。財貨幣交換なら価格は貨幣財で表示されるから、いまA、Bを任意の二財A、Bの市場価格とすれば、EV（$hA = kB$）となる有理数の組合せ（h, k）は必ず一組はある（$h = B$, $k = A$ など）。だからこうなることを貨幣が二財を「均等化する」と言うならすべての財は「均等」になる。しかし二〇〇円の財は三〇〇円の財と均等だ、一〇〇〇円の財とも均等だと述べても空虚である。代わりにただ「貨幣は建値手段だ」と言えば足りる。ところがのちにこの説からAとBの価格が増しても (h, k) が一定（相対価格が不変）なら問題ないという能天気な見解が執拗に再生産される結果となった。そして古代アテナイでもすでに支配的だった財貨幣交換を主題にしないまま経済学は齢《よわい》二三〇〇を超えた。

第二の点はさらに重要である。それは貨幣を価値尺度とする視点が、同時にある財の価格の一定水準への収束という単位観念と一体不可分に結合している点である。『倫理学』においては、交換に先立って応分比例の価格を定めることで超過利益が生まれないようにでき、「以上の仕方においてのみ彼らは均等的で共同関係的である」とされた一節がそれを示す。なぜこれが重要なのであろうか。それはこれこそが一般均衡論を構成する単位観念が歴史上初めて提出されたくだりだと考えられるからである。実際『純粋経済学要論』とはこれを連立方程式体系によって再提出する試みにほかならない。

これら二つは次のような複合観念を生み出す。まず市場において競争が激化すると超過利益が得られる部門で参入が相次いでそれが削られ、行き着く果ての「完全競争」のもとではどの部門でも利益ゼロの状態に至る。次にどの財でも価格はコストに一致してこの一致点で一物一価が成立している。さらにこの状況での交換は価格がコストに収斂《れん》していてどの財もそれが本来あるべき交換価値を割り当てられているから最も効率的に資源が配分されている。

言うまでもないが、こうした諸観念は英米経済学を今日まで支配しているものにほかならない。というより、英米経済学を構成する単位観念はほとんどすべてアリストテレスのこの数頁においてすでに叙述されていた。それなのに彼への借りはしばしば明示されてこなかった。アリストテレスは史上最大の剽窃の犠牲者である。だがそのことで大きな被害を被ったのはむしろ剽窃者側ではなかったかが懸念される。彼の議論は現代に至るもかなり根深く経済学を支配しているのである。本書ではこの現象をあえて「アリストテレスの呪縛」と呼ぶことにする。それはこの考え方が根本的な誤りであることを強調するためである。

限界革命における主観性の欠如

以上の解明を煮つめれば、限界革命の未完成という結論が導かれる。そしてその導出作業にとって重要なのは貨幣の位置づけである。

スミスの労働価値説には投下価値説と支配価値説が混在しており、後者では交換対象財次第で異なる効用が示唆されて価値論が客観的でなくなる。そこでリカードは『経済学と租税の原理』を効用と価値の関係の整理から始めて投下価値説に一本化しなければならなかった。彼は水とダイヤモンドの「価値逆説」にふれて効用が交換価値の条件だと述べ、後者の源泉を原則的には稀少性と獲得労働に求めながらも稀少性のみが価値源泉である例外を認めて、「勤労の発揮によってその量を増加することができ、またその生産には競争が無制限に作用しているような商品だけ」を労働価値説の対象とした（Ricardo 1817, 1-3 上巻一七-九）。つまり同説は価値の一般理論ではない。スミスやリカードの時代は工業に比べてまだまだ農業のウェイトが高く、実際古典派が想定する安定価格財とは穀物類であった。これらは必需品であり、財の種類が少ないのに需要主体も供給主体も数が多いから激しい競争に晒される。そうした状況下では利益が削られて価格がコストに近づくのは当然である。そしてコストの多くが賃金である。だとすれば労働価値説には、少なくとも統計の観点からは一定の説得力はある。けれども工業製品は種類が多く、供給側の数が少ないことが多い。このためそれが財の中でウェイトを増すほどコストと価格に差が生じるであろう。収穫逓増性もこの傾向に加担する。そうなると労働時間による価格決定という所説が現実離れして見えるのは不可避となろう。

ただ労働価値説が経済社会の現実を十分説明しないものに見え始めたときに起こったのは、まったく新しい説の形成ではなかった。限界原理自体はアリストテレスが『トピカ』などですでに述べており（Top 118b ff.）、またベルヌーイが一七三〇年代に、ゴッセンが一八五〇年代にすでにそれをテーマにした論考を世に問うていた（Bernoulli 1954；Gossen 1854）。特にゴッセンは三つの「法則」でジェヴォンズやワルラスの学説をほぼそっくり先取りしており、限界効用の均等性に関する第二法則は一般均衡論と単位観念が同じである。一八七〇年代とはこうした古い単位観念のリサイクルの試みが集中した時代であった。そしてそれ自体に特に問題はない。それどころか、リサイクルによって理論が現実に近づけば理論の進歩だと言えよう。ところが価値論への限界原理の導入は、そのまま価格決定原理を主観的価値評定で説明しきるという方向には向かわなかった。この問題を論じるとき重要になる論点は二つある。

第一に価値評定を主観的に行うとはどういうことかである。本書では主観性を自在性（optionality）で定義する。主観的であるとは、欲求を充足しようとしている交換者が、交換によってその目的である欲求充足が実現するために必要となる諸条件のすべてまたはなるべく多くを満たそうと計画するという仮定を当然に含む。いま取引が行われる際にいつも関係している価格・数量・効用を「交換の三大因子」と呼ぼう（村井 二〇一五 a）。そうすると、主観的であるとは交換者が欲求充足のために彼がいつ、どこで、誰と、どういう価格で、どんな数量で、交換してもよいということ、つまり交換の諸条件に関する自由を意味するだけでなく、入手した財の消費に関する自由も意味する。それは三大因子のうち効用が他の二つと並列できない優先性を持つということでもある。私たちは効用またはその背後にある欲求の充足のために価格や数量を検討するのであって、行為学的には前二者は手段的意味合いしか持たず、目的は効用の実現である。またこの自在性は、個人の自由の容認という意味でのモダニティを理論に保証するためにも重要な因子である。

第二にこうした行為学的基本前提において効用の種類を時系列で区別する必要があるという点である。主流派効用理論では、効用はその実現前に思い描いた実現段階での効用として想定されている。ところが人は必要や欲求を感じてその充足のための手段を考え、獲得から使用までの計画の大要を定めてから交換を行うから、効用を想像するとき計画が存在しないのなら行為者は合理的でない。かつて拙論「一般効用理論から買物理論へ――ミクロ経済学の交換学的基礎づけに向けて」でこの点を指摘し、コンディヤックやワルラスの父オーギュストを参考に、効用を購入前の「期待効用」と消費後の「実現効用」に分けた（同上論文、一九以下）。ただ前者はモルゲンシュテルンのそれと意味が違うのに同じ語なので、本書では誤解を避けるために「展望効用 prospective utility」と改名する。

以上の二点に注意してワルラスらの交換－消費モデルを見直してみると、それらがこのような特徴をほとんど備えていないことに気づく。主流派経済学ではゴッセン以来飽和を受け入れて連続消費する際の最終単位に限界原理を適用してきた。だがこの一事をもってしても主観性の重要条件たる自在性が制限されている。そこでは購入を検討している段階での展望効用が購入直後に実現効用になるかに考えられていることになるが、実際にそうふるまうことは端的に不合理である。私たちはふだん明らかに展望効用で買物をして一部を徐々に実現効用に転換しながら暮らしている。それなのに理論はこの現実を描出できておらず、不合理な一括即時消費が「合理的」と思念されていることは実に不可解である（メンガーの場合、家畜が消費財ではないためにこの問題を免れている）。

効用に関するゴッセンの第一法則（欲望飽和則）がこの基本前提に基づくことは説明を要さない。主流派のミクロ理論は「最大化」（最小化の場合を含めて一般には「最適化」）にこだわるが、それはいま一括消費するときの効用の最大化にとどまる。不定量を連続消費すると想定して自分の所持財の限界効用が相手の所持財のそれと一致する点で交換するが、それらをいわば「一気に」連続消費すると断りなく想定されている。実際により大きくされるべきなのは、入手した財の関心機能が引き出せるタイミングにおける効用、またはそうできる期間全体にわたる効用であろう。こうした点への注目の欠如が主流派理論を即時性消耗財（とりわけ食品）のみに着目させ、備蓄性消耗財、サービス財、耐久財に無頓着にさせてきた。

しかし、では主流派経済学者はいったいなぜそういった形で推論を進めてきたかという疑問は残る。この問いに対する答えは意外なほど簡単なものになるだろう。それは、彼らが交換における効用の変化を二次以上の曲線で表すことで交換の三大因子を含めた関係式を組み上げ、最終的にはその方程式を解くことで価格や数量が決まると論じ、経済を機械じかけのように説明したいからである。このアプローチは、いわば経済学的な問題を、本来それが属する交換の場面で働く人理学的要請を括弧入れしてそこから引き抜き、数理的な理論空間に強引に移植するという手続をどうしても必要とする。こうした推論方式の特徴は理論空間における現実の置換（replacement）である。現実の経済活動は多様すぎて一括できないので、交換に働く諸条件を単純化することでその構造を見通しやすくしようと配慮して固有の理論空間を別置し、個々の交換ではなく交換のモデルをこの空間に移植するという手続自体には問題はない（「公理演繹主義」と呼べる）。だがそこには人間行為が従う規則、またはその要因となる人間の価値識別の一般法則を把握して叙述する人理学がそっくり抜け落ちている。むろんこちらは大きな問題を孕む。

ワルラスの場合

ワルラスの体系に即してこのことを説明しよう。彼は一八七〇年代初めごろ効用理論への微分法の応用を着想したが、ジェヴォンズなる人物に先を越されたことを知って落胆する。そしてその適用範囲をすべての財に拡大して独自性の確保を図る。このことは彼自身がジェヴォンズ宛て書簡で述べている（Walras 1993, 51 三五）。これが一般均衡論だが、その関数論的な部分の着想者がクールノーであることも認めている（*ibid.*, 50–1 三四-五）。ワルラスの純粋経済学体系はユニット交換を物々交換で組み上げ、次に財の種類を増やしてマクロ順進（macro progression）を図るというものである。この体系の最も基本的な構成要素はユニット交換であるから、その特質を跡づけよう。

彼は財賦存量が知られた閉鎖取引所で二人が二財を相対《あいたい》取引するとして議論を始める。経済を機械と想定するとき重要になるのはどの変数がどの変数を決めるかという規定‐被規定関係なので、それについての見解を軸に見ていく。

彼によると、まず財の各量に対して需要曲線が決まり、その結果価格が決まる（*ibid.*, 1.4）。次に各量に対して効用が決まり、それらから需要曲線が決まる（1.5）。最後に各量で効用が、効用で需要曲線が、需要曲線で価格が決まる（1.6）。以上を図式化する。

I.4　数量→需要曲線→価格　………α
I.5　数量→効用→需要曲線　………β
I.6　数量→効用→需要曲線→価格　………γ

やや不可解な論証だが当面はこれを受け入れ、彼の思想形成も参考にしてなぜこうなるか考えよう。ワルラス研究の第一人者ジャッフェによると、彼は一八七二年まで効用理論に限界原理を適用するという発想を持たず、限界原理なしに需要曲線論を展開したにとどまる。ここまで引用しているアカデミー論文「交換の数学的理論の原理」はのちに『社会的富の数学的理論』第一章となるが、当初は右のαにとどまっていた。そして一八七三年に効用理論に限界原理を導入し、その表現がβやγだと考えられる。つまりジャッフェの言うとおり、彼は考えた順に体系を構成したわけである（Jaffé 1983, 313–4）。

需要「関数」と言わず「曲線」と言うのは、数量と価格が同時に決まるからだろう。閉鎖取引所でS、T二人が二財を交換すると、第三者がいないから「Sの需要＝Tの供給」となる。彼はそれぞれを「有効需要」「有効供給」と呼ぶ。この状況では交換量が「価格」を与える（係数で除すから）。Sが四個のAをTの二個のBと交換すれば、交換方程式「4A＝2B, ∴A＝0.5B, B＝2A」が成り立つ。

係数の上限は初期賦存（持込み財）の総量だが、それ以下なら任意となる。しかし彼はこの交換を具体的な対人交渉を描き出さずに説明しようとする。初期賦数量が決まり何らかの形で均等性が成立して交換量が決まれば価格も決まるとしても、数量と効用を結びつけなければ交換者が欲求充足のために自在に主観的価値評定を行なって価格が決まるという価値論の革命にはならない。そこで効用が需要量を決めるという論理を外挿したと考えられる。図式を書きなおしてみよう。

α　数量↕需要曲線↕価格

β・γ　数量↕需要曲線↕価格
　　　↘効用↗

ワルラスはまずαを述べたあと効用を本源的な決定因子として導入する。こうして、財のある数量に対応して効用がある水準に定まり、それらが二財で均等になる水準で交換が行われ、このときの数量が価格を与えるから、「革命」の内実は保たれているように見えるが、難点も多い。それらをまとめてみよう。

第一に現代人は現実市場では価格交渉をほとんど行わないプライス・テイカーなのにワルラスはこの仮定を採らず、相対する二人の間だけで価格が決まると見ている。価格も知らずに交渉が始まり、交換の三大因子のうち最後に価格が決まると見るのは不自然である。物々交換でも価格が固定的なことが多いと考えられるが、相対取引を考えるなら別の力も働く。例えば、ある財の手持ち総量を過少申告すれば価格をつり上げられるので不正直な申告に誘因が働く。交渉とは往々にしてこういうもので、そうなると財の稀少度が変わるので交換の成立条件も変わるだろう。またこのとき引き上げた残量を貨幣が使われる市場で売ろうとするかもしれない。

第二に実益が不明である。これは等価交換論一般にあてはまるが、交換する際に交換価値ではなく使用価値（効用）が均等なら、交換に実益がないことになる。等価交換論に伴う前提系列のうち連続消費仮説が不合理なことは前に述べた。また効用が二次以上の曲線で表される数学的規則性を伴って逓減することもいきなり仮定されていて未証明である。ただ、最大の難点は実益がないのに交換するという基本仮定それ自体であろう。

限界革命の革命性は、価値論の主観化、数学の導入、均衡論の導入と拡大の三つにあると考えられる。そもそも同革命がスミスの「客観革命」を巻き戻す失地回復運動であるとすれば、これらのうち最も重要なのは主観化であるはずだが、それは自在性の確保と一体不可分で、他の二要素はこれに背馳する。不定量財の全量を順次消費すれば確かに最終単位の効用は逓減しよう。だがワルラスは連続消費を前提する（Walras 1993, 41 三）。限界効用の逓減率に数学的規則性を読み取るのは無限分割された限界最終単位での等価交換を描出したいからだろう。それはゴッセンの第二法則（限界効用均等則）の数学的再述にすぎないが、この数学導入が自在性を抑え込む。行為者は特定量では特定の大きさの効用を感じなければならない。これでは財が主人であって、人は曲線があらかじめ命ずる満足を受け止めるだけの奴隷である。かくて革命の第二、第三の要素が第一の要素を減殺して行為者は窮地に陥る。

　メンガーのモデルでは入手財が与える効用が譲渡財のそれを上回るとき交換が行われ、その差の分だけ交換者に利得が生じる。この実益が交換の動機である。これを相対取引とすると、Sが三〇の効用を認める相手の馬を一〇の効用しか認めない自分の牛と交換すると価格は「一馬＝一牛」となる。だがこれは効用の比率「一馬＝三牛」とは異なる。だから二つのモデルは同じように効用が価格を決める主観的価値論に基づくものの、効用と価格の関係は異なる。実際には効用比較は定性的に行われ、両者の間に数学的規則性はない。だから効用理論に数学を用いることは科学的ではないのである。またメンガーの場合はプライス・テイカー仮定をとっても、入手財（馬）一単位の譲渡財（牛）表示での所与の価格が同じ方式で示された効用値以下なら、交換は経済的で実益を生む。

　第三にアリストテレスの呪縛から脱せていない。ワルラスの効用理論は実はあらかじめ一般均衡を着地点として思い描いたうえでこのマクロからミクロに逆戻りするミクロ逆進（micro regression）であって、限界原理をミクロ理論から用いてマクロ方向へと順進したものではない。超過利益が生じると問題があるので交換の前に公正な財価格の一覧表が一定水準に収束して与えられねばならず、「以上の仕方においてのみ彼らは均等的で共同関係的」なのであった。ユニット交換モデルからの貨幣の排除、交換件数の多寡による価格変動の排除、社会主義的共同性の重視などの重要論点での共通性を見るにつけ、ワルラスはアリストテレスの呪縛にかなり根の深いところから捕われていると言わざるをえない。一般均衡論はそこから展開された「結論ありき」型の議論である。だからジェヴォンズに対する利点もミクロ逆進後のマクロ再帰のシーンだけで、英語圏の新古典派の方が現実市場に寄り添った議論を展開していると考えることもできる（部分均衡論の優位性）。これは一斉均衡だから優れているのではなく、一斉均衡を想定するからこそ、そのあとの崩壊と再均衡という時間的空白における市場の様子が不明になるという問題でもある（後述）。シュンペータはワルラスが限界効用から一般均衡を導いたことを賞賛したが、ジャッフェは逆に彼が一般均衡から限界効用に至ったことを明らかにした（Jaffé 1983, 312-3）。

第四にこの理論は財貨幣交換を扱わないので現実経済を説明できず、それを操作する政策策定には使えない。ここにもジェヴォンズ制約は働き、その厳しさは前にリンゴとバナナを例に述べた。だから貨幣が生まれ、いまもある。それなのにあえて物々交換を行う誘因などない。ワルラスの取引所で決まる価格よりも外部の貨幣で買うお店の方が安いと感じれば取引所の方が消滅する。[5] スミスは分業の発達を貨幣経済の浸透と結合したが（後述）、それは貨幣がジェヴォンズ制約を解消するからで、この前進を巻き戻せば古い問題が再発するだけである。

二〇世紀における一般均衡論の発展方向は主に一般均衡点の存在証明、長期動学化、静学的安定性であろう。ところが一九七〇年代に『要論』百周年を記念したシンポジウムでは均衡経済学陣営内部から不満の声が聞かれるし（Bridel ed. 2011）、制度学派陣営からは均衡点の存在が証明されてもそこへの到達可能性は未確立だと反論を浴びてもいる（Ackerman and Nadal 2004, chapter 1）。

限界革命の革命限界

これらは偶発的問題ではなく構造的問題なので今後も解決しないだろう。結局ワルラス的路線にはいくつかの限界があるが、本書の議論との関係で特に重要なのは現実経済の操作力の不供与である。私たちは数学を使えば科学的だと単純素朴に信じ込む傾向にあるが、よく考えてみるとなぜそうなのかはまだ論証されていない。科学は事象の説明力だけでなく操作力も持てばいっそう確実になるし、実際多くの分野でそうした応用力が科学性の最終的拠り所だという認識を科学者も世間も抱いている。それが無理な純理論的な領域もあるが、経済学の場合初めから経済の適正な管理を期待されており、そのための操作力がなければお払い箱だとする無言の圧力さえあるもとで研究活動を展開するのが本来であろう。経済の操作力を科学性の重要な目印とすれば、経済学は科学になれてはいない（補論2で再論）。

限界革命の歴史を振り返ったときに気づくのは、英米経済学に関する限りそのプロセスのどこにおいても十分な主観革命などなかったという点である。限界原理の導入はあった。だがそれは昔からあった。導入のねらいは価値論の主観化であった。だがそれは完成を見なかった。だとすれば限界革命について語ってみても「革命があった」という実感には行き着けないと言わざるをえない。

競争が進むにつれて利ざやが削られて価格がコストに近づいていくことは事実である。一九七〇年代ごろ「コスト・プッシュ・インフレ論」が台頭したことを見ても、コスト価値説がいまだに大人気なことは明らかであり、限界革命を経ても価値論は主観化されず、私たちの時代も「半主半客」の折衷的価値論の時代であるとしか思えない。こうして主観化に関して限界革命に限界があったということを本書では「限界革命の革命限界 revolutionary margin of Marginal Revolution」と呼ぶことにする。

近代的な経済学体系を構築するうえでプライス・テイカー仮定はかなり重要なものである。消費者は価格を見て買うか買わないかを決める。むろん背後には効用が、そのまた背後には欲求充足への彼の先読み的配慮がある。こうして主観的価値評定が価格と相談して行われ、買う人もいれば買わない人もいるという結果になる。そして買う人の数で売行きが決まり、最終的には店が価格をつける。直接値札を書き換えるのが店の仕事だからといって、コストが価格を決めると述べてみても始まらない。なぜならコストも価格が決めるからである（第8章3節参照）。行為学は欲求充足のために人間世界に成立している交換プロセス全体を、充足という目的に向けたカスケードのように捉える。それによって目的-手段の因果連関の中で、言い換えれば欲求充足というゴールを見据えたうえで、それに至るステップ全体を視野に収めるためである。これに対して行動学は単に観察される事実から一段階の推論を展開するものにすぎない[6]。メンガーがなぜ財を「資本財・消費財」ではなく「高次財・低次財」と区分したのかを考えるべきである。この区分法自体がすでに行為学的なのであって、「行為学」という名称を導入したのがミーゼスだとしても、オーストリア学派が初めから行為学的であったことは覆らない。

需要が増して価格が上がれば供給側は高いコストでも売れると踏み、逆に価格が下がればコストを削らなければ利益が出ないし、そもそもあまり売れなくなる。問題の核には購入行為の意思決定を下すのが消費者側であって企業側ではないという事実がある。そして企業側もそれは熟知している。マーシャルは「鋏の両刃」の喩えで価格決定には需給両側が絡むと説いたが、貢献度が大きいのはあくまで需要側である。企業は売れるようにつくり、店は売れそうな財を仕入れる。そうしなければ業績が伸びず、最悪の場合倒産するからである。倒産しても経済学者が救済《ベイルアウト》してくれるわけではない。もとより経済活動は学問ではない。

3　均衡した循環、ERE（均等循環経済）

英米経済学の単期合理性と静態効率

近代的な経済学はまず日常的な財の交換を集中的に考察するミクロな議論から始め、次に説明範囲を拡大して最終的には国民経済などの大がかりな経済現象を説明しようとしてきた。本書ではこうした理論化の試みを「マクロ順進」と呼んでいる。ただ他方ではいきなりマクロな対象を数値的に把握しようとする動きもあった。早期の例はベーコンに始まりペティに受け継がれる政治算術である。扱う対象の大きさから経済学をミクロ理論とマクロ理論に分けると、古典派がマクロ理論に軸足を置いていたのは明白だが、人口論を除くと数値的アプローチは特に重視されてはこなかった。

ただ数値的表現を用いずともミクロとマクロをともに視野に収める試みも昔からあった。例えば『国富論』冒頭部でスミスは肉屋や酒屋は金儲けのために商売をしているだけなのに、この利己性が客への奉仕を求めるのでそのまま利他的効果も持つと指摘し（Smith 1976, I.ii.2 I二六）、その後同様の論理を第四編の国際貿易論でも展開している。つまりミクロな行為主体の商業活動を国家間の取引にも適用していることになる。基底には一作業所内から国家間までの各レベルでの分業に対する注目がある。

グラスゴウ大学のクリストファ・ベリーが述べるとおり、スミスらは自分たちの社会が狩猟・牧畜・農耕・商業からなる「四段階」のゴールに到達していると見ており、凡人を含む誰もが意図せずとも他人の厚生（物的充足）に寄与し合うという事実を「粗末な毛織の上衣」というフレーズで表現した（I.i.11 I二二；Berry 2013, 77）。これは、ありふれてはいるが高い技術水準の財を日用品として利用できる社会のシンボルである。中公文庫版の訳注が指摘するとおり、法学講義のころに「市民社会」の語で捉えられていたものが『国富論』では「文明社会」になり、ときに「商業社会」という表現が用いられている（I三九、四二）。またこれが貨幣起源を扱った章で物々交換と対比して、ある程度まで「誰もが商人である」ような社会として言及されていることも重要である。つまり分業論は貨幣経済の発達を肯定する視点と一体になっているのである（I.iv.1 I三九）。

もっともスミスはミクロな場面での各人の利己的行為を効用に即して一国経済にまで緻密にマクロ順進する分析を提出したわけではない。それどころか彼の所説にはそうすることへの戸惑いすら見られる。例えば有名な「見えざる手」は、個人が貨幣を富と見るのは一般的だが一国レベルでは財の蓄積が大切だとして重商主義を批判する論脈（IV.i.1ff. II九六以下）で語られているが（IV.ii.9 II一二〇）、各個人が貨幣を貯め込めば一国経済全体でも貨幣が増えるし、一国レベルで財の蓄積が重要なら個人でもそうであろうから、彼は財と貨幣、ミクロとマクロに別の論理を適用するダブルスタンダードに陥っている。こうした分裂はその後の経済学の褒められない伝統になってゆくのである。

今日では個人レベルでの効用の増大が社会レベルでの厚生の増大にどうつながるかという問題は、経済理論の観点からは厚生経済学によって、また社会思想の観点からは効用（utility）追求が社会全体の指針となることが好ましいという意味で功利主義（utilitarianism）によって扱われる。その発端となったのはベンサムの快楽計算という発想で、この快の定量化や集計が限界革命以降の経済学におけるマクロ順進が依拠する基本的手法となった。

この課題に最も組織的に答えようとしたのがワルラスであろう。二〇世紀にローザンヌ経済学が英米の新古典派と融合していったことも、両者がパラダイムを共有するからこそ起こりえた出来事である。ワルラスの革新性はスミスが一部の財市場についてのみ想定した「自然価格」への収束、今日の言葉で言えば部分均衡の描写を、すべての財市場に拡大した一般均衡にまで高めたことにある。この外延拡大は限界革命と同時に始まっているが、実はそれとは区別すべきであり、かつ経済学史全体を視野に入れたときにそれと同じくらい重要である。言い換えれば、ワルラスのみが価値論の主観化、数学導入、マクロ順進による全体化を三位一体で進めた。だが今日の学史叙述はマクロ順進と数学導入を一体不可分の進展として描き出す傾向にある。しかし彼のオリジナリティはどちらかというとマクロ順進の方にあって数学導入の方にはない。効用理論への数学導入はスミス以前にベルヌーイによって、その後もクールノーによって行われている。

ワルラスの父オーギュストは個々人がめいめいに欲望の実現のために活動している国全体の富を「社会的富」という語で捉えた（A. Walras 1849）。子レオンが同じ関心を受け継いだことは、主著『純粋経済学要論――社会的富の理論』（Walras 1988）の副題が示唆するだけでなく、同書刊行の前年のアカデミー発表をもとに二回公刊された『社会的富の数学的理論』の書名が明示する（Walras 1993）。「社会的」という語はいまでは「市場を規制する」とか「労使協調の」という含みを持つが、ここでは「マクロ経済の」という意味の方が強いと考えられる。ただ父と子の経済学はかなり異なる。オーギュストは上述のとおり効用を時系列で分けようとして行為学的な視点を打ち出しており、むしろ大陸経済学を展開している。レオンは父から土地国有化という単位観念は受け継いだものの、マクロを視野に入れた理論の外延拡大においては均衡理論を志向した。これが理論の全体化へ向けた有力な指針であることは事実だとしても、その後の学史の展開も踏まえると、彼の体系に不足していると考えられてきた点が三つほどあると言えるだろう。

第一に交換の場が架空の取引所であって現実の市場ではないという点である。これはある意味で彼のタイプの全体化と一体不可分な特徴だが、いずれにせよかなり大きな未達問題であることも否めないだろう。第二にユニット交換の基本モデルが物々交換であって財貨幣交換ではないことである。これもまた彼なりの全体化の指針の特徴と密接に関わるので簡単に克服できない問題であろう。第三に相互依存的因子の同時決定論であって時間因子が捨象されているという点である。これもまた一般均衡論の論理構成の本質が求める特徴なので改訂は困難であろう。

前節で一般均衡論の現代的課題を三つ挙げたが、うち長期動学化、静学的安定性の問題はこれらに関わっている。ただ本節の課題はワルラス批判ではない。必要なのは、限界革命以降の経済学の近代化の動きの中で出てきたマクロ順進のあり方を、より一般的な前提系列から取り扱うための枠組を構築することである。本補論冒頭で「英米経済学」「大陸経済学」という語を導入し、それぞれが「均衡経済学」「循環経済学」とも呼べると述べたが、その理由を説明していなかった。しかしこの問題がここで述べている一般的な枠組と関係している。

均衡経済学は『倫理学』のアリストテレスが展開した単位観念の延長上に築かれた諸観念の体系であり、公正という倫理的理想の条件を価格の安定と、同じことだが貨幣の価値尺度性の保持とに求めてきた。そこでは実は均衡状態をあらかじめ胸中にゴールとして抱き、それを達成するために必要な役割を各因子というキャストに割り振っていた。この点は均衡経済学が近代に入って数学的表現手段と結合したにもかかわらず「完全」という（褒められない意味で）形而上学的な観念をいまなお引きずっている理由と思われる（第9章1節参照）。財市場での均衡の成立という観念を展開したとき経済主体が演じるように命じられたのは（この観念が公正な均衡価格への強制的収束という派生観念を伴っていただけに）、供給側についてはコストと価格の一致、言い換えれば利益ゼロでの商品の販売という役割であった。言うまでもないが、これはかなり過酷な役割であって、現実市場で達成される見込みがほぼないものである。しかしすべての財市場での同時均衡という観念をワルラスが前面に打ち出したとき[7]、この役割は財市場ですべての財が取引前に最適化手続をとおして定められた価格と数量を遵守してたった一度で残らず交換されるというヴィジョンとなった。これは通常「市場一掃 market clearing」と呼ばれる。

それはまた、既存資源の最適な配分が可能となるような厳密な「点」が存在するという単位観念も生み出した。これは市場の効率性とか、さらには合理性という観念とも結合し、それら諸観念は経済学の表看板となった。だがここで配分される財の来歴は実はほとんど問われていない。なぜなら英米経済学のパラダイムは不確定性のもとでの利益の継続的計上という経営の原則的条件を満たす企業家による生産プロセスの分析を行なったうえで、それを交換学と統合するという課題にほとんど取り組まず、しばしば半製品や、場合によっては製品すらも「資源」とみなす伝統を持つからである（ランドが噛みつくのはまさしくこの視点が持つ倫理的傲岸である）。このようなパラダイムの中で論定された効率とは生産の継続ではなく停止を招く効率であり、その中での合理性とは思考を今期で完結させた合理性である。結局、不定量財の最終単位の限界概念を奉じた学統は「単期合理性 single-term rationality」と「静態効率 static efficiency」を彫琢してきたと言える。

これに対して大陸経済学ではまったく別の諸観念を発達させてきた。まず利益ゼロの市場一掃は企業家が居眠りしていない以上決して現実には生じない。均衡という平衡状態に引きつける諸力はつねに抵抗に出会うのである。ではマクロ単位での需給邂逅はどういう状態として描き出せるか。市場一掃を想定する均衡理論はそれをもって資源の効率的配分が達成されたと信じるかもしれないが、経済活動はその期で地上から消滅するわけではない。ということは、今期の需要によって迎えられることのない残余がどこかにあって、不可視のまま来期の下準備が着々と進められていなければならない。農業の再生産プロセスに引き寄せて考えれば、いわば「種籾《もみ》」にあたる来期引継ぎ財を毎期一定量残しながらでなければ経済の継続的な再生産は不可能になる。このような「種籾モデル」が「循環経済学」である。だがそこでは市場一掃がないとなれば、セー法則が不成立に終わって経済は不均衡をかこちながら千鳥足で来期へと受け継がれるだけなのか。そうではない。むしろ循環経済では企業家の貪欲な利益追求活動によって毎期正の利益が計上されるから、利益をすっかり削られて種籾を残せない市場一掃モデルよりも経済は活発に動いている。セー法則は正の利益を出したうえで毎期成立しているのである。

ここまで描出してきた二つの経済には何も共通点はないのだろうか。筆者はそう考えない。むしろ限界革命後の学的営為は三大家の相違がその後継者たちによってお互いに意識されたうえで、それぞれの土壌で全体化の努力を進めてきたから、分析者がそれらを関連づける共通のプラットフォームさえ用意できれば、包括的なヴィジョンのもとに共通点も相違点も明らかにしながら概観できると考える。

その鍵を握る概念として本書では「同調 coordination」という語を用いる。これはマクロ経済において総需要と総供給がつり合うことだが、ミクロ的には需給が出会うこと、または交換が成立することとする。同調の類型学をとおして需給邂逅のあり方がわかり、それによって経済学の体系の特徴も理解できる。英米型の同調は上の特徴から「ゼロ同調 zero coordination」、これに対して大陸型のそれは「正値同調 positive coordination」と呼べる。均衡経済学の鍵概念である「均衡」は正値同調も意味する場合があるが、ここでは「ゼロ同調」のみを指すと定義する。これに対して循環経済が毎期種籾を残して期をまたぐのが「正値同調」である。いずれにおいても総需要と総供給はつり合いを保っている。種籾はゼロ同調が成立しないことによって、そしてそれによってのみ確保できる。

ワルラスはいわばゼロ同調の全体経済学（total economics）を構築しようとしたのである。三大家のうちジェヴォンズやメンガーは全体経済学の構築に躊躇《ちゅうちょ》したが、メンガーの後継者であるミーゼスは、実は正値同調の循環理論の形で全体経済学を構築することに成功した。この理論こそ本書でも最も重要な伏線となるオーストリア学派景気循環論（ＡＢＣＴ）である。しかし実を言うとオーストリア学派の大半は何らかの形でワルラスの影響を受けており、ウィーンはある程度までローザンヌであった。実際ヴィーザーやシュンペータは典型的なワルラス派である。ミーゼスはこうした事実を熟知しており、ＡＢＣＴを提出するにとどまらず、実は均衡理論と循環理論を結合した別の全体経済学を用意した。それが「均等循環経済 Evenly Rotating Economy」である。本節ではこうした観点からＥＲＥを概観し、次節ではＡＢＣＴをその限界を超える体系として把握する。

一般一時均衡を超えて一般恒久均衡を確立したＥＲＥ

メンガーはワルラスとの往復書簡で互いの方法論の基本的な相違を確認し、ワルラスのような大がかりな全体理論の構築には手をつけなかった。ミーゼスはこの欠落を補おうとする中で貨幣価値の理論からＡＢＣＴを完成するが（次節）、一九四九年の『ヒューマン・アクション』では別の全体体系をあえて構築してみせた。その戦術は均衡経済学を内側から食い破るという意図を秘めていると考えられ、あらためて熟考するに値するほど練られたものであった（Mises 1998, 245–8［三〇一–四］）。

彼はまずある財市場でしばらく価格変動がない状態を「単純静止状態 Plain State of Rest」と規定する。次に価格変動因がすべて出つくして価格が安定した状態を「最終静止状態 Final State of Rest」と呼ぶ。最後に最終静止状態がすべての財市場で成り立った状態がＥＲＥである。ＥＲＥが成立しているもとでは毎期同じ財が同じ価格で同じ量取引されるので、実は貨幣が存在しない。というより必要なくなる。ジェヴォンズ条件（欲求の二重一致）がつねに成立すると仮定されているからである。そうするとワルラスの架空市場と同じようなものだと思えるかもしれないが、ある一点で異なる。一斉取引の仮構なしに散発的取引が常時同じ条件で行われ経済全体としては循環している点である。取引所なしに現実市場で均衡も循環も同時並行で実現しているので、ある意味でＥＲＥは二つの経済学の統合モデル、いわば「均衡した循環」のモデルとなっている。

その統合法にはきわめて重要な特徴がある。それは要するにワルラス型の架空市場モデルから始めるのをやめて、スミス型の現実市場モデルから一般均衡を想定した点である。ワルラス型がマクロ順進によって真の全体理論

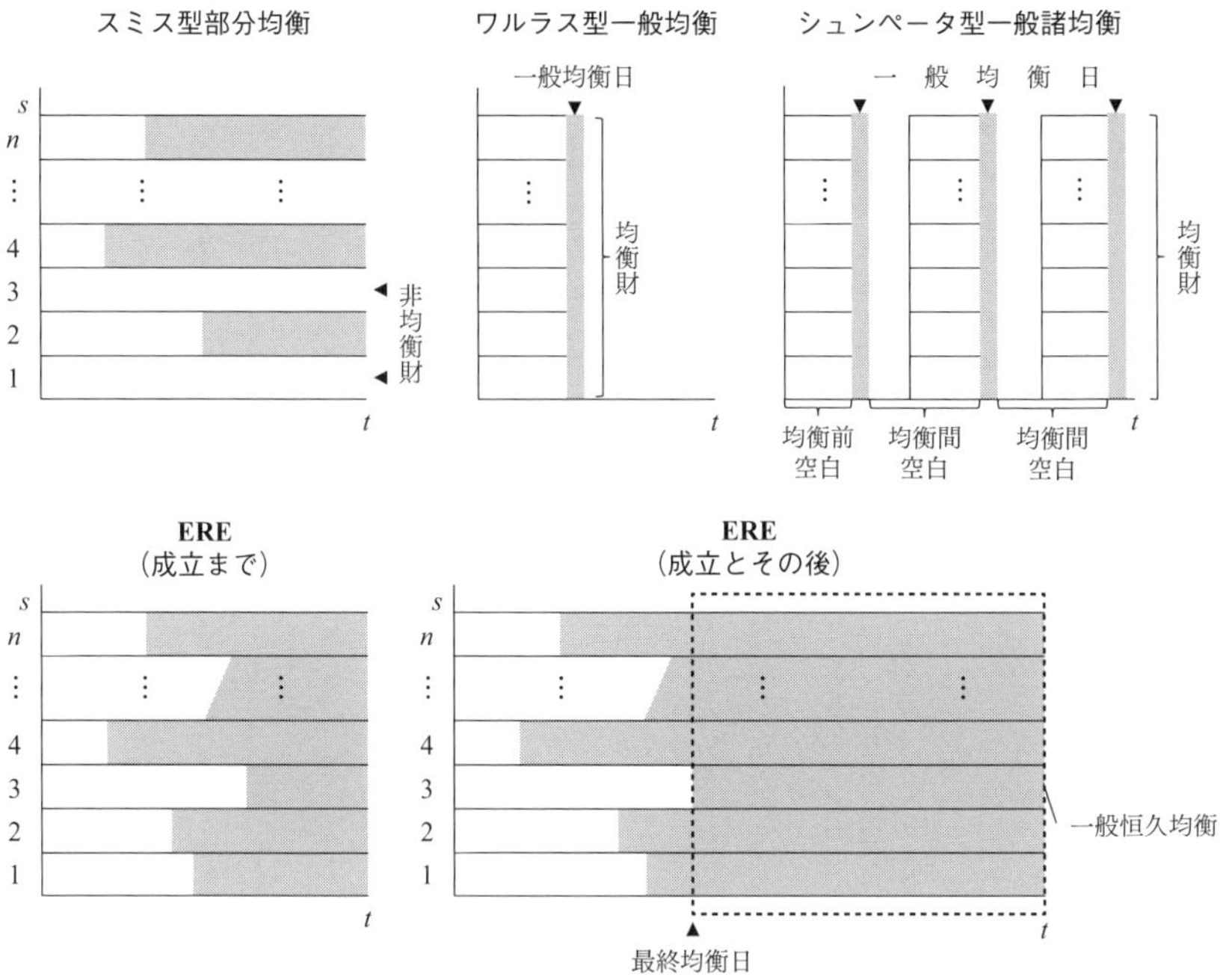

図補1・1　均衡経済学体系の時空マトリクス

注）第5財から第n-1財までは最終静止状態の成立時期が不ぞろいなので斜線で一括した。

になれない理由は一斉取引にある。しかしそれは均衡が成立する財市場を一部にとどめず全面化する営為それ自体が求めるものだから、それを捨てれば部分均衡論に終わり全体理論は構築できないことになる。しかしよく考えれば抜け道があることに気づく。それは単純静止状態と見えたものが最終静止状態になり、どの財市場でもこのプロセスが観察されるという道筋である。ミーゼスの着眼点はここにある。架空市場での一斉取引という実際にはありえない強い仮構を求めなくてすむので、いまやモデルは一歩現実に近づく。これを図示して説明する（図補1・1）。

まず均衡経済学の枠組において、縦軸を異なる財市場、横軸を時間とするグラフを「均衡経済学体系の時空マトリクス」と呼ぶ。財市場で均衡が成立すれば影をつけ、影のある間は均衡状態にあるとする。最初のパネルはスミスからマーシャルに受け継がれ、均衡は特定財の市場以外では成立していない。次のパネルはワルラスから新生古典派に及び、すべての財市場で同時均衡が成立しているので影の部分はパネルを縦貫するが、成立の前後は取引がないので空白になり影の部分の面積は小さくなる。シュンペータは一般均衡論と景気循環論の接合を模索する中で二回目、三回目の均衡を構想した（Schumpeter 1912）。これは重要な前進であった。彼のパネルではいまや一般均衡が数度起こり、ワルラスよりも均衡持続の総期間が長くなった。だがこの前進はあることを示唆する。それは一般均衡論は確かに均衡成立の空間的範囲をすべての財市場にまで拡大したが、それを一斉均衡という形で模索したために、何回一般均衡が成立しても空白の部分がどうしても残るということである。つまりワルラス・インで均衡の持続を時間軸方向に拡大しても、このままでは空白が除去できず、かつそれは構造的なものなのでどう解決しようもないのである。

ＥＲＥとはこの構造的限界を打破する試みである。それはいわばスミスのモデルの後日譚である。現実市場では単純静止状態はごく当たり前に見られる。これは「部分一時均衡 Partial Temporary Equilibrium」と呼べる。ただ理論としての均衡論は何らかの形で非現実界に踏み入ってきた。古典派系の均衡は最終静止状態に近く、特定財の「部分恒久均衡 Partial Perpetual Equilibrium」にあたる。彼のパネルで均衡に至らなかった財の市場が順次均衡に「上がり」になるので、最後の財の市場が均衡すれば（その日を「最終均衡日」と呼ぼう）、その後は全市場で、かつ永遠に均衡が持続する。この状態を「一般恒久均衡 General Perpetual Equilibrium」と呼ぼう。均衡状態のカバー領域はワルラス型一般均衡の繰返しにより均衡の範囲を時間軸方面に拡大しようとしたシュンペータ理論よりも広い。もはや「空白」がないからである。それはいわば一斉均衡なき一般均衡であり、これとの対比ではワルラス－シュンペータ型のモデルは「一般一時均衡 General Temporary Equilibrium」である。一般均衡論は理論を空間的に全体化した。だがその手法そのものによって永遠に時間的部分均衡論にとどまるのである。かくてワルラスがスミスにつけ加えた全体性を、ミーゼスはワルラスにつけ加えた。そして、逆説的なことにこれはスミス・インだからこそ可能になったものである。ミーゼスがＥＲＥによって時間の中で展開し参照条件が移ろう現実世界に一般恒久

表補1・2　均衡経済学の諸体系

空間＼時間	部　分	全　体
部　分	部分一時均衡 (PSR)	一般一時均衡 ワルラス
全　体	部分恒久均衡 (FSR) スミス	一般恒久均衡 (ERE) ミーゼス

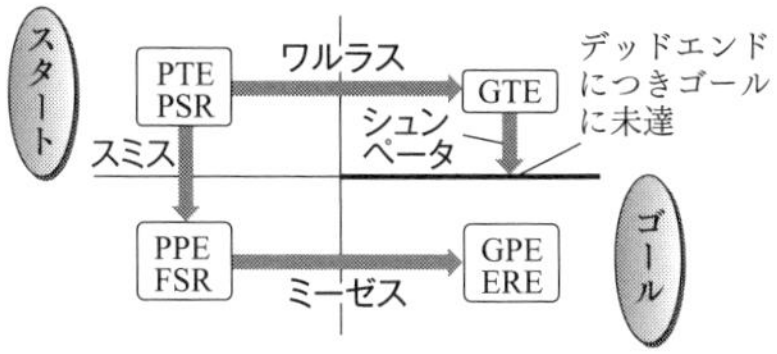

均衡を構築してみせたことは画期的な前進である（表補1・1）。

ところが問題はこれで終わるのではなく、むしろここから始まる。EREは現実市場モデルと想定されているが、その様子を日常語で表現すると矛盾が明らかになる。まずそこでは毎期同じ財が取引され、製品の製造中止も新発売もない。つまり技術革新がない。減耗はあっても正確に補塡される。また一般恒久均衡であるEREでは毎期同じ価格と数量で交換が行われるので嗜好変化はなく、気候変動すら価格に影響しない。同じ人が毎期同じところに同じものを同じ価格で同じ量だけ買い、同じ満足を感じる。そして上記のとおり貨幣はない。不確定性なき世界では不要だからである。しかしこれでは一種のディストピア、均衡水準での物々交換に従う機械人間がつくる天国の顔をした地獄になってしまう。

重要なのはワルラス型の一般均衡に必ず伴う均衡状態の空白を完全に埋めたモデルをつくったのに、いや、つくったからこそこういう結論になるという点である。その示唆は、均衡状態は経済にとって何ら望ましくないということとなろう。スミスは銀価格の浮動性を見て労働に価値の尺度を求めた。『法学講義』では「自然価格」という概念が登場するが、これは最終静止状態における財価格である。そしておそらくのちにそれと辻褄が合うように労働価値説を組み立てたと考えられる。ワルラスは国民を富ませて為政者に十分な収入を与える学というスミスの経済学定義を、学問をその応用によって定義するものとして批判している（Walras 1988, 27–8 五–六）。そして学問の核には特定の目的を超える客観妥当性がなければならないと考えて「純粋経済学」は自然科学だと述べた（*ibid.*, 52 二九；Walras 1993, 29 七–八）。だがこれはただの根拠なき断言である。純粋理論が応用と無関係に成立すべきだという発想は正しいであろうが、なぜ人間が対象となる学問が自然科学であるべきな

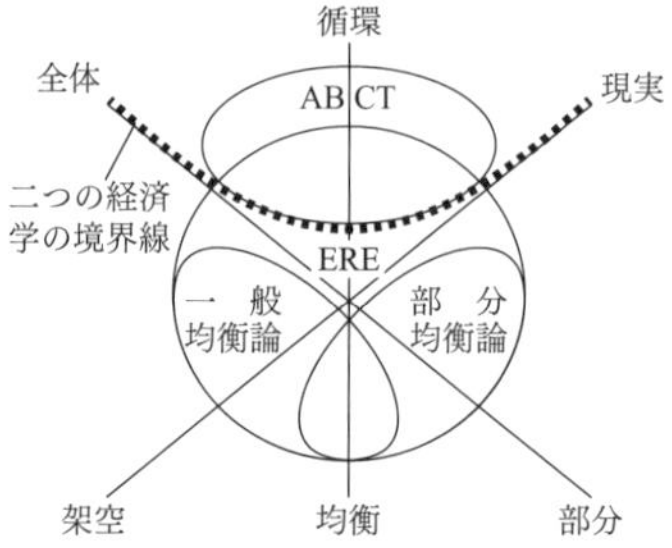

図補1・2　経済学体系の関係

のかいかなる説明も見られない。ロケットの軌道を正確に計算して発射してみるとほぼそのとおりに進んで目的地に着いたとしても、ジョギングする人の軌道を計算（?）して行く先を言い当てることはできまい。人間のことは人間が知っている。直接質問した方が話は速くかつ正確であろう。

ＥＲＥはあえて古典派系均衡経済学の土俵で同派より同派らしい議論を展開することにより、くすぶっているこの立場のポテンシャルを完全燃焼させ、もって均衡経済学が現実態においても限界を持つことを明るみに出したモデルである。本節の最後に以上の議論を視覚化しておこう（図補1・2）。

4　ＡＢＣＴ（オーストリア学派景気循環論）

貨幣に限界原理を適用するという問題

メンガーは全体理論を構築しなかったが、ミーゼスは彼の貨幣論をもとに構築した。第3章で見た景気循環論である。そこで、まずメンガー貨幣論の解明を整理し、ミーゼスの景気循環論の意味をここまで述べてきた均衡諸理論やＥＲＥと対比して理解していこう。

メンガーの貨幣起源論は有名だが、その卓越性はほとんど理解されていない。それは、主流派が貨幣起源論を貨幣機能論と関連づけたにとどまるのに対して、彼は価値論とも関連づけた点である。

メンガーは一八九二年以降『国家学辞典』の「貨幣」の項を担当したが、その第三版では「貨幣需要」という節を設け、貨幣は危険に備えて所持されるがその危険はふつう到来しないため、貨幣の中でコインがごく一部であるのと同じく貨幣のうち使われるのはごく一部だと述べた（Menger 2002, 85）。実に当たり前のことだが、歴史的重要性を持つ論定である。貨幣の大半は使わないためにあるのである。ところがこれは貨幣機能論と密接に関連している。通説は貨幣に三大機能を認めるが、その相互関係については議論が手薄である。だがメンガーは各機能を見直して交換手段機能以外を削ぎ落とした。これはきわめて重要な結論なのだが、残念ながらほとんど理解されていない。

まず通常最も重視される価値尺度機能を見よう。メンガーは尺度性を否定して「価値標準」と呼んでいるが、これはどの財の価格も貨幣建てで表示されるという意味だからジェヴォンズの用語「建値手段 denominator」の方がわかりやすい(8)。一般に財の価格は交換実績のある相手財で表示される傾向にある。これを「価格表示の交換実績依存性」と呼ぼう。ところが貨幣はどの財とも交換されるから、交換実績依存性によってどの財の価格も表示する建値手段となる。つまり建値手段機能は交換手段機能から派生しているのである。次に価値貯蔵機能である。交換手段とは、貨幣保有者がすぐには使用価値を実現する意図のない高市場性財を一時的に備蓄したものだから、それを使用したとき貨幣入手から一定の時間を要している。つまり交換手段機能の中には時間因子が内包されている。他方で価値貯蔵機能は比較的遠い将来に貨幣を使う意図で現在は貯金しておく場合にそれが果たす機能である。だから両者の違いは使用までの期間の長さのみとなるが、どの程度の期間で線を引くかの基準はない。かくて価値貯蔵機能も交換手段機能の派生物と言える。歴史的には機能を増やせば解明が進むと考えた理論家も多いが、メンガーは逆にオッカムの刃を適用したことになる。

交換手段だから使われない貨幣の大半は、近代社会では金融機関にあり、金融仲介または社会循環の途上にある。ところが人々はいつも一定率または一定額を残そうとするわけではないから、どういう状況ではどのくらいの貨幣が未使用になるかが問題になる。これは時間選好の問題でもある。では時間選好はどうやって決まるのか。この問いに対する答えは利子率決定論と絡めて第3章で述べたが、その前段階として財貨幣交換のしくみを考察しておきたい。

私たちはふだん実在する商店等の「市場《いちば》 market place」で商品を買う。経済学ではこの事実を抽象化して「市場《しじょう》 market」で取引すると捉える。ところがほとんどの経済学のユニット交換は物々交換であって、現実経済の全体経済学へとマクロ順進できる橋頭堡がないのが現状であろう。これはそれだけ問題が難しいからだが、この論点が経済学の最大の空白部分ではないかと思われるので、多少ともそれを埋める試みをしてみようと思う[9]。

基本的な問題は、貨幣に限界原理を適用するとはどういうことかである。ここで貨幣の限界効用を論じることも可能で、ベルヌーイは実際そうしたが（Bernoulli 1954）、この試みには難点がある。商品貨幣の場合は貨幣財（素材となる金銀など）に効用があるが、それらが貨幣に選ばれている社会では貨幣財を貴金属として使う気がない人が大半だからである。本書では効用と使用価値を互換的に用いているが、貨幣は使用価値よりは交換価値ゆえに保有されている。法令貨幣の場合はもっと明白で、紙幣には素材としての効用がなく（紙として使う人はいない）、預金貨幣の場合は素材自体が存在しないから、保有目的として使用価値は問題にならない。

貨幣の使用価値が評定対象にならず交換価値が評定されるとして、そこにはどういう特徴が働くだろうか。貨幣は本質的に定量的で加減算が自在である。そしてプライス・テイカーである消費者は、同じ額の貨幣でどんな諸財を買うかを検討する。これは時間経過中に随時散発的に行われ、一斉取引に向けて行われるのではない。人は自分の欠乏の克服または愉悦の享受という欲求充足のために買物をするが、現実の時間の中ではいつどのような財を買うかはあらかじめわからない。他方、財効用は加算できないがその価格は加算できるので、一定期間に所持金の一部を用いてなるだけ多くの欲求を満たすことに注意が向かう。そうすると貨幣にどの程度の購買力があるかが所持金使用率の決め手の一つになる。

ではそれはどうすれば知れるであろうか。どの財の価格も、交換が行われたときにその財の数量で割れば相手財表示で求められる。だが貨幣は汎購買力を持つから、特定財表示で示すのは価格表示の交換実績依存性からもあまり意味がない。そうするとサンプル財でつくる財バスケットの時系列比較による物価指数のようなものがむしろ有意義となる。つまり貨幣購買力は物価指数の逆数（1／P）として示すのが自然である。むろん一般消費者がつねに物価指数を気にして買物していると主張するのは不自然だが、統計当局が発表した指数と関係なく、売場でいくつかの値札を見て「高い」とか「安い」と判断するとき、結局は略式の物価指数を判断基準に貨幣価値を評定しているとみなせる。

こうした価値評定のあり方は、限界原理とはどう関係するのだろうか。まず貨幣に最終単位の限界原理を適用するのは不可能である。評定対象が使用価値ではなく交換価値なのだから、二枚目の一万円の交換価値が九八〇〇円だとか百枚目は五〇〇〇円だという話になるからである。実際には関心単位の限界原理が適用されていると考えられる。ここでは貨幣はどんな額でも一単位である。一〇〇円の財を買おうとするときも、一〇〇万円の財を買おうとするときも、貯金額全体も、同様の価値評定のしくみに従う。そしてメンガーの言うとおり、つねに所持金の少なからぬ部分を使わない。今後どんな欲求が生じるかわからないもとではそれが合理的な態度となる。この価値評定が物々交換のときより難しいのは事実だが、後者はジェヴォンズ制約から成立しにくいのだから、価値評定の非一義性だけに注目して財貨幣交換を曖昧だと非難しても無益である。

こうして各人が自分の現金残高の購買力を気にして暮らすとしても、そこには欲求の予測不能性とは別の不確定因子も作用する。現金残高自体の変動の問題である。

第一に、個人の現金残高は随時変動する。その様子は次の式で概要がわかる。だが(コ)式のうち確定的なのはPBだけで、固定収入生活者を想定してもOFは不確定なので左辺FBも不確定になる。この式が示すような茫洋《ぼうよう》たる不確定状態が私たちの日常である。

$$FB = PB + IF - OF \quad \cdots\cdots\cdots \text{(コ)}$$

（ただし、FB：Future (Cash) Balance 将来現金残高、PB：Present (Cash) Balance 現在現金残高、IF：Inflow 期間収入、OF：Outflow 期間支出）

第二に、ある固定額の現金の価値（購買力）を異なる時期間で比較するとき、将来の特定財の価格も物価水準も知りえない。むろんインフレ続きの局面では購買力は漸減し、逆なら逆であろうが、いつトレンドが変わるか等を確実に知りうる者はいない。

これらに将来欲求の不測性が加わる。こうして貨幣価値の評定では交換の三大因子すべてが決められない。人はまるで数メートル前しか見通せないカーブをつねに先に進み続ける時の旅人である。では行為者は不合理なのか。否、むしろ合理的である。英米経済学はこうした時間因子を無視するか、視野に入れるときも現在に還元して扱ってきた。それは静態効率と単期合理性のパラダイムをとるからである。しかしこれは合理性概念の濫用であろう。より現実的に言えば、合理性はむしろ不確定性のもとでのみ問題になる。確定界では不安の除去から高度な欲求の充足までが定まった仕方で達成されるので将来が確定しており、不合理に陥る心配がないから特定の状況で合理性を探る意味もなくなる。単期合理性は人間の能力の範囲を超えた概念である。結局のところ合理性や効率も二種類に区別すべきであり、先述した英米系との対比において、大陸系のそれらは「複期合理性 dual-term rationality」や「動態効率 dynamic efficiency」と呼べる。(10) 不確定界の合理性はこの形をとる。時間が経過する現実世界に生きる行為者は不確定性を所与としてこれに対処しようとする。その際の格好のツールが貨幣である。だからその大半が使われないのである。これは完全に正常な事態であって、逆の事態が生じた場合にこそ驚かなければなるまい。家と靴を「均等化」するがピュシスの所産ではないので操作しても構わないとアリストテレスに論定されたとき、貨幣はユニット交換から排斥され、まるでそれ自体は価値のないトークンのように扱われた。しかしそれはつねに社会循環の途上にあって購買力を変動させている。だから利己的主体を主人公にした近代的な経済学体系には貨幣の主観的価値評定の理論が不可欠なのである。

消費生活にも不確定性の影響はあるが、貨幣の交換価値に対する評定の仕方は比較的簡単である。一定期間の連続的増収の実績があると(コ)式で将来のＩＦが増える期待も高まるので、物価上昇率とそれを秤にかけて消費は増える傾向にあるだろう。不確定性が弱まった状態と言い換えてもよい。むろん逆の事例では消費は減るだろう。要するに、将来に安心感があると消費は伸び、不安感があると落ち込む。こうして貨幣の交換価値の評定は比較的誰でも行えることがわかる。だから景気や世相といった定性的語彙でこのことを言い表そうとする試みは曖昧なわけではない。難解に流れずに凡人の精神作用を説明できることは、世の中の大半の人たちが凡人で、彼らがマクロ経済の趨勢を決める主人公である以上、理論にとって強みとなる。時間選好が消費を決めるとはこのような事情からである。そして貯蓄は所持金から消費を差し引いた残余項であり、貸付市場の原資となる基金は預金だから、時間選好が利子率を決めるという第3章の結論が導かれるのである。(11)

不況期の無妨害市場と妨害市場

こうしてメンガー貨幣論を起点にして利子率決定論が展開され、これを資本理論と統合することで景気循環論が形成されるが、第3章でその概要を見たので、ここではその続きとして不況突入後の段階から話を始める。妨害市場と無妨害市場はやはり分けて考える必要がある。時間選好は恐慌直後にはまだ高いままである。消費者は資産市場の混乱を見ているが、それはただちに財市場に及ぶわけではなく、これまでの生活を急に改めようとはしない。しかし資産価格の崩落は一部の企業を打ちのめして倒産や買収が相次ぐ。この状態を放置すれば資本整理が進み、資本が収益性のない分野からある分野に配分されなおす。新規投資された過剰な高次財が需要に出会えないことは明らかで、その価格も日々下がっていくから、企業が原価割れしてまで売り飛ばしても合理的である。

この調整は市場原理が作用して生じているのでやがては歯止めがかかる。供給側から見ると、以前は高価だった設備を安く取得できた企業は低負担で事業サイクルを始められるから、景気は回復しやすくなっている。需要側に目を転じると、倒産が相次ぐ中で給料が下がるので(コ)式の将来残高を下方修正した消費者は時間選好を引き下げ、十分下がったらまた消費し始める。つまり妨害で不況を招いても市場原理が作用するままにすれば長期不況が生じる恐れは原理的に存在しない。しかしここで再妨害すると事態は明らかに暗転し始める。恐慌後に政府がやることは物価や賃金の引下げ規制、再利下げなどの措置である。しかしこの局面で最もやってはいけないことを挙げろと言われたらこれら三つとなる。というのは、それらは市場の自己調整力を面と向かって圧殺してしまうからである。市場では単純静止状態はあっても最終静止状態はなく、それはつねに循環している。何かが上がればやがて下がり、下がれば上がる。それが市場である。下がり始めたら下げておけばよい。下がること自体にやがて上げる力が内包されている。ところが政府は市場のこの力を叩きのめしてしまう。そして経済学を知らぬ学者、評論家、マスコミ関係者が異口同音に言う——ああ市場原理主義が恐慌と不況をもたらした。もっと利下げし、それでもダメなら貨幣を増やして市場の欠点を補わなければ……。

言葉はない。誤った理論を盲信する人たちはいつの世にもいるが、さらに理論的に重要な点を説明し続ける。それはＡＢＣＴの解明の歴史的意義についてである。

第一に、ＡＢＣＴは史上初の、かつ現存唯一の全体経済学である。ミーゼスは貨幣の主観的価値評定の理論をユニット交換モデルからのマクロ順進をとおして完成したわけではないが、着地点としてのＡＢＣＴは完全に叙述した。その意義は、財・労働・貨幣の三大市場を関連づけ、かつすべて視野に収めたうえで、それらの交換料率たる物価・賃金・金利の一般理論を初めて完成したということになろう。

類語識別を行うと、ケインズは『一般理論』のタイトルで「雇用・利子・貨幣」を並列したが、三つの相互関係はわからない。特に貨幣はどの市場にも登場するからクラスとメンバーを混在させてしまっており、これでは「トマト・レタス・野菜の一般理論」と述べるようなものである。この点を措くとしても、彼の経済学には十分なミクロ理論がないので、それは全体経済学ではなく単独マクロ経済学にすぎない。またＡＢＣＴとワルラスやその後継者の試みとの相違は前節で述べたとおりである。かくてマクロ経済全体を包括した一般理論はミーゼスが初めて完成し、二つ目は出ていないというのが結論になる。

第二に、ＡＢＣＴをもって初めて限界革命が主観革命に到達した。メンガーを増補しようと試みる中でミーゼスが思想形成を進めたことは本節冒頭で述べた。鍵は貨幣にも主観的価値評定（限界原理）を適用した点にあった。このことによってＡＢＣＴは放任された市場が恒常的に自己調整を続けながら推移する様子の全貌を解明したが、この解明こそが自在性の意味での主観性を保証し、利己心を解放すれば社会全体も好転するという逆理とも響く経済学の中心命題に真の根拠を与えた。均衡理論はアリストテレスの呪縛のもと靴と家に着目して真中から貨幣を放逐するねらいを持ち、これが論理構成の要諦として財価格の一定水準への収束という見地の固守を強いるから、どうしても貨幣操作が必要になる。貨幣数量説から見ても、財生産が盛んな市場経済のもとで貨幣を増産しなければ長期では必ずデフレになるからである。フリードマンらは『倫理学』のアリストテレスの後継者なのである。

だが政府が物価安定介入をしても人間の価値識別の人理学的構造は不変であり、相変わらず貨幣価値は主観的に評定されている。価格に安定は不要で物価は漸減するに任せておけばあとは市場が自動的に調整する。英米経済学では貨幣市場のみは自由放任の適用を控え、かつその理由を正面から説明できていない。だが貨幣をいじりながら経済の安定を求めることは原理的な撞着を孕むのである（補論3参照）。

第三に、ＡＢＣＴは現実市場で実在する人間が行う価値評定のしくみからマクロ順進を行なって構築できるから、実は完全に定性的な推論のみで完成された経済機械である（補論2参照）。むろんミーゼスもミーゼス派も市場を妨害して状況を改善できるとは考えていない。しかしいま状況が改善されるか否かに関係なく、政府が法令によって経済をある方向に向けよとか、経済のある変数を上げる（所得や雇用）、下げる（失業率）、安定させる（物価）、の一部または全部を求めたとき、一般均衡論もケインズ理論もねらいどおりの効果を生めないからツールとして使いものにならないだろう。

オーストリア学派で極点に達した論理の破れのない推論法を本書では「確定推論 exact inference」と呼ぶ。経済学の数理化は数学に体現されている限りの論理を導入したが、実際には数学も論理学に、またその応用においては人理学に従わざるをえない。だがこの応用の仕方は現段階ではあまりにアドホックであり、この難点を克服するために最も重要なのは、理論において確定推論の手法を広範に用いることである。前節の叙述から導けるが、実は静学として構築された体系を動学化することは原理的に不可能である。静学は必然的にある時点で交換の三大因子すべての変動がすべての交換対象物に関して休止することを求める。だがそれは現実経済では決して起こらない。ワルラスが人工取引所を舞台に選んだことは現実からの逃避だが、ある意味で理論構築のためには正しい。というより唯一可能な選択である。現実経済では各市場でつねに均衡に向かう力が働いているのは事実である。これを「向均衡作用 equilibration」と呼ぼう。高収益部門には次々と企業が参入し低収益なら撤退するから収益率は平準化する傾向にある。これは他の市場でも成り立つ一般的法則であり経済学はそれを正しく把握してきた。だがその先に利益が消滅する日は来ない。

一般均衡点とは消失点遠近法で描かれた絵の消失点のようなものである。現実に存在するどの対象を相対的に大きく描くのも画家の自由だが、無限遠点にすべての対象の系列が消滅するように画面を構成すればすべてを公平に描ける。この絵の中には対象の向こうに、すべての系列を釣り支えるとともにすべての系列が小さくなって絵から消える消失点が一つだけ存在する。しかしそうやって描かれた場所に実際に足を運んだ人物が消失点に近づくにつれてだんだん背が縮み、消失点に至るとこの世から消えるという懸念は必要ない。消失点に近づいたら振り返って出発点を見ればよい。いまやそこを消失点として同様の絵が描ける。もし消失点で人が消えるならその人は最初から存在しないはずである。一般均衡論という理論が現実との間に持つ関係には、本質的にこうした一種独特の不可解さが含まれている。

企業家の大半はシュンペータが唱えたような英雄的革新者ではない。企業家論の歴史において彼の議論は人格論の立場を代表するが、他方でカンティヨンに代表される機能論的企業家論もあった（第8章1節で後述）。ミーゼスもこの立場からシュンペータを批判し、彼の描いた企業家を「プロモータ」として一般の企業家と区別した（Mises 1998, 255-7［二六一-三］）。恐慌が起きたとき英雄がどこかからやってきて、それまでは力を温存していたのになぜか急に活気づいて自分の会社ばかりかマクロ経済の実に全体を立て直してくれる、などという神話を二十年以上不況が続く国で焼き直せばブラックジョークになろう。一般均衡論と景気循環論を結合するシュンペータの動学的一般均衡論は、貨幣を必ずしも中立的と見ていない点で近年の動確率論的一般均衡論（Dynamic Stochastic General Equilibrium）よりも優れた理論である。ただ恐慌の底で貯蓄がほぼゼロなので銀行が信用創造を行なって企業家の革新をファイナンスすることで好況に向かうというシナリオは夢想にすぎない。それはむしろ一般均衡論の枠組を棄てずに景気変動を説明するために理論がたどった逃げ道であり、理論構成の都合が生み出した観念の蜃気楼である。プロモータ数は景気と足並みをそろえて増減するわけではない。彼らがもたらす均衡成立阻止の働きを「脱均衡作用 disequilibration」と呼ぶことはできる。それでも現実経済はシュンペータが理論の窮地を脱するために苦しげに仮構した一般均衡論から景気循環論への逃げ道を向均衡作用によってつねに塞ぎ続けるだろう。

信用創造論は金融仲介と貨幣偽造を区別せずに混ぜ合わせた謬説である。偽造貨幣はミクロな主体によって保持され、そのとき主観的な交換価値評定をへて消費されるか貯蓄されるかが決まる。不況のとき貨幣を増やしても時間選好が回復しない限り景気は戻らないことを二十年以上も経験している国では彼の説は問題解決に役立たない。マクロ理論にミクロ的基礎づけがないだけでなく、ミクロ理論に交換学的基礎づけがないからこそ生じる白昼夢のただ中に、私たちは住んでいると述べるほかはない。

第Ⅱ部　ワシントンでの二十一年

第4章　CEAと臨床経済学

1　福祉国家とCEA

アメリカの国難とCEA

アメリカの統治システムは一九世紀末から大きく変貌する。大恐慌後の変化については研究が分厚いが、それらにはある共通した問題点がある。経済社会のマクロ史を、自由主義が自壊したもとで人知によって市場の内在的欠点を補う高度な専門技能が発達したと見る点である。こうした見方はわが国ではなお根強いが、二一世紀にふさわしい見方ではない。かつてケインズ経済学が学界を席捲し、大きな影響力を揮ったことは事実である。しかしそれが所期の結果をもたらせなかったことも動かぬ事実である。だからその原因についてうやむやなままこうした語りを綴ることは、よくて一面的である。

本章ではグリーンスパンの経済諮問委員会（Council of Economic Advisers）委員長[1]時代を取り上げるが、彼がこの重職を務めた一九七四年から七七年までとは「ケインズは死んだ」と言われた時代である。むろんニューディールを導いた経済思想の延長上に設立されたCEAはケインズ型需要管理理論と一体不可分である。実際当時までの歴代委員長はケインズ派が大半で、グリーンスパンだけが浮いているのは明らかである。ただスタグフレーションに襲われた一九七〇年代の政策を大恐慌や第二次大戦直後と同様のタッチで描ける可能性はない。ケインズ派でさえケインズ批判を受け容れ、彼は半ば過去の人となっていた。おまけにアメリカはベトナム戦争の泥沼にはまっていた。かくてアメリカは国難を迎えていた。世界の盟主の地位を謳歌するようになって数十年で早くも超大国特有の症状が随所に出始め、新たな方向性が探られなければならなかった。だが、それが何かについてはまだ合意がなかった。グリーンスパンに求められた第一の仕事は眼前の景気後退の阻止で、彼は大統領に対して独自の助言(以下「諮問 advisory」はこう表現する)業務を行なって一定の結果を残してからワシントンを去る。当時の彼の事績をたどることは、その後の新自由主義路線への転換の重要な一局面を理解するうえで意味があるだけではなく、アメリカの経済政策策定コミュニティの中での彼の立ち位置を知るうえでも意味がある。

本章はこうした関心から彼の二年半の活動を追うことを目的とする。ところがCEAは比較的小さな機関であるにもかかわらず助言の相手が大統領であることからその委員長はかなり大きな影響力を持つ。このため当時のアメリカの政策策定の基本枠組を理解するうえでも重要な視点が浮かび上がる。このポストがグリーンスパンに前章までで見てきたマクロ経済学を初めて実地に適用する機会を与え、それがのちのFRB議長時代の活動にとっても貴重な経験となっているから、後者を十分理解するにはCEA時代の事績の理解が重要になる。本章では彼の経済学を踏まえて助言のあり方と帰結、ならびに積み残された課題を見ていく。とっかかりとなる本節ではCEA設立の経緯、機関としての主な特徴、他機関との関係、グリーンスパンの委員長就任の経緯という四つの論点を順次取り扱う。

まず初代CEA委員長ノースらの論考に従ってCEA創設の経緯を見よう。

大恐慌は政策実施機関を多数新設させたが、第二次世界大戦も同様であった。ごく一部を挙げるなら、生産管理局（Office of Production Management）、戦時生産局（War Production Board）、経済安定本部（Office of Economic Stabilization）である。これらは戦時経済の維持に必要であったが、平時に移行すると失業を抑えることが課題と見られるようになる。戦争で雇用が回復したのはいいが、戦後失業が増えると、また大恐慌時代に逆戻りになるからである。戦時動員転換局（Office of War Mobilization and Reconversion）の平時への移行には議会が反対し、その任に当たる部局の創設が求められた。大統領は議会両院で経済状況について報告するよう定められ、その際雇用と生産と購買力を最大化するよう求められた。これに伴って、経済問題の専門家であることは稀な大統領に適切な助言を行える制度が構想され、下院でＣＥＡの原案が練られた。そして一九四六年二月二〇日に雇用法が成立する。上院議員ラルフ・フランダーズは同法が「今世紀に議会が制定した最も重要な法の一つ」だと述べた。同法は雇用、生産、購買力について大統領が議会に対して年頭に年次報告書を提出するよう定めたが、それを執筆するのはＣＥＡ委員長の仕事である。この『大統領経済報告書 Economic Report of the President』はわが国では『米国経済白書』と略称される。[2] こうして一九四七年に初の『経済白書』が成立する（Nourse and Gross 1948）。

ＣＥＡ創設の経緯に関わって重要なのは、その誕生が本質的に福祉国家思想に根ざしているという点である。ベイリの『議会は法をつくる』はこの間の事情を跡づけた研究で、それによれば、ＣＥＡの創設を定めた一九四六年雇用法の背景を遡るとベヴァリッジにまでたどり着き、大恐慌の恐怖とケインズ経済学への期待を背景に起草された（Bailey 1950, 14ff.）。

ＣＥＡの特徴は（Nourse and Gross 1948）、第一に大統領を補佐することで、それは平素から経済状況の分析を行なって、年明けに議会に報告できるよう年末に大統領に『白書』を提出することを含む。このプロセスに議会が介入し、ＣＥＡに議会に対して助言させる案もあったが、二者間で処理するよう定められた。これは大きな権限を持つ大統領に議会への説明責任を果たすよう求める措置で、ホワイトハウス（日本なら官邸）とキャピトルヒル（永田町）の間でチェック・アンド・バランスを保つためのものである（憲法上は大統領も議会に助言する役割となる）。

第二に助言はするが行政活動は行わないことである。予算局に助言業務を追加付託することもできたが、あえて別の機関をつくったのは、行政権限を持たせないことであくまで補佐役にとどめるためであろう。大統領はCEAの政策案を受けて採否を決め、採用したものに伴って必要になる指令を各部局に下す。この意思決定とその帰結の責任はあくまで大統領にあり、CEAはどちらにも責任を負わず、各省庁に指示を出すこともない。

第三に政治に口を出さないことである。CEAは客観的に経済を分析することのみを業務とし、構成員に「訓練・経験・実績 training, experience, and attainment」を備えることで「経済の展開を分析・解釈する例外的資質」を持つことが求められている（第四項a）[3]。彼らは議会の両院経済報告委員会で証言を行うが、その際も政治的判断を口にすべきではない。言い換えれば、CEAは大統領に向けて建策するが、その採否を決めるのは大統領であって、このプロセスは議会に報告する必要はない（もし報告すると大統領とCEA委員長が対立した場合、政策に影響を与えかねない）。

第四に実直な分析を行い、制度論や心理的概念から抽象論に走らないことである。議会は戦時動員転換局を十二人構成とし経営者を九人入れた。これは実務畑の人間の意見を吸い上げるためであろうが、四六年雇用法ではCEAの委員が助言者を選べるよう配慮し、消費者団体とも話し合うよう求めた[4]。

第五に組織を小規模に保つことで、委員は三人である。四六年雇用法はCEAに他の政府部局の見解を聴くよう求めており、大きくするとそれらと同様のピラミッド組織になるためである。一九四八年にはCEAが増員を図り一時スタッフを含め二十二人体制になるが、議会に予算を削られている。

続いて政府諸機関の中でのCEAの重みを考察する。

ワシントンの主な経済系政策策定機関は四つある。FRBはその「独立性」ゆえに特別で（ただしそこには第6

章2節で見るような問題がある)、財務省、CEA、行政管理予算局(Office of Management and Budget)がまとめて「三頭体制 Troika」と呼ばれる。FRBを入れる場合は「四頭体制 Quadriad」となる。馬車を国に、馬を政策策定機関に喩えたものであろうが、以下本書ではこれらを原語どおり「トロイカ」「クワドリアド」と呼ぶ。一般に経済政策には金融政策と財政政策という二大チャンネルがあるが、アメリカにおいて前者をFRBが、後者を主に財務省が担うと考えると、トロイカの中でも財務省の権限が図抜けているように見える。しかし必ずしもそうではない。その理由を段階的に説明する。

まずケインズの乗数理論のような理論を念頭にアメリカ国債が財務省証券の形をとることと結合して財務長官の権限が最も強いと考えてしまうと上のように見えるかもしれないが、後述のとおり乗数理論は破綻論証に陥っており、経済理論として信用に値しない。財政政策が経済浮揚効果を持つという議論そのものが単なる仮説の域を出ない。次に財政政策も大統領や議会との協調のうえに行われる部分があり、すべての権限が財務省に帰属するわけではない。また、議会の経済規制が助成金をとおして金融市場に間接的に影響を及ぼすことがあり、この部分に関しては議会の権限が大きい。

ただトロイカの中では行政管理予算局の権限が相対的に弱い。それぞれの主要業務を見ると、CEAは民間企業の活動を分析して大統領に政策を提言すること、財務省は歳入見積を立てて経済政策で議会や市民向けに大統領を代行すること、行政管理予算局は歳出見積を立てて大統領に省庁の活動の効力を説明してその予算執行を監視することだからである(Hargrove and Morley eds. 1984, 6–7)。そうなると、FRB、財務省、CEAをワシントンの経済系三大機関として括ることも考えられる。残る問題は財務省とCEAの相対的優劣になる。この問いに純粋に法制上の視点から答えるだけでよければ困難はない。上に見たとおりCEAは行政権を与えられていないのだから財務省が上に決まっている。しかしデファクトにはそうとは限らない。なぜならCEAの助言相手である大統領は当然財務大臣より権限が強いからである。結局この問いに対する総合的な答えは、法制上は財務省が上で、また大統領がC

ＥＡ委員長の提言を素直に実行しなければ事実上もそうであるが、実行した場合はＣＥＡの方が上でありえる、というものになろう。そしてこの提言の通用性の問題はＣＥＡの第五の特徴から、大統領とＣＥＡ委員長の個人的関係次第となる。フォードとグリーンスパンの場合どうだったかはのちに節を改めて詳論するが、両者は基本的な経済観が同じだったので、ＣＥＡの権限が十分強かったというのが結論になる。

フォードは一九七四年九月に経済政策委員会（Economic Policy Board）なる新機関を立ち上げる。同委員会を規定した条文によると、その目的は国内・国際経済政策の全側面にわたって大統領に助言することである(5)（第三条）。グリーンスパンが言うには、ニクソン時代に経済政策が政策の中に占める重みが増してトロイカやクワドリアドでは政策策定に十分行き届かない点が出てきていると認識されており、フォード時代にラムズフェルド（Donald H. Rumsfeld 1932–）が推進本部長となって実現したのが同委員会であった。同委員会に関するある研究によると、大統領は意思決定を行うべきすべての問題の専門家ではないので、各方面の専門家から意見を聴くための会合であった（Porter 1982, 1）。このため各省庁の代表のほかＣＥＡ、通商代表（Trade Representative：［US］TR）などのトップも同委員会正式メンバーとされ、議長は財務長官が務めた（Hargrove and Morley eds. 1984, 428）。

ただグリーンスパンの回想を見る限りその機能については疑わしい点もある。まず議題は小さなミクロ政策の問題であり、同委員会理事会の決議は形だけのもので実質的な意思決定は省庁に委ねられていた。また予測が協議の方向性を左右するがネガティブな予測は避けようという圧力があった。さらにおそらく規模が大きすぎた。メンバーは二十〜二十五人の大所帯で、毎朝八時半に集まって十五分とか二十分の会合を持ち、ときどき一時間を超える程度であった。会合に大統領が出席するとは限らず、話合いの内容に基づいて提言書（option paper）を書いて大統領に提出する（*ibid.*, 428, 431–2）。

ＦＲＢ議長は正式の構成員ではないが、条文では必要に応じて招くと規定されている（第二条）。当時の議長はバーンズだが、彼はフォードと意見が合わない場合もあったものの経済政策委員会内での影響力は大きかった。面白いことに彼はどういう議題のときに顔を出すべきかを正式メンバーであるグリーンスパンに尋ねており、大統領が顔を出すときは自分も出るようにしていた。ただ大統領とは一対一で話すことが多く、グリーンスパンがそれを仲介した。彼は自分の見解がバーンズと食い違うこともあったと断っているが、財政政策と金融政策の二分法を信用しないという見方は共有していた（*ibid.*, 429, 432–3）。

政策策定では細かな規制の改廃などのミクロな問題が多いとはいえ、それらはマクロな枠組内に置かれる。両者の関係についてグリーンスパンは労働省の例を挙げて説明している。同省は経済の下振れを予測する傾向にあり、結果として財政赤字を求める場面が多かった。最低賃金規制でＣＥＡと意見が食い違ったが、労働長官はマクロ政策に関心が薄く、労働市場に与える影響では同省よりＣＥＡの方が強いのかとの質問には「間違いなくそうです」と答えている（*ibid.*, 433–4）。

グリーンスパン、ＣＥＡ委員長に就任する

本節の最後にグリーンスパンのＣＥＡ委員長就任の背景を『波乱の時代』のほか二つのインタビューに依拠して説明する。一九七七年から翌七八年にかけてヴァンダービルト大学で歴代ＣＥＡ委員長にインタビューが行われた。これをまとめたのが先ほどからふれているハーグローヴ、モーリ共編の『大統領と経済諮問委員会』である。編者たちが言うには、大統領府内部における政策策定過程を事後的に記録し、もって将来の政策策定の資料にするためにこの研究を始めた。各大統領の政策指示を詳しく跡づけるには公文書が役立つが、記録されない個人的やり取りやその背後の思惑を知ることで大統領制（presidency）の機能の実態を検証するには、むしろ聴取の方が役立つ（*ibid.*, 2–3）。もう一つは二〇〇八年十二月に歴史家リチャード・スミスとの間で行われた「フォード口承史事業 Gerald Ford Oral History Project」のインタビューである。これも同様のねらいを持つと思われるが、リーマン・ショック直後という特異なタイミングで行われた点で別の意味がある。こうした試みは「主観定位」の指針で書く

のにうってつけの資料を与えてくれる。

グリーンスパンは一九六八年の選挙戦でニクソン（Richard Nixon 1919–1994 共和党、一九六九～七四年に第三七代大統領）と共闘し、実はＣＥＡ委員長に指名されたが、これを固辞する。ニクソンは未知の問題について話を五分聞けば専門家のように話す才能を持つのに、あるとき罵倒語を連発して民主党を難ずるのを耳にし、以前と同じ目で見られなくなったからだという。グリーンスパンは「ニクソンが辞任したときほっとした。何をしでかすかわからなかったからだ。しかもアメリカの大統領というものは恐れられるほどの権力を持つのである」とまで述べている（AOT 59 上巻八七）。ニクソンはクリントンと並んで特に知的だったが、それが裏目に出て「知性が不安定」であった。フォードも「ニクソンは生来人間嫌いで、人と話し合うより書類で問題を片づける方をとった」と語る（Ford 1979, 126 一五三）。

ジェラルド・フォード（Gerald Rudolph Ford 1913–2006 共和党、一九七四～七七年に第三八代大統領）は中西部ネブラスカ州オマハで生まれてミシガン州で成人する。フットボール選手として全米代表にも選ばれプロからも勧誘されたが、イェール大学で法学を学んで弁護士となる。第二次世界大戦に従軍したあと一九四九年に下院議員に当選し、一九七三年にニクソン政権のスピロ・アグニューが副大統領を辞任したため後任に指名される。ところがウォーターゲート事件でニクソンが失脚したため一九七四年八月九日に大統領に昇格する。こうしてニクソンはアメリカ史上唯一の任期中に辞任した大統領に、フォードは選挙を勝ち抜いた経験のない唯一の大統領になる。[6]

グリーンスパンはニクソン在任中に財務長官サイモン（William E. Simon 1927–2000）から大統領首席補佐官（Chief of Staff）アル・ヘイグ（Alexander M. Haig, Jr. 1924–2010）と会うよう連絡を受け、フロリダ州の保養地キービスケインに政府専用機で飛ぶ。バーンズもニクソンも君を勧めたと言うサイモンに対してグリーンスパンは物価・賃金統制への嫌悪感を表明し、「何があっても会わない」とニクソンとの面会を断った。会ってしまえば相手が大統領だけに断りにくいからである。ウォーターゲート事件で彼が失脚して副大統領のフォードが大統領に昇格すると彼からあらためてCEA委員長に指名され、タウンゼンド&グリーンスパン社の株を信託に入れて解散しないことを条件にこれを受け入れる（Greenspan and Smith 2008, 1；Hargrove and Morley eds. 1984, 415)。

グリーンスパンはフォードの経済観だけでなく知的安定性に大きな信頼を寄せていた。フォードの死後二年目に行われたスミスとの対談ではこう述べている。

> CEAで二年半、FRBで十八年半と、政府で二十年〔ママ〕過ごしましたが、とても多くの理由からジェラルド・フォードが私のお気に入りの大統領です。その理由の一部は、彼が自分の力で大統領に選ばれるには大きな困難をもたらしたと思われるようなものだというアイロニーはありますが。……目に見えて腰が低すぎ、まったくもって場違いです。……あなたがジェラルド・フォードに見ている心理について「ノーマルな」という語を使うのが私は嫌でして、何と言いますか、コンプレックスがほとんどないという意味で「最適人間心理」とでも呼ぶべきものです。
> (Greenspan and Smith 2008, 5)

フォードのこういう人柄を示すある逸話も挙げている。一九七五年五月にアメリカ商船がカンボジアに拿捕《だほ》される。このマヤグエス号事件はベトナム戦争の一部でもあり、最終的に軍が派遣されて戦死者も出るほど大きな事件になる。ところが経済関連の会議中に国家安全保障担当大統領補佐官スコウクロフト（Brent Scowcroft 1925–）からメモを手渡されて事件を知ったフォードは「OK、こちらから攻撃をしかけるな」と述べて平然と会議の話題に戻った[7]。同席していたグリーンスパンは初めから事件が起こると知っていたかのような対応に度肝を抜かれた（Hargrove and Morley eds. 1984, 422-3)。まるで奥さんから晩餐の予約を変更したから、と連絡を受けたときのようであった（Greenspan and Smith 2008, 14)。

この点についてはフォードの自己分析も見ておこう。

> 私は控えめな人間なので情緒が乏しいという印象を人に与える。だが家族や親友のこと、その他の人たちとの親しいつきあいを心底深く気にかけ、声にするのも難しい。すぐ涙ぐむ。それを全然うまく隠せない。それについて弁解しないが、少ししか私を知らない人はおそらくそこに気づかないだろう。(Ford 1979, 33–4 四八)

ホワイトハウスでは権威を振りかざすのではなく、歴代の大統領たちの遺訓を部屋や遺物の中に読み取って決断の重みを受け止めようとしていた。二階のリンカーン閣議室では彼の声が聞こえる気がし、部屋を出るとき自分が力を与えられた気がした。またベティ夫人が職員に「ハロー」と声をかけても誰も返事をしなかったが、ニクソンが職員に返事を禁じたからだとわかるとそれを解禁し、おかげで打ち解けた空間になった (*ibid.*, 205 二四三)。

こういうフォードならニクソンと馬が合わないだろうが、彼はニクソンに特赦を与えた。これは国民の不評を買うが、対処の仕方として適切なものであろう。彼の人柄は就任演説の段階で端的に表れている。それは前例のない異常な状況で自分が就任したと明言し、これについて「わが国の長い国家的悪夢は終わりました」という有名な発言を含んでいた(ハートマンが原稿を書いた)[8]。「真実こそ政治を一つに束ねる絆です。いいえ、政治だけでなく文明そのものの一体性を支える絆だと信じます」とか「素直さこそいつも最良の主義です」といったくだりも彼の信念どおりであろう (*ibid.*, 41 五六)[9]。

自力では大統領になれそうにない人物が運の助けで玉座に上り詰めた。確かに自力で大統領に就任した前任者の人格が国民を困惑させかねない一面を持つ結果そうなった。ニクソンは経済に関心が深いが、物価・賃金統制など、共和党なのにほとんど民主党のような政策をとって失敗している。フォードは違った。しかしこの点を論じる前に、グリーンスパンがＣＥＡ委員長就任の十年前に発表した論文を取り上げよう。委員長時代の彼が用いたマクロ経済分析の枠組がそこに予示されているからである。

2　EMMT（有効貨幣変動論）

論文「金融理論の応用」

一九五九年の「株価と資本価値評定」以降グリーンスパンはマクロ経済予測をテーマにし始める。これは貨幣量が物価だけでなく利子率も決めるという見方に基づいており、生涯変わらぬ彼のマクロ経済観が一九六〇年代に形成されたと言える。

一九六四年にグリーンスパンは『金融雑誌 Financial Journal』に論文「金融理論の応用――製造業物価と利子率の決定因としての流動性」を寄稿している（Greenspan 1964）。これは「自由社会の経済学」講義や「金と経済的自由」に近い時期の仕事で、「株価と資本価値評定」から資本理論をほぼ削って貨幣量と物価・利子率との関係を直接扱ったものである。実はこの論文は二一世紀になって何度か再登場する。例えばマンキューのような現代の理論家もこれを一九九〇年代の金融政策を吟味した論文（第5章を見よ）で参考文献に挙げているし（Mankiw 2002. ただし内容にはふれていない）、本人も『地図と現地』で参照指示をせずに再述している（MAT 274-8 三〇三-七）。ただ内容は控えめに言っても晦渋《かいじゅう》なのでパラフレーズしながら伝える。

まず基本的な変数の定義が示される。Pは民間総生産GPP（Gross Private Product）の価格デフレータ、Mは現金通貨と商業銀行預金で表した貨幣量（ほぼM1に相当）、Yは名目GPP（非政府総所得）、Ydは実質所得である（P×Yd＝Y）。次に「単位貨幣 unit money」Uなる独自概念が次のように定義される。

$$U = \frac{M}{Yd}$$

背景にはフィッシャーの交換方程式（MV＝PYd）があり、次に流通速度Vを

$$V=\frac{Y}{M}$$

としたうえでPが分解される。

$$P=\frac{Y}{Yd}=\frac{M}{Yd}\cdot\frac{Y}{M}=U\cdot V$$

デフレータは高次財も低次財も含む財一般の物価指数で、実はミクロな世界に具体的対応物を持たない。流通速度もそうで、こうした直接統計をとれない理論上の変数を「マクロ・ゴースト」と呼ぼう。単位貨幣もその一つで、いわば架空の標準財一単位に割り当てられた貨幣と理解できる。この概念の分析上の実益については後述するが、右の式からUがP/Vとも表せることから推測すると、流通速度が所与の短期において物価を直接左右する重要な政策変数だと考えられる。

次に非金融企業の基礎債務Dが同式に導入される。

$$P=\frac{M}{Yd}\cdot\frac{Y}{M}=\frac{M}{Yd}\cdot\frac{D}{M}\cdot\frac{Y}{D}\quad\cdots\cdots\cdots(サ)$$

うち、D/Mについては、貨幣保有者が現在貨幣を将来貨幣にしてあげる手数料が利子率だから、逆数のM/Dが利子率の関数だと説明される。理解しづらいが、基本的にM/Dは景気とリスクプレミアムを要因として利子率が高いと伸び悩み、利子率が低いと伸びると考えられる。これは「株価と資本価値評定」の「流動性選好表」を示す

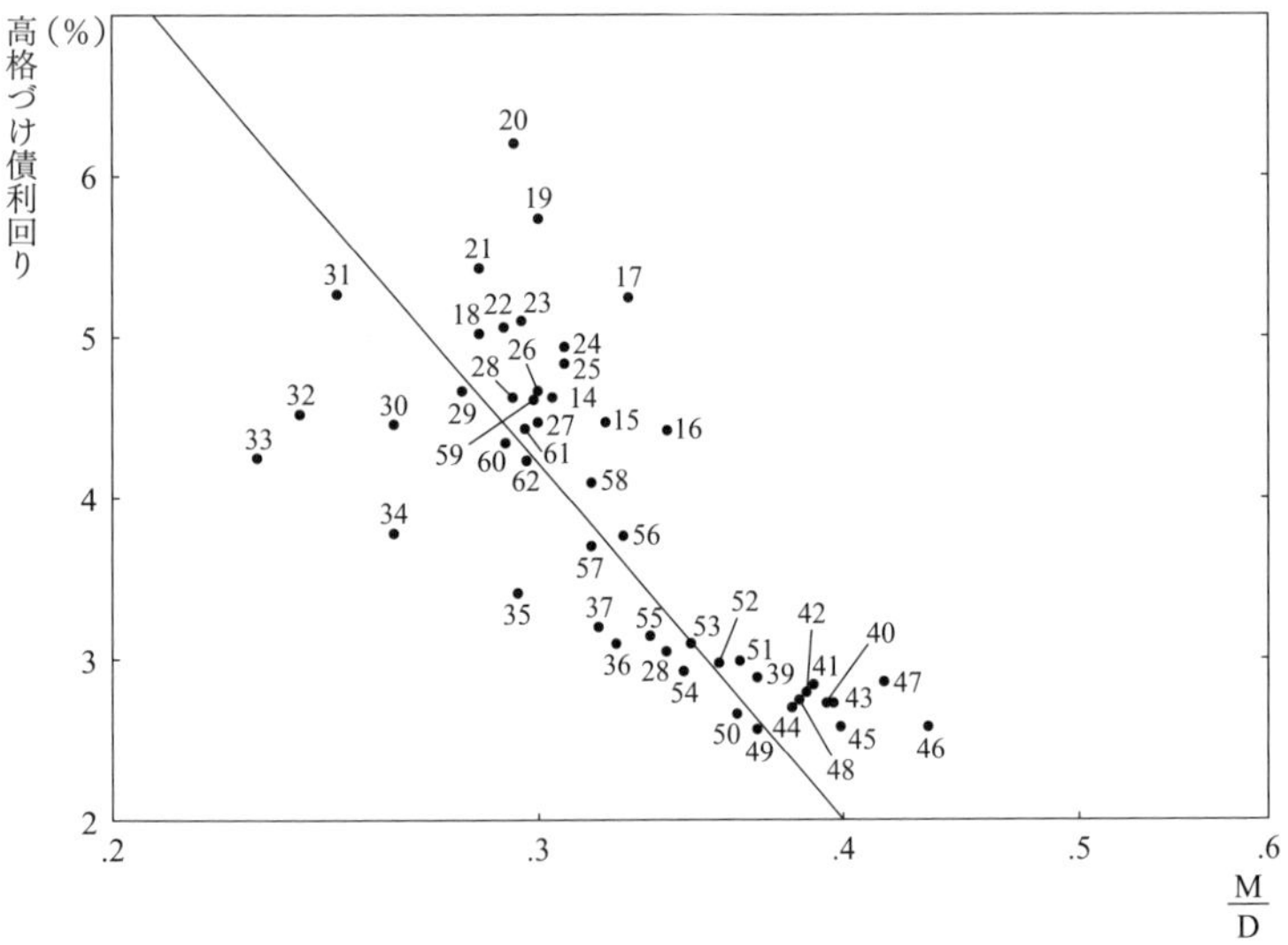

図４・１　利子率と貨幣－企業債務比

出所）Greenspan 1964, chart I.

図に類した図４・１に示され、横軸と縦軸の関係は長期で安定しているとされる。しかし利子率ｒにはインフレ期待等も反映されているので、このインフレプレミアムが上下に変動した年は、その変動幅に応じて図の中にプロットされる点が推定線からずれるというわけである。

話を戻そう。インフレプレミアムをπとし、不定型な撹乱要因をｅとすると、

$$r=\phi\left(\frac{M}{D}\right)+\pi+e \quad \cdots\cdots\cdots (シ)$$

が成り立ち、これを変形して次式を得る。[10]

$$\frac{D}{M}=f(r-\pi-e) \quad \cdots\cdots\cdots (ス)$$

これを(サ)式に代入すると次のように書ける。

$$P=U\cdot f(r-\pi-e)\cdot\frac{Y}{D} \quad \cdots\cdots\cdots (セ)$$

これは利子率と物価の関係式である。ところで末尾

のY/Dは民間産出と借入の比率だから、いわば「金融仲介生産性」とでも言うべき指数と理解できる。これについては、基本的に短期では急変しない安定な変数で、それが経済予測にとって重要だと見ようとしているようである。いま(セ)式右辺のπやeに大きな変化がなければ、物価を決めるのは単位貨幣だということになる。つまりこれは貨幣数量説の応用である。事実グリーンスパンは最初にそう述べて短期では必ずしも使えないとも断っている。しかしその前にrを検討する必要が残っており、そうなると景気循環に伴う利子率の変動を数量説が想定するような状況において考えるという課題が浮上する。これは通説以上の問題であり、要するに貨幣増が貨幣市場において利子率に及ぼす効果をどう定式化すればよいのかという問題である。

だから価格は単位貨幣供給と利子率の関数とみなせる。価格は単位貨幣とも利子率とも正の相関を示すので(セ)式)、Uが上がるかrが上がるかして価格を引き上げるか、あるいは単位貨幣の増大が価格上昇と/または(and / or)利子率の下降を引き起こすだろう。

こうした関係は隠喩的な意味で考えると分析的意義を持つ。単位貨幣供給は、(a)「利子市場」と呼ぶべきものに流れる部分と、(b)「価格市場」に出ていく部分とに分けられると見てよい。単位貨幣供給が「利子市場」に多く配分されるほど利子率は低くなり、逆なら逆となる。単位貨幣供給が「価格市場」に多く配分されるほど価格は高くなり、逆なら逆となる。(Greenspan 1964, 166–7)

この枠組は歴史的データの解釈に応用される。例えば一九五八〜六〇年に単位貨幣は減ったのに物価はさして下がらなかったが(五九年に下げるが六〇年に戻す)、これは貨幣が「利子市場」から「価格市場」に流れ込んだためだという。[11]

議論の背景と要点

議論には難解さや用語の非一般性がある。「株価と資本価値評定」でも言えることだが、グリーンスパンは経済データの分析においてかなり緻密なのに、残念ながら経済理論構成においては的確な言語で語ってはくれない。このため読み手は戸惑うであろうし、理解を超える晦渋さを感じて論文を放り投げてしまうかもしれない。あっさり言うが、彼の論文の叙述はお世辞にも上手いものではない。それは主に彼が学史の知識を十分持たないことによると思われるが、もう一つにはミーゼスを参照しているにもかかわらず彼の何をどう発展させたかまったく語らないためでもある。この理論の学史的背景については補論3で再論することにして、ここでは要点のみを平易に言い換える。

ミーゼスは貨幣増が財市場において物価に及ぼす影響の分析に「貨幣関係論 money relations」という名を与えた(Mises 1998, 455ff. 四七六以下)。ただこの名は体《てい》をあまり表さないので、本書ではそれに「有効貨幣変動論 Effective Money Moving Theory」という別の名を与える。まずある市場で実際に支払われた貨幣を「有効貨幣」と呼び、無限定に有効貨幣と言えば財市場のそれを指すものとする。ＥＭＭＴは有効貨幣の循環的変動をその理由とともに跡づける大陸循環経済学の中核理論である。

法令貨幣制のもとでの貨幣増を考えるとき注意すべきなのは、増えた貨幣が決して経済全体に均等に行き渡らないことである。貨幣増は金融システムのピラミッドにおいて生じ、頂点に陣取る中央銀行に近い経済主体から順に貨幣を受け取る。このことが持つ効果は主に三つの局面に及ぶ。物価効果・所得効果・生産効果である。貨幣数量説はこれらのうち物価効果のみに注目したもので、増えた貨幣がもっぱら財市場のみに行き渡るかに考えているが、それでは出口付近しか見たことにならない。だが貨幣が汎購買力を持つ以上、それは入口付近ですでに経済に影響を及ぼし始める。つまり貨幣増は貨幣市場にも影響を与えるはずである。貨幣増はただちにＣＰＩを引き上げるのではなく、まず単位貨幣Ｕを増やし、それは(セ)式の示唆を受け入れると、新規貨幣の財市場と貨幣（資本）市場への配分比次第で利子率と物価を時間選好に応じて引き上げる。実際、これら二変数の間の強い相関は複雑な計量分析などなしにもっと簡単に示すことができる（図４・２）。

ただこの議論には曖昧な点もある。まず上の「and / or」である。言い換えれば、どういう条件のとき新規貨幣が利子率と物価の上昇に、どういう条件のときに相対的に物価の上昇に貢献するかという問題である。好況時に人々が財布の紐を緩めて盛んに財を買うと財価格（ＣＰＩ）が上がるから、その条件は時間選好次第ということになるが、歴史的なデータでは政策の影響を分離できず、ＦＲＢが引締め策をとった時代には利子率の方が高くなりがちかもしれない。次に彼は上の引用文で「関数」という語を使うのに因果性の向き（規定 - 被規定関係）について論証していない。第３章ほかで述べたとおり、時間選好が物価と金利（インフレ率と利子率）を決めるから、「関数」よりも「相関」とした方がよい。

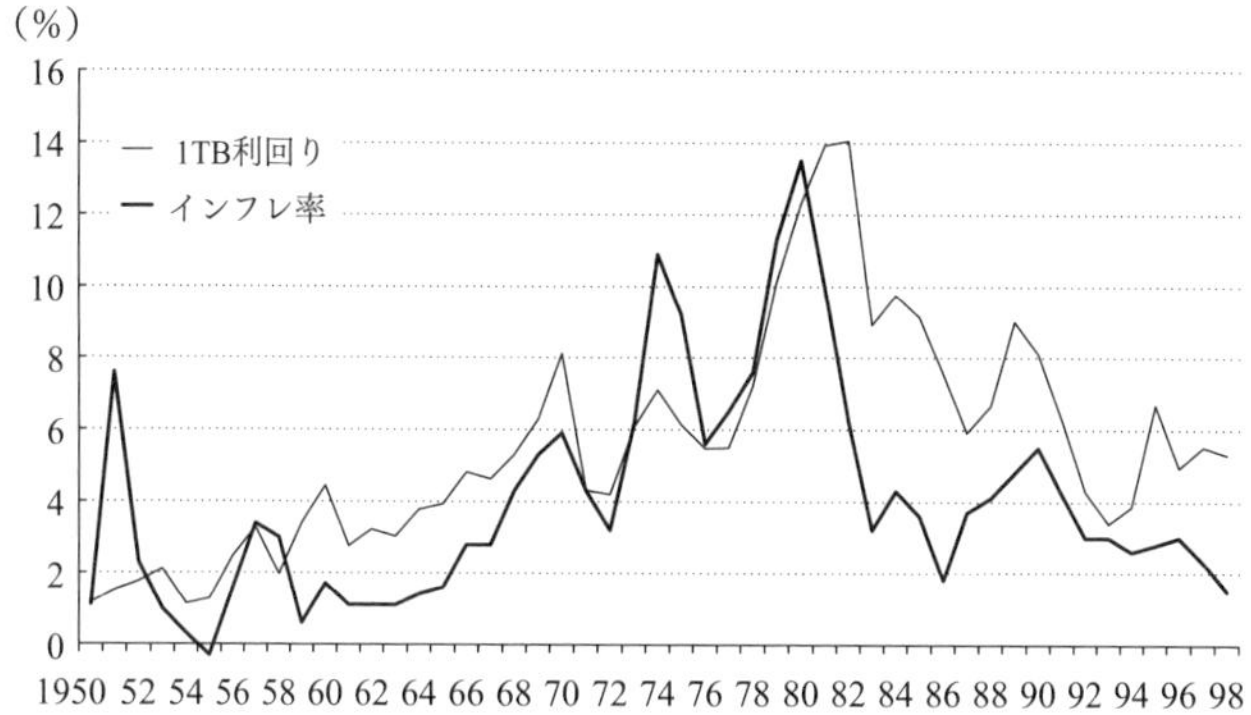

図４・２　インフレ率と利子率の連動性

出所）Carter *et al*. eds. 2006, Cj 1243–9.
注）1TB とは１年物国債。

一般に変数Ａが二つ以上の変数Ｂ、Ｃ、……と相関を持つとき、想定される関係のパタンは四つある。ＡがＢ以下の原因である場合、Ｂ以下の一つ以上がＡの原因である場合、外生的なαがＡ以下の二つ以上の原因である場合、最後に単なる偶然による場合である。これを「相関における因果性の一般理論」と呼ぼう。むろん第四の事例は学的営為に無関係だが、(セ)式と図４・３のような図からただちに利子率がインフレ率を決める等と述べることはできない。だが筆者はグリーンスパンを批判しようとしてこう述べているの

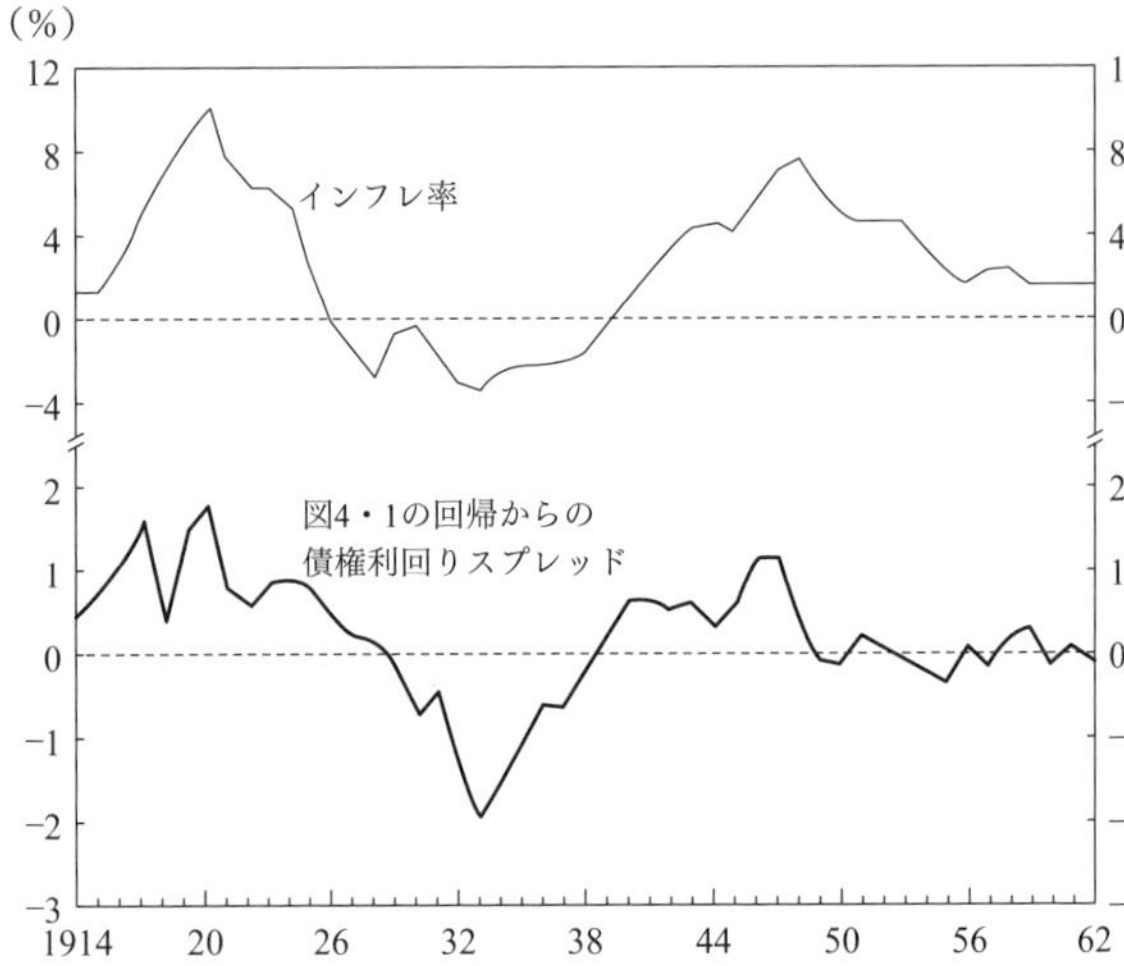

図4・3　インフレ率と利子率の共振性

出所）Greenspan 1964, chart II.

ではない(12)。彼の試みは、学としての性質上不可避的に定性的な推論で展開されてきたオーストリア経済学を実際の政策で応用しようと努める中で、統計数値を手掛かりにマクロ経済の動向をリアルタイムで把握して将来の推移の変域を絞り込むことで何とか経済予測の精度を上げようとする果敢な挑戦である。くだんの論文ではこの議論の経済予測にとっての意義はまだ詳論されていないが、CEA時代には応用されるし、先述のとおり『地図と現地』でも単位貨幣が取り上げられている。

ただ予測とは別の点での示唆もある。現代人は経済に対する関心を各論点に平等に向けてはこず、成長率、物価、失業率を特権視してきた。この状況はそう簡単には変わらない。だから民主主義的な社会では選挙で選ばれない官僚を含めて政策策定者はそれらを望ましい水準に保つよう求められる。そのもとで、のちにワシントンで公職に就くニューヨーカーが書いたこの論文の最も重要な示唆は、消費者の時間選好を所与とするとき、ワシントンの政府機関の中では単位貨幣Uに最も大きな影響を及ぼせる機関が物価と利子率の将来推移の鍵を握るという点である。「株価と資本価値評定」もマクロ経済の問題を取り扱っていたが、そこではまだコンサル（タント）業での顧客である企業の動向に強い関心が集まっており、マクロ経済は企業の投資判断と関連づけて扱われていた。だが「金融理論の応用」では力点の置きどころが入れ替わってマクロ経済自体に焦点が当たっている。FRBでさえ市場の動向に対して受け身な部分もあり、ある時間選好の水準の中では限られたカードしか切れないが、それでも単位貨幣の推移を司る。ただし彼はすぐにＦＲＢ議長に就任したわけではなく、最初に手にした政府系ポストはＦＲＢ議長に比べると格下の、しかしそれでも一国の指導者に直接政策パッケージを提示するＣＥＡ委員長であった。彼がどんな経済状況でどう判断し、何に悩み、何は救えたが何は諦めたかを見ていこう。

3　一九七四年の景気後退と週間ＧＮＰ

一九七四年に起きたこと

グリーンスパンがＣＥＡ委員長に就任した一九七四年は終戦直後以来最悪の経済後退に陥った年で、広く学界にも波紋を投げかけた。本節ではまず客観的な数字を確認して、後退に対する主流派エコノミストの分析、グリーンスパンの分析を検討する。それらはまったく同じ現象について力点の異なる見方を示しており、歴史的事実の視点依存性という問題を浮上させる（補論3を見よ）。

ケインズ派ではかつてインフレは好況と同義であったから、それが不況と共存し続ければ沈黙するしかなかろう。データから当時を振り返ってみよう。一九七〇年から利下げが行われ、七一年四月に一度上げられたあと九月ごろに再び下げられる（図４・４）。ところが総所得は実質ベースで一九七四年と七五年に一九四〇年代後半以降初めて二年連続でマイナス成長となり（図４・５）、失業率も六％近くで横ばいであったものが七四年後半から急上昇し、七五年には八％を上回る（図４・６）。インフレ率は高原状態で推移し、七四年には一〇％を超える（図４・７）。

一九七四年の景気後退はスタグフレーションの災厄の最も顕著な現れである。これについて、まず主流派を代表してアーサー・オーカンの分析を概観し、続いてグリーンスパンの分析を詳しく見る。両者の見方にはむろん重な

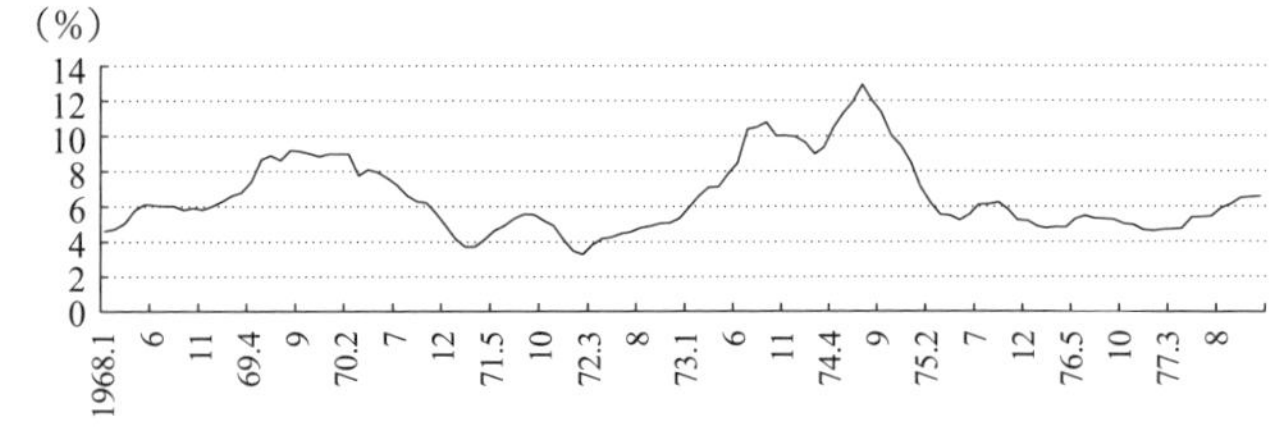

図4・4　大膨張期のFFレート

出所）Federal Reserve Board.

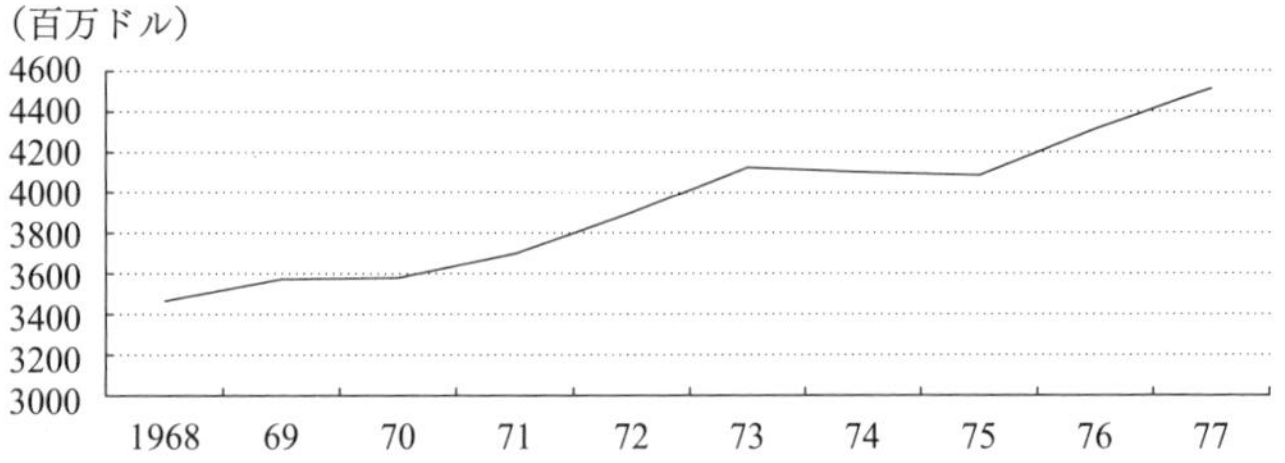

図4・5　大膨張期の実質GDP

出所）Bureau of Economic Analysis.
注）1996年のドルに調整。

る部分もあるが、オーカンが相対的に需要側要因を重視しているのに対して、グリーンスパンは供給側を重視しているという相違はある。

オーカンはイェール大学教授で、一九六一〜六二年にケネディ政権のCEAスタッフ、六四〜六八年にジョンソン政権のCEA委員を務め、六八〜六九年には委員長に抜擢されるなど、CEAとは縁の深い人物である。彼は論文「一九七四年景気後退の検屍解剖」でマクロ統計値を追う一般的な分析を展開している（Okun 1975）。

一九七四年は個人消費が二・三％減ったが、彼はその最大要因を可処分所得の減少に見出している。理由は石油価格の思わぬ高騰（彼は「石油税」と呼ぶ）と、実質所得が減る中での名目ベースでの課税である。中東戦争に関連して十月に石油禁輸措置がとられることを誰も予想できず、こうした外生因によるコストの高騰を読み誤った。これは自動車販売を鈍らせ、総所得を抑え込んだ。

供給側の要因についてはこうである。七四年の景気後退では材料投資の減少が見られた。第三四半期まで販売が落ち、戦後初めて販売減の局面で在庫投資がプラスであった。七二〜七三年に販売が伸びたため在庫は一掃されたが材料調達が思うように進まなかったところに物価が上がったので企業は在庫を貯めこもうとした。そして固定投資の増大で労働需要も増えた。七四年夏の減速については、「なぜ八月ごろにあれほど急に多くの企業家が、お互いに財を売買して不要な労働者を確保しているだけなのに経済を停滞させたという判断を抱いたかはっきりしない」と述べている（*ibid*., 214）。

ＦＲＢの動向については、貨幣量よりも利子率を照準にしたため上半期に利上げして下半期に利下げしたが、量的照準政策をとっていれば住宅建設の減速を阻めたと述べている。

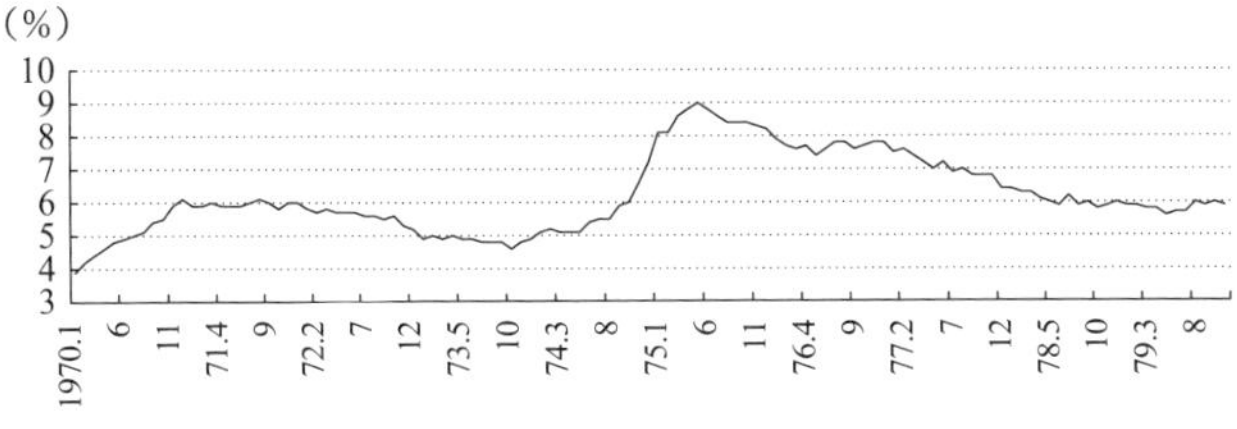

図４・６　1970年代の失業率

出所）Carter *et al*. eds 2006, Cb24–7.

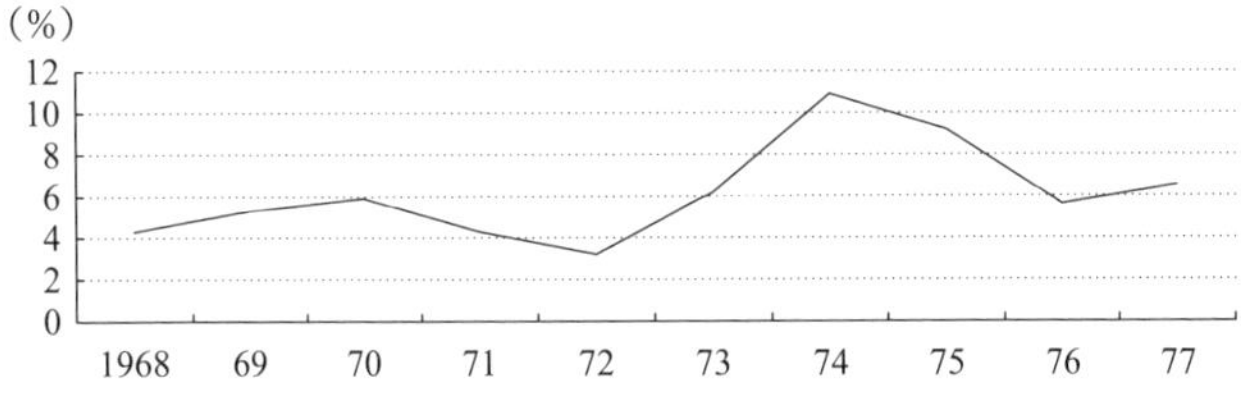

図４・７　大膨張期のインフレ率

出所）Carter *et al*. eds 2006, Cc1–2.

以上の結果、名目ＧＮＰが八％伸びたが物価は七％上がったので実質ＧＮＰは一％しか伸びなかった。四半期で見ると第一期が横ばいだが、第二・第三期には落ち込み、第四期に回復した。ＣＥＡ（委員長はＨ・スタイン）は景気後退を予想できず、ＧＮＰの増大を想定していた。

オーカンはケインズ派、マネタリスト、計量モデル作成者、占い師がこぞって予測を外したのだから予測の失敗を免責するよう求め、景気循環の周期性に各方面で注意が薄まっていた点を指摘している。

多くの予測者が景気循環を時代遅れだと見ていた。経済はここ十四年間在庫流動化と労働力の大幅減を免れていた。データは方程式に使われた例も記

述的論文に使われた例も同じく現実の経済活動の常ならぬ安定期の観察にのっとっていた。（*ibid*., 221）

確かに一九六〇年代は比較的経済が安定していた。このため周期性に注目した古典的な景気循環論は古びて見えていただろう。しかしベトナム戦争、金交換停止、石油危機といった数十年に一度の節目の中で急激に後退がやってきた。それは予測を超えるものであった。

グリーンスパンの診断

続いてグリーンスパンの見解を見る。彼は当時ＣＥＡ委員長であったから所見は『白書』に見え、辞任後にも政府要職経験者として原稿を依頼され何箇所かで論じている。わが国では当時の彼の活動を集中的に分析した先例はないであろうが、実は彼の議論の一部は翻訳または紹介されている。本章はこうした地味だが有意義な仕事を掘り起こすこともねらいとしている。それればかりか、当時の彼のマクロ経済分析の中に九〇年代のＦＲＢ議長としての政策指針の骨子が表れていることも明らかにする。

彼も七四年夏の急激な減速を予測することはできなかった。しかし座視していたわけではなく、過去の経験の延長上にマクロ経済の進行状況のリアルタイム把握を可能にする新指標を開発する。「週間ＧＮＰ」である。これについてはＮＢＥＲの「所得・富シリーズ」ほかで彼自身が説明している。七四年の景気後退で青ざめたＣＥＡでは、対策をとるために原因分析を進め、二つの構図を想定する。一つは短期的に在庫が捌《さば》かれる局面に入って投資が伸び悩んでいるため、もう一つは需要自体が落ち込んだためというものであった。前者なら放任しておくのが最良である。消費は落ちていないので企業は在庫が掃けたら投資を進めるだろうからである。ところが後者ならテコ入れが必要になる。どちらかを判定するにはマクロ統計に当たる必要があったが、ＧＮＰは年次データが標準的で、半期と四半期まではあるが月次データはない状況であった。そこでＢＥＡ（Bureau of Economic Analysis 商務省の経済統計局）よりもラフでもアメリカ経済の動向をほぼリアルタイムでつかむためのデータとして彼は週間ＧＮＰを考案した。これで消費の落ち込みはないことがわかり、失業保険のデータから労働時間の推移を推計して補足情報を得た。在庫流動化率はＧＮＰと最終需要（総需要）のギャップだが、それが大きいとはいえ縮まりつつあることが判明する。だから後退は長続きする深刻なものではありえない（Greenspan 1983 ; Hargrove and Morley eds. 1984, 445）。

週間ＧＮＰは一九五〇年代以来の彼の蓄積があって初めて案出できたユニークな新機軸である。危機のさなかにはタイムラグのあるマクロ・データは使いものにならない。そこでリアルタイムで経済を診断するデータをとる。これは医師が愁訴を手掛かりに血液検査やＣＴ等によって患者の身体の状況をつかもうとすることと重要な点で似ている。グリーンスパンはいわば「臨床経済学 clinical economics」とでも言うべきものを開拓したのである。それは実際に成果を出しており、例えば早くも七四年十一月二六日に彼はフォードに「一九七五年の後半には経済は十分力強いでしょうが、失業率が下がる様子は思い描きかねます」とのメモを手渡している[13]（Ford 1979, 220 三六〇）。

週間ＧＮＰという装置をとおして彼が見ていたものを『白書』等から詳しく跡づけよう。フォードの大統領就任とグリーンスパンのＣＥＡ委員長就任が一九七四年八月で、景気後退はその直後の出来事だから、その第一報は一九七五年の報告に表れている。先述のとおり『経済白書』、正確には『大統領経済報告書』は四六年雇用法によって大統領が議会に報告するよう定めたもので、報告は年頭に行われるから、ＣＥＡ委員長は年末には大統領にそれを提出する必要がある。しかしそうするには七四年末までにグリーンスパンが危機の全貌を見定めていなければならないことにもなる。

一九七五年版『白書』は「経済は厳しい後退の中にある」という大統領の序文で始まり（CEA 1975, 3）、第二章「一九七四年の経済の展開と政策」では委員長がデータを挙げてそれを裏づけている。七四年の（名目）ＧＮＰは前年より八％伸び物価は一〇％上がったから、実質所得は二％低下した（*ibid.*, 37）。

昨年はアメリカ経済にとってきわめて困難な年であった。産出の低下と物価の高騰は第二次世界大戦直後のころ以降、つまり平時では最大であった。……

ここ数か月は需要の歴然たる落ち込みと厳しい景気後退が目立った出来事であったが、一九七四年の大半において総需要は大きな挽回を示している。

(*ibid.*, 35)

一九七四年末の段階ですでに危機の主要因が総需要の低下にはないことを把握していたのである。そのかわりに彼が挙げるのが供給側の要因である。インフレの昂進で将来収益力に自信を失い始めた企業が在庫を貯め込んで新規設備投資をためらっていることがGNP低下の主要因だというのである。

彼はすでに七四年九月の会合で図を示して企業は在庫を積み上げて遊休設備を持て余していることを説明している (Hargrove and Morley eds. 1984, 442)。また時期は示していないがアメリカ労働総連盟代表も務めたミーニ (William G. Meany 1894–1980) がフォードのもとを訪ねて一千億ドルの財政赤字をとるよう提案しており、後退の深刻さや対策について訊かれたグリーンスパンは、あまりやることはないが古典的な在庫調整型景気後退だと答えた。フォードに「本当にそうだとどれくらい自信がある」と質問されたので「大統領、はっきり申しまして断片的データだけなんです。遅れてずれたデータを扱っているわけですが、可能な限りで考えますと最終需要に大きな弱まりはなく、それは当然ながら元に戻ることを意味します」と答えた。フォードは「そうなったら、ほぼ何もなかったも同然になるわけだな」と返した (Greenspan and Smith 2008, 14–6)。

だから週間GNPを開発したのだろう。おかげで一九七五年二月に上の分析が正しいことをグリーンスパンは確信する。周りはFRBがM1を一〇%増やすべきだと口にしていたが、彼自身は需要が維持されていて在庫が掃けるからいずれ投資は再開されて景気は持ち直すと読み、春から夏にかけてバーンズも貨幣増は必要ないと主張していた (Hargrove and Morley eds. 1984, 446)。需要が落ちていないからテコ入れは必要なく、むしろ放任が最良であると見たわけである。そして彼はフォードに減税を勧める。むろん背景には議会からの激しい圧力があり、五月に総所得の低下が明るみに出たタイミングで議会に出向いたときは、議会の反応を恐れて防弾チョッキを着て行ったと述べているほどである[14]（*ibid.*, 448）。

4　大膨張下のフォードノミクス

大膨張と投資の短期化

一九六〇年代から七〇年代にかけてアメリカはインフレと低成長に苦しんだ。これはふつうスタグフレーションと呼ばれているが、最近では「大膨張 Great Inflation」という語も用いられ始めている。しばしばそれは何か不可避の出来事であったかに語られるが、実際にはただの政策ミスである。フォードは歴代大統領の中であまり評価が高くない。任期中に経済が収縮したことだけでなく、ニクソンに比べれば華々しさに欠け、疑獄に巻き込まれた彼に特赦を認めたことも不評を買っているのだ。

本書の重要な仕事の一つはグリーンスパンの活躍を描き出すことなので、それとの対比でフォードは経済に関心が薄いというニュアンスが伝わるかもしれない。しかしそれは誤解である。以下ではフォード時代の経済政策を「フォードノミクス」と捉えて、その輪郭を描き出すことに挑戦する。

グリーンスパンは一九八〇年にスタンフォード大学フーヴァー研究所から刊行された政策論集『一九八〇年代のアメリカ』に七〇年代半ばの景気後退を財政・金融政策を含む包括的な視野から考察した論文「経済政策」を寄せており、実はずいぶん前に翻訳されている。冒頭部は鮮烈な名文である。

工業段階の経済を動かす基本的な諸力を経済学者たちが把握しえたと考えていたために外見が穏やかに見えた一九六〇年代の日々は、インフレと経済停滞という通夜の中でかすんでしまった。工業段階の世界の大半において古い政策の信憑性の多くが過ぎ去るか過ぎ去ろうとしている。その結果、経済政策策定過程において自信（self-confidence）が弱まってしまった。

均整がとれ安定した経済成長を生み出すよう自国政府から指示された人たちは、気がつくと自分が手にしているツールでは到達できないゴールに到達するよう懸命の努力を繰り広げていた。経済学者が困難な指示を実行できる程度に工業段階の先進国経済における複雑な力学を理解しているのかが問い直されねばならない。真であると考えられてきた多くのことどもがいまでは真ではなくなっている。

(Greenspan 1980, 31 上巻一三)

言うまでもなく、これはケインズ派批判である。論文全体にわたって数十年を単位とする大局的な潮目の変化が同派批判を伴って描き出される。それはまず経済予測の実績が低下したことにある。発端は六〇年代にある。のちの「根拠なき熱狂」講演でも繰り返される論点だが、戦後ケインズ経済学の制度化に伴って政府関係者や民間シンクタンクは大規模な計量モデルを作成してマクロ経済の動向を予測しながら最適なポリシーミックスなるものを追うようになる。しかし過度のインフレがモデルの前提系列をあっさり覆してしまった。

インフレと失業の間の安定したトレードオフはスタグフレーションの犠牲になった。マネーストックと名目所得や利子率との間に想定されていた安定的関係もますます疑問に晒されるようになっている。……私たちはインフレと失業のトレードオフにかかずらってはおらず、経済の中のインフレによる歪みを散らすという単純なことを政策の目的としている。それに成功すれば他の政策の発動は無用になる。失敗すれば他の政策の発動はすべて無効になる。

(*ibid.*, 33–4 上巻一五–六)

つまりケインズ派もマネタリストも大膨張という時代の大波に呑み込まれてしまったいま、インフレを抑えることが最も重要な政策上の使命となっているのである。ではなぜインフレは経済成長を抑え込むのか。これに彼はインフレが不確定性を増したおかげで供給側が投資意欲を減退させているからと答えているが、ここには企業経済学の専門家の視点が反映されている。

投資の実行を阻む不確定性が十年前よりもはるかに拡大している。この不確定性は投資の計算においてリスクプレミアムを引き上げさせ、通常の資本プロジェクトの契約では財務上の基準を通らなくさせている。……現金回収が速い短期資産についてはまだ通常に近い水準で投資が行われているようである。だが長期資産、特に何年も（ときに数十年）かけないと投資コストを回収できない大規模建設プロジェクトに関わるものについては投資がひどく減速している。

(*ibid.*, 34 上巻二六-七)

インフレ下でも売上が伸びる可能性はあるが、企業はいつも未来に向けて商品をつくるので確実に売れるという保証はない。物価高でいずれ消費が冷え込むかもしれず、そうなると投資は回収できない。だから設備投資に二の足を踏むのである。「不確定性」という語は経済の中の不定型な因子を指すのに重用されるが、この語は確定的に使うべきである。ここではインフレと政府規制の変更のみを指す。また回収期間によって投資が二種類に区分されていることに注意しよう。これはオーストリア経済学で特に強調される点である。財は最終的な消費段階からの隔たりによって高次財と低次財に分かれるが、高次財とは消費財を直接生み出す資本財以外に土地、エネルギー、資源など、広く基礎的な諸財を含む。それに新規投資してから元を取るまでに長い時間がかかるから、その間に経済変動が起こる可能性が高く、複期合理的に動態効率を追求する企業家は高リスクと見れば投資を見送るか小規模にするだろう。

グリーンスパンは投資耐用年数を数字で示している。六〇年代前半の住宅以外の固定資本投資の平均耐用年数は二十一年だったが、七九年には十八年弱に縮まった。耐用年数の長いビルの構造物全体のシェアは五九年に九%だったのが七八年には三%に低下し、耐用年数がより短い自動車や設備の比重が相対的に増えており、さらに研究開発投資が短期で回収できるものにシフトした（*ibid.*, 34-5 上巻一七）。

ケインズは生まれる前に論駁されていた

不確定性は大きくはインフレと規制強化に起因するが、それらの根を探ると実はどちらも政府に行き当たる。またインフレを起こしているのは主に金融政策だとしても、財政政策の寄与も無視できない。

インフレは和らげられるべきではあるが、目下の経済政策のニーズは費用／便益のトレードオフを、それが短期で費用を生むとしてもなお長期的な利を生む方向に向けることである。だが経済政策を支えるべき政治過程は、うまくいったときでも日増しに短期の方向に向かいつつある。もっと正確に言うなら、政治過程にとって一見不可避的な短期志向がわが国の経済の分野にもますます拡大してきている。その結果インフレによる歪みが拡張的な財政・金融政策をとおして経済政策に及んできているのである。（*ibid.*, 40 上巻三一）

財政政策と金融政策の二分法に意味がないだけでなく、議会や大統領が求める恣意的な規制の制や変更が企業の投資意欲を殺いでいる。しかもそれらは政治家の近視眼的利害から生じているのである。

例えば合州国における一九七一年の価格凍結は後年に解き放たれるインフレ圧を抑え込んだ。政治的意思決定の担い手はこうした結果的逆転があるとわかっていても、暗黙のうちにその長きにわたる逆効果を特別扱いして大幅に割り引いてしまう。積極主義的政策の策定者は問題が「起こってから」必要になることに備えることなく、たちまち問題をどっさり積み上げてしまう。その結果、長期の方の費用が、情け容赦ない月日の経過の中で現在の問題となると、短期の便益と言われていたものさえ消滅してしまうのである。（*ibid.*, 40-1 上巻三三-四）

積極的な財政政策や規制政策は圧力団体が予算獲得のためにロビー活動を繰り広げて定着させる。景気が芳しくないときほどその要求は高まり、消費の拡大で投資を引き出そうと財政膨張が追求されるが、「リスクプレミアムが高いときは今期売上が増えたからといってそのまま新規生産能力が必要だとされるという結果にはならない」（*ibid.*, 42 上巻三六）。世論が後押しすれば政府はますます調子に乗る。

当然だが、民間投資を政府投資（と中央計画）で置き換えても、工業段階の世界の多くがつきつけられている意味深長な悩みはほとんど解決しない。なおさら苛立つことに、こうした政策は容易に自己正当化をもたらす。民間投資が弱いから中央計画による政府投資がギャップを埋めるために必要だと論じようと思えばできる。しかし中央計画が広がるほど民間投資の誘因はますます委縮し、これが中央計画の必要性という最初の前提を正当化するのである。この方向に進めば最後にたどり着くのは指令経済である。（*ibid.*, 42-3 上巻三六）

戦後ケインズ派は学界だけでなく政策策定コミュニティでも力を得て影響力を強めた。本書ではケインズとケインズ派を区別するだけでなくニューケインジアンとポストケインジアンも区別して論じている。ただいずれにせよケインズはマクロ経済の作用様式に関する時空間全体を含む一般理論、つまり全体経済学を完成できなかったし、ケインズ諸派も同様である。第3章ではそれを景気循環論や長期期待論に即して論証したが、以下でケインズ理論の支柱となる乗数効果による経済浮揚論も破綻論証であることを示す。

乗数理論の主旨は、消費性向が例えば〇・四ならその二乗、三乗、……と累乗の和だけ政府投資は消費を増やすというものである。等比数列の和の公式が用いられるため、何かそれが客観的で正しい理論であるかに語る者も多いが、そうした素朴な数学信仰は褒められない意味での形而上学にすぎない。この論証が破綻していることは実に簡単に証明できる。同理論は政府が赤字国債を発行して公共事業を行う様子を対象にした点でミクロ理論である。しかし結論はマクロ分野に及ぶ。そしてそれはミクロで正しくマクロで誤りである。その誤りは論証のミクロな推論部分ではなく、むしろそのマクロ的前提に潜んでいるから、同理論と同じ推論を用いて反証する。

政府は、欲求充足に発する消費者の選好で採算性を検証されることなく事業を行う。公共事業が企業家の活動と最も違う点はここである。民間企業は消費者の満足という最終結果が出るように投資・製造・販売を行う。そして需要によって代金を回収できなければ赤字になって経営が逼迫する。黒字が出ることはミクロには企業のもとで起こることにすぎないが、マクロに見ると厚生の増大とその数字的表現であるＧＤＰの増大に寄与する。しかし政府にとってこうしたプロジェクトは本務ではない。だから不況で公共事業が始まるとき、政府は自己資産ではなく民間資産を国債によって実質的に没収するしかない。だからグリーンスパンはそれをあえて「先取 preemption」とするのである。この表現は「没収 confiscation」と言えば角が立つので慇懃に言い換えたもの、いわばフェドスピーク以前のＣＥＡスピークである（本章第6節で登場）。重要なのはこのとき社会全体の財は増えていないという事実である。むしろ財全体の一部の所有権または処分権が民間から政府に移転したにすぎない。いまその量を貨幣的に評価してVとしよう。総所得をY、V以外の財をWとすると$Y=V+W$である。公共事業によってVが七〇％増えると乗数理論が論証したとする。このときVの増し分ΔVは〇・七となる。だからその効果が波及したあとの総所得は$Y_1=1.7V+W$となる。

だが民間主体がVを活用していても乗数効果は存在する。だから問題の白黒を分けるポイントは、いったい同じVを政府が活用するのと民間が活用するのとで、どちらがYを増やすかになる。これに答えるのに戸惑う者はいないであろう。企業家はふだんから競争に晒され消費者の現在の選好ばかりか未来のそれも見抜く場合すらあるくらいだから、常識的に考えて彼らの方が効率よく財を増やせるに決まっている。政府がつくった箱もの施設は客で満杯で並ばないと入れないがディズニーランドにはいつ行っても閑古鳥が鳴いているだろうか。もし民間企業の乗数効果でVが九〇％増えるなら$Y_2 = 1.9V + W$となり、「$Y_2 > Y_1$」が成り立つ。以上より乗数効果による公共投資の所得増大効果論は誤謬推論である。

ではなぜこうなるのであろうか。答えは簡単である。それは乗数効果をミクロに論証する際にそのマクロとの関係を見ないからである。経済財がマクロ経済の外から降って湧く可能性はない。公共投資の効果のみを論ずるのは物事の全体構造を見ずに目に見える現象のみに聞き手の注意をひきつける詭弁である。反介入派に民間投資の方が生産性が高いことを「実証」せよと迫れば自ら墓穴を掘るだろう。同じ財を官が投資に使うか民が使うかは択一的なので対照実験の手法は適用できないため、実は原理的に誰も実証できないからである。だが挙証責任は介入派にあると言うべきである。

ところが学史を振り返れば一九世紀にすでに乗数理論と同様の着想が論破されていることに気づく。それを行なったのはバスティア（Claude Frédéric Bastiat 1801–1850）である。自由主義者でコブデン（Richard Cobden 1804–1865）とも交流した彼は理論をわかりやすい逸話で説くことに長けていた。破壊も再投資を通して経済を刺激するとの見方はマンデヴィル（Bernard Mandeville 1670–1733）にも見られるが、バスティアは逸話「割れた窓ガラス」でこの主張のおかしさを子供にもわかる言葉で証明した。小売店主の息子が店の窓ガラスを割ってしまい、大人が集まってきた。その中に、これでガラス屋が儲かるし、増えた収入で彼が買ったものを売る店の店主も儲かる等と述べる者がいた。しかしこれは誤りである。なぜなら、小売店主は余計な出費を迫られただけであり、そのおカネ（Vとしてもよい）で別のものを買っていたとしたら生まれたであろう売上と、彼に商品を売った店の店主がそのおカネで買ったであろう別の商品の売上、等々が少年のおかげで消えてしまったからである。社会全体の富は増えてなどおらず、むしろ割れたガラスの分だけ減っている（Bastiat 2007, 2-4 ; Hazlitt 1979, chapter 2）。

重要な点を定式化する。すなわち、ケインズは生まれる前にすでに論駁されていた。需要に迎えられない投資は資源の破壊と大差ない。子供でも嘘だとわかる歪んだ論法を勿体ぶった理論の飾り箱に入れて教えている現代の教科書とは一体何であろうか。喩えで理論を提示するのは幼稚だとの反論があるかもしれないが、論理破綻を見抜けないままにこうした批判を行うことは幼稚でないのか。この問題を扱う際によくクラウディングアウト（民間投資の押しのけによる民業圧迫）の概念が用いられるが、グリーンスパン本人によると、この語は一九七四年九月の予算委員会で彼が初めて用いたものである（Hargrove and Morley eds. 1984, 449, cf. 418）。

ケインズ派の問題点も指摘しておこう。戦後のケインズ派の展開の中で失業率と物価の間にトレードオフがあるというフィリップス曲線仮説が受け入れられた時期もあったが、大膨張がそれを廃棄学説処理場に送り込んだ。インフレがはびこるもとでは好況で物価が上がるから失業が減るという古典的な景気循環はもはや姿を現さない。グリーンスパンの表現に従うなら、インフレを抑えても失業率が上がるとは限らない（*ibid.*, 445）。またこの議論は相関における因果性の一般理論で検証される必要があるが、それは本書の役割ではないので、ここでは失業に関するグリーンスパンの達見を紹介しておこう。先に現代人はマクロ指標のうち失業率ほかを重視すると書いたが、実はその根拠は定かではない。グリーンスパンはＣＥＡ委員長インタビューで本当は失業率など重要ではないとの見方を示している。

当時私も行い政治的な面で勝利を得ていたと信じる議論ですが、失業の水準は重要な変数じゃないんです。政治で失業がこれほど敏感な反応を生む問題になるのは、失業している人ではなく失業しないかと心配している人のせいです。失業率が七％でも九三％は仕事があります。……そう結論してみればわかりますが、重要なのは失業率ではなくレイオフ率です。政治を担う人間から見て、失業率八％で後退しつつある経済があって、そこではレイオフ率が低くて登録率が高いので仕事をしている人たちが大きな安心感を持っているとしまして、それと失業率が四％で好転している〔がレイオフの多い〕経済とでは、私なら前者の方がはるかにいいですね。
(*ibid*., 452)

経済をめぐる議論には数字がつきものである。それは当然であろう。だがその数字がなぜ重要なのかは実は十分論証されてはいない。失業の抑止はハンフリー＝ホーキンズ法でＦＲＢの使命と定められているが、当時グリーンスパンはそこに所属していない。またそれがもう一つの使命である物価安定と長期にわたってどう両立できるのかについても、貨幣を含むミクロ理論からの理論的探究は行われていない。

フォードノミクス

こういう考えを持つＣＥＡ委員長を擁したフォードがどういう経済学を奉じていたのかを見よう。

フォードは経済学の専門教育を受けていないが、一九四九年に初当選して以来の長い下院議員時代に各種の委員会で経済政策策定に関わる経験を積んでいる。当選後まもなく一年生議員なのに公共事業委員会に入り、五一年からは下院歳出委員会、六四年からは下院の院内総務（floor leader）を務めており（Ford 1979, 68, 71〔六六、九〇-一〕／邊牟木 二〇〇九）、議会や経済の日常について豊かな常識を身につけていた。

グリーンスパンの目線から目立ったのは、数字に強い点と市場への厚い信頼である。そしてこれらはどうやら一体となっている。彼はフォードが行なった演説の一部の原稿を書いているが（後述する）、もっと明快にすべきだったとか、自分たちの方こそＢ級ではなかったかと述懐しており、フォードに紙を見ずに喋ってもらうようにしたとも述べている（Hargrove and Morley eds. 1984, 420）。

彼は偉大な雄弁家という語でイメージされるような話し手じゃないんですが、それよりもずっとうまいんです。何よりもメディアを騒がせたのは、一九七六年一月にメディアの前で彼を見せびらかすように連邦予算について会見してもらったときのことでした。それは前例がありませんでした。一九七五年か七六年か忘れましたが、彼は前に出て行って予算の数字を全部わかってるんです。

(*ibid.*)

フォードの経済学は十分な説得力があった。中小企業経営者を前にした演説は強い反応を引き起こし、政治面で牽引力となった。グリーンスパンはフォードが議会での委員会経験から予算について事務方よろしく細部に精通していた点に自分と同じ資質を読み取って親近感を覚えたものと思われる。それは市場の自己調整力への確たる信頼と一体となっていた。二〇〇八年の対談を見よう。

変わりつつある経済や私たちが学校で学ぶことどもすべて、経済の乗数やなんかが正しいとかそうでないとかについて、彼が立ち上がって講義したりすることはありえませんが、多くの点で世間がどう動いてるかについて常識的な見方は持っていました。あの、私は計量経済学者で、数学的な材料をいつも扱ってましてね。それでときにこうした絡み合った材料を見ては、あると思った厳密さにたどり着いて、そうしてから言うわけです。「ときにはこんな材料は脇に置いてただ外で何が起こってるか見ればいいってことくらいわかるんだけどな」と。

それこそフォードがしてたことですよ。彼はあらゆる手でコンタクトを、特に財界と持っていましたから、何が起こってるかびっくりするほど最新のことを知ってました。適切な政策とは何かについても優れた感覚を持ち、景気の波が来ては去ると理解するのに十分な歴史の知識がありました。だからこれ〔七四年の経済後退〕は当時なりに大恐慌以来最も厳しいものなのに、彼は基本的にそこから何とか抜け出せると知っていました。

ただ自分の専門分野外でその界のアデプトに値踏みされるとは大統領も苛酷である。だから公平のために評価を割り増すとして、どこまで割り増すかに悩むなら、フォード自身の言葉に耳を傾ければよい。

（Greenspan and Smith 2008, 17）

FDR〔F・D・ローズヴェルト〕時代以来、民主党の政治理念はインフレより失業の方が深刻な問題だというものであった。伝統的に民主党は雇用を刺激し、連邦予算を拡張し、その結果連邦赤字も増やして、こういう働きかけがインフレ率に及ぼす影響に賭けた。……民主党は過去四十二年のうち四年を除き常に議会を支配し、議会はインフレ治療よりも……失業対策でずっと簡単に「実績が出せる」と言い張った。共和党側はいつもインフレこそ公衆の第一の敵だと考えていた。私たちはインフレ対策を行えば失業が増すという攻撃を否定した。インフレも失業も同時に減らせるという立場である。対インフレ戦で効果が上がるほど民間部門は自信をつけて事業を拡大する。そしてそれが新規雇用を創出するからである。

（Ford 1979, 152 〔三〕）

ここには解説を蛇足にさせる正しさがある。彼は二〇世紀的な意味での古き良き共和党（GOP）とは何かを知っていて、それが経済に関する判断を着実でブレのないものにしていたのである。そしておそらくインフレを抑えても失業は増えないという「立場」はグリーンスパンのお墨つきを得て打ち出されていると考えられる。

5　フォード時代にあった新自由主義の起源

フォードに信頼されるグリーンスパン

本章第1節でCEAのデファクトな権限は委員長の大統領との関係次第で、グリーンスパンの場合フォードとの良好な関係を築いたためその権限は大きかったと述べた。本節ではそれを裏づける。だがそれで終わりではない。一般に新自由主義はレーガン時代に始まるかに語られることが多いが、ここまでですでに見た経済学的信念にも十分現れているとおり、実はフォード時代にすでに民主党的拡大路線からの決別は始まっていることを論証したい。そのシフトの舵を切ったのがどうやらグリーンスパンであるらしいことと共に。そしてそれは両者の良好な関係により可能になったことがわかるだろう。

グリーンスパンのフォード評には前節でふれたので、ここでは視点を裏返す。外交の世界で活躍をしたキッシンジャーはニクソン政権の評価を高め、続いてフォード政権でも働いたが、臨床経済士（clinical economician）とも言うべき高校の後輩グリーンスパンはニクソンを避けフォードのみに協力した。彼は歴代CEA委員長の中でも最高峰に位置すると思われるが、フォード自身も協力者に大変恵まれたことを認めている。

> 経済の地固めの具体的手順を決めるうえでアラン・グリーンスパンやアーサー・バーンズといった優秀な人たちから助言を得られたことは特別幸運だった。……グリーンスパンは私の政権への参加をためらっていたが、ヘイグが国にとって彼が必要だと説得してくれたことでようやく（大きな個人的犠牲を払って）同意してくれた。まもなく彼が大きな仕事をしてくれそうだとわかった。会議に出席し、テーブルを囲む面々の発言の主旨をまとめ、そして私にすべての選択肢を示してくれる能力は他の誰よりも優れていた。

生涯の大半を象牙の塔に座してすごし、図表を眺めては経済トレンドを予測してきた人たちと比べると、グリーンスパンは世論の把握力で神業的（uncanny）であった。大多数のアメリカ人にとってインフレは失業問題以上の懸念だと彼は確信しており、アメリカの中核をなす人々は連邦政府の支出拡大についてキャピトルヒルが展開するプロパガンダにきっと白けていると考えていた。その資金を自分たちが払うことになるからだ。支出案の追加を迫る圧力があって私の意思決定が政治的配慮によって左右されそうだと見たらいつでも彼は一線を守るよう警告してくれたものだ。たいてい私が折れた。彼が正しかったからだ。

（*ibid.*, 152-3 一八二―三）

フォードは彼を右腕として信頼し、ふだんの政治生活の中で彼の経済分析に依拠して発言している。七四年の経済後退のあと十一月五日の中間選挙で共和党は大敗し、下院で四〇、上院で四の議席を失う。デトロイトのあるミシガン州が地元の彼は自動車業界と関連が深い。回顧録によると、かの七四年後退ではその底が浅いことを自動車業界人に説いている。

一九七五年に好況になると期待したアメリカ全土の各企業は在庫を脹れ上がらせていた。そのあと何かがおかしくなったようだった。インフレの昂進で自信が雲散霧消し始めた。新規発注を取り止め、財界はまず在庫から取り崩そうと決めた。自動車産業が特にひどい打撃を受けた。……フォード、クライスラー、ＧＭ三社は工場の閉鎖、生産計画の再調整、労働者数万人のレイオフに踏み切った。十一月五日にはＧＭのディック・ガーステンバーグ社長が大統領執務室にやって来た。……私は景気はすでに底を打ってまもなく上向くだろうという見解を述べた。彼は言った。「いいえ大統領、これから最悪の事態になります。」

（*ibid.*, 203 二三九）

二つのことがわかる。まずフォードはＣＥＡの辣腕委員長に全幅の信頼を置いていて、財界との接触でも彼の見方を右から左へ伝えている。それから前節で見た同委員長のフォード評は正しい。

とはいえグリーンスパンにはある弱点、より正確には世間が根拠もなくそう考える一面があった。学位がないことである。歴代ＣＥＡ委員長の多くは当時もいまも大学教授経験者である。インタビューの中に聞き手がこの点を指摘する場面がある。それは応用における専門知の意義について再考を迫る内容を含む。

ハーグローヴ　アカデミックな畑の人間ではないことで仕事に何か影響は出ましたか。

グリーンスパン　いいえ。まあその語の意味次第ですね。私はみなさんが考えるよりアカデミックですよ。

ハヴァード(15)　……あなたは広い基盤を持っていて実務的ですが、権力を手にすることにあまりこだわらず、専門的なコンサルタントの役目を果たすことの方にやりがいを見出していますよね。それでいて物事の背景の問題に関して多くの情報を得ることをねらっておられて、どちらかというと書類のやり取りにはあまり依存していないように思えます。他のＣＥＡ委員長たちはいつもメモをやり取りすることを重視するんですが、あなたの場合人と会うこと、お互いの関係を築くことをはるかに重視しておられる。そういう経験はアカデミックな経験よりずっといいと思いますね。

ハーグローヴ　それで思いついたんですが、あなたはこの仕事を始める前に思ってたより役目を共同作業化してきたんじゃないでしょうか。顧客に向き合い、実世界や政治的コンテクストに向き合って。ご自分の助言業務についてあなたが開発してきたモデルはまったく適切なものですよ。

グリーンスパン　そうでしょう。多数の顧客から一人の顧客にシフトしたんです。そこが重要です。……分析的技法、データ、理論を明確な提案、動くための諸提案や選択肢を生み出すのに使っていました。このモデルは政府内での政治上の政策策定の役目や経済上のそれにとても似てるんです。

ハーグローヴ　アカデミアの人たちは概してこの仕事でねじ伏せ技（hammerlock）をかけてきました……。

グリーンスパン　……しばしば経済学者はケインズからスタートし、それがシステムの作用の正確な描写だと思ってる……。何人もの経済学者が私たちのつくる計量モデルと実世界を区別できていません。……私は去年ついに学位を取りました。それまで世界でいちばん長居した学生でした。……政策策定の観点からはＣＥＡ委員長がこわい学者だと問題が多いし、逆でもダメです。理論や学問の根を持たない厳密に実務的な経済学者なら実績は出せない。この分野のアカデミックな同僚たちが議会経由でかけてくる圧力のせいでね。この分野で四つに組めないと仮初《そ》めの働きで終わりますね。

デーン(16)　アカデミックな証明書なしにどうやってですか。

グリーンスパン　うーん違う、証明書云々じゃないんです。証明書は事柄自体（substance）を知らないと役立ちませんよ。……そんな表面的な議論を突き抜けて政治や経済の議論で確たる基盤にたどり着けないと――それが政治という競技場のすべてですが――かなり守勢に回るでしょうね。技術知に長けた専門家たちの外面的議論に対抗できないと大統領の信頼は得られませんよ。純粋な学者さんはふつうこの務めでは大いなる不足をかこつものです。

(Hargrove and Morley eds. 1984, 425–7)

ＣＥＡ時代に学位がないことに引け目を感じたのか、辞任後ただちに取得している。四六年雇用法はその委員長に「訓練・経験・実績」を求めてはいても学歴は要求していない。しかし彼は日本にはないタイプの学会と接点がある。『地図と現地』によると、一九五九年に全米企業経済学会（National Association for Business Economics）の創設に携わって七〇年にはその会長に、七四年には企業経済学者会議（Conference of Business Economists）の会長に就任しているし、八七年に内定していたニューヨーク経済クラブ会長の役職は同年ＦＲＢ議長になったので断っている（MAT 129–140）。彼の学位論文は昔の論文を集めたものであったが（本書第６章）、その内容は学術的に十分高度なものである（第３章）。

アメリカは自由の国で科挙以来のテスト文化の伝統を持つ東アジアとは違うが、こういう面での世論の反応は洋の東西を問わないようだ。ただ学位が主流派の経済学、しかもミクロ理論を持たない単独マクロ経済学たるケインズ理論の習得を保証するものにすぎず、かつＣＥＡの仕事が金融政策以外の経済政策全般だとすれば、この風潮は自己破壊的かもしれない。それは仕事に役立たない経済学を身につけた者を自国の政策指揮官に推す磁力になるからだ。経済学者に対するフォードの見方は辛辣極まる。

昔誰かから聞いた話だが、経済学者というのはハリケーンは絶対に来ないと予告する人物である。ところが彼はすぐあとで他人宅の屋根の修理か葺《ふき》替えを請け負うというのだ。一九七四年の秋はこの定義がぴったりに思えた。型通りの経済理論はインフレが大きいと失業は小さいと考えていた。

(Ford 1979, 202 三六-九)

グリーンスパンは空は晴れないがハリケーンの直撃もないと予言した。実際それは来なかった。彼は象牙の塔の住人ではない。こうして七四年の出来事は両者の間に確たる信頼の絆を生み出した。

グリーンスパンはＣＥＡ委員長の仕事がコンサル業務の延長上にあったと述べている。タウンゼンド&グリーンスパン社で彼は企業重役相手に投資意思決定の参考になる分析を提供していた。しかしその際個々の業界の事情も踏まえてはいるがマクロ経済の動向を読みながら助言していたのであった。そして実はこのスタイルをほぼそのままＣＥＡ委員長業務に転用したのである。

そうですね、初めに経済諮問委員会とは何か言おうと思います。それはとても小さなコンサル屋さんで、顧客は一人、合州国の大統領です。そしてその権限は全面的に大統領がＣＥＡの委員長と持つ関係に比例します。

(Greenspan and Smith 2008, 1)

ワシントンに移ってもやることはほぼ同じで八五％は被《かぶ》っていたと、ユダヤ人らしい数字愛をうかがわせる表現も披露している（*ibid.*, 4）。こうして経済分析はいかにテクニカルなものであっても政治的コンテクストの中に置かれ、最終的には減税規模はどれくらいにするのか、財政赤字を取るのか取らないのか、取るならどれくらいの額までにするのか、減税がどれくらい総所得を伸ばし、財政赤字が数年でどれくらい経済成長を阻むのか、といった問題に具体的に一群の回答を用意する。この政策提言がせいぜい誤差の範囲内で所期の効果をもたらすことで両者の信頼関係は築かれ、かつ強められる。だからフォードはグリーンスパンの報告を見て何と三分で意思決定したという（Hargrove and Morley eds. 1984, 417）。

前任者スタインのインタビューは頭痛を誘う。ニクソン時代を象徴する政策は物価・賃金統制だが、スタインはこれに反対であった。ここまではまだありえようが、ニクソン自身もそれが嫌だったとか、彼は基本的に市場を信頼するが積極主義者だったとの述懐は理解に苦しむ。原因はニクソンの分裂気味の人格にある。彼は経済に関心はあったが独力で流れを変えられない分野だと考え、そうできる外交をむしろ好んだ。だが強引な転轍が大統領の仕事だと考えて統制に踏み切ったのだろう[17]（*ibid.*, 365–7）。

これではCEAのメンツが立たない。グリーンスパンCEAはこれと対照的なわかりやすい信頼関係によって大変強力な権限を持ちえた。彼はカーター政権のCEAがバラバラだと述べている（*ibid.*, 437）。どんな組織でも言えることだろうが、最高意思決定権を持つ組織のトップは通常何かの専門畑で鍛え上げられて選ばれる。だがすべての分野で専門家である人間はいない。だから仕事の執行に必要な各分野で有能な部下を抱えておき、その助言を素直に（むろん見当違いなら別だが）聞き入れて意思決定を行うことが組織にとって最良かつ最軽量の執行体制なのである。グリーンスパンの見解を聴こう。

組織が機能するにはどのレベルでも直属の上司に全部相談せずに大統領の名のもとに意思決定する人たちが

いないとね。こまごました決定すべてを辻褄が合うようにしてトップに上げるなんてとんでもないです。……討論は大統領のわかる範囲でしないといけません。彼が個人で判断できない技術的な問題で判断を下すのは無理ですしね。政権の下の方のレベルで大体のところまで発酵させておく必要があります……。(*ibid.*, 437–8)

理想的な上下関係だが、この場合それが二者関係であることに注意すべきである。その成立条件は基本的な政治・経済観が共有されていることになろう。それがあるおかげで講壇経済学者からは得られない助言を受け取れ、フォード政権はよろめきながらも何とか経済を改善することに成功したのである。

政策とは政治の具体的執行であり、選挙と選挙に挟まれた任期中に結果を出すことを前提に行われるが、それは時代の流れの中で十年かそれ以上の単位で一つの極から反対の極に揺れ動くものである。フォードはこのことを経験からも熟知している。

大恐慌と第二次世界大戦以降のアメリカでは民主党が拡張主義・積極主義路線を採り、赤字国債で経済を刺激してケインズ色を強めた。そして実はそのプログラムの中には戦争も含まれていた。だからロン・ポールらが使う「戦争－福祉国家 warfare-welfare state」という語は正しい。F・D・ローズヴェルト（Franklin D. Roosevelt 1882–1945 民主党、一九三三～四五年に第三二代大統領）が日本と開戦し、フォードはフィリピンやグアム戦線に派遣されている。その後やはり民主党のトルーマン（Harry S. Truman 1884–1972 一九四五～五三年に第三三代大統領）をへてアイゼンハウワー（Dwight D. Eisenhower 1890–1969 一九五三～六一年に第三四代大統領）が共和党時代を築くが、六〇年代にはケネディ（John F. Kennedy 1917–1963 一九六一～六三年に第三五代大統領）やジョンソン（Lyndon B. Johnson 1908–1973 一九六三～六九年に第三六代大統領）ら民主党勢が拡張主義を呼び戻す。財政は節度を失い、まだインフレが焦眉の課題となってはいなかったものの、時代の様相は大きくシフトしていく。フォードは四九年に下院に入ったが、それ以降の推移を建国以来のマクロ史の中でこう見ている。

わが国建国期には政府の機能とは国内秩序を向上させ国の安全を維持することであった。一九七四年になると大々的に所得を再分配することが主な機能になっているらしかった。ますます多くの働く人たちがますます多くの働かない人たちにおカネを回すようになった。この傾向はわが国自由社会の存続に真の脅威を突きつけた。……それにしてもたった二十五年でこうも局面が変わるものだろうか。私がワシントン入りした一九四九年には、中道リベラルのトルーマン大統領が第八〇回議会で多数派の共和党と闘っていた。大統領は支出を望み、私たちは貯蓄を望んだ。一九七四年のいま私は議会で保守中道の共和党において多数派のリベラルな民主党と闘おうとしているのだ。大統領は貯蓄を望み、議会は支出を望んでいた。
(Ford 1979, 155–6 一五五–六)

対比をうまく活用した見事な叙述である。政局はいつも大部分が直近の過去に規定されるが一部は未決定のまま未来に開かれている。過去を参考に未来を構想する現役世代が「いま」の形を決める。歴史とはそういう「いま《モーメント》」の積み重なったものである。そしてこれが一九七〇年代の「いま」であった。レーガンはスミスの肖像を掲げバスティアを奉じていると述べた。しかし彼の時代には共和党が戦争推進政党になるという逆転があり（村井 二〇〇五）、財政赤字は拡大している。だとすればそれが（思想ではなく政策上の）新自由主義の発端だとする現行の歴史理解は疑わしい。実際にはフォードこそ新自由主義に舵を切った大統領であった。当時も財政赤字は拡大したが、それは過去が押しつけたものであり、既定路線を続ければもっと拡大していたであろう。そしてこの転換の中心部分は一人のコンサルタントが一人の顧客を相手に助言を行うしくみが可能にした。

フォードはニクソンよりも議会と仲が良かったが、先述の中間選挙での大敗で野党が多数派を占める「ねじれ議会」になったため重要案件では拒否権を発動して議会に「ＮＯ」をつきつけた。七五年に提出した十九億ドルの雇用創出計画を議会が五二億ドルに膨らませたときをはじめ、任期中に三三回拒否権を行使しており、六三・五億ドルを節約したことを自ら誇っている（Ford 1979, 293 二九三）。またニューヨーク市と州の財政が破綻間際に至ったとき市長と知事が助成を嘆願したが、放漫財政のつけを国民の税金で穴埋めするという発想を嫌い、認めた場合の全国的影響も考えて、にべもなくこれを断っている。「基本的にそれは蜃気楼だ。連邦政府が肩代わりすることで市の予算が今後均衡する望みは増えるどころか減るだろう」と述べる彼は実に冷静な自由主義者である（*ibid.*, 319 三七）。

響き合うフォードとグリーンスパン

公的な文書からもコンサルタントと顧客の連係プレイを再確認しよう。

まずは一般教書演説である。そう訳される「State of the Union Message」の「Union」とは合州国全体のことで、直訳すると「連邦の現状伝達」となる。[18] これは広く外交・経済・内政一般の諸問題を扱い、年頭に議会に伝達されて全米だけでなく世界の注目を浴びる。フォードの初の一般教書は一九七五年一月十五日、つまり景気後退の余韻が残る逆風のさなかに第九四回議会両院合同会議で読み上げられた。

冒頭、二十六年前に世界を変えようとの決意に燃える若者が下院で議員就任の宣誓を行なったとき当時のトルーマン大統領が教書を読むのを聴いていたと、過去の記憶が呼び覚まされる。トルーマンは当時合州国の状況が良好だと報告できて嬉しいと述べた。ところが、

> 本日ミシガン州から選出されたその一新人議員はトルーマン大統領が立っていた場所に立っていますが、わたくしはみなさんに合州国の状況は良好でないと言わなければなりません。何百万人もが失業しています。景気後退とインフレがその何百万人を上回る人々のおカネを減らしました。物価はあまりに高騰し、売上げはあまりに減速しています。
>
> （Ford 1975 三五［原文は三六三］）[19]

全米が注目する中で両院議員を集めて行われる年頭の演説で、大統領自らがこういうネガティブな展望を語るこ

とは異例であろう。しかし上述の自己分析、正直さの価値を強調した就任演説を見れば、ニクソンやバーンズの負の遺産を所与のものとして受け止めたうえで彼なりにリスタートの決意を表明していることがわかる。むろんグリーンスパンの太鼓判が思い切った発言の一因である。いや、実は彼がこの教書の原稿執筆担当者の一人だったのである（Hargrove and Morley eds. 1984, 444）。二〇〇八年対談では「そして演説はずっと書き直し、書き直し、書き直していまして、最終的にはすごく思慮に富んだ演説をしたと思いますね」と回想している（Greenspan and Smith 2008, 13）。

『経済白書』の本文の執筆担当者はＣＥＡ委員長だが、序文は大統領が書く。この教書とほぼ同時に公刊された一九七五年版の序文はこう結ばれている。

一九七〇年代に立ち現れた経済問題は厄介なものである。一部は誤導の歳月を反映している。わが国の経済的難局を解決するための努力は後世に問題を大きくしてしまうことのないような解決策の方へと向かわねばならない。一九七五年は経済問題に立ち向かって実際に解決できるような道に向けてスタートする年にしなければなるまい。（CEA 1975, 8）

これは一九七四年の後退が政策ミスであると判断していることを匂わせる。翌年の序文では景気の持ち直しが告げられ、ややトーンが上向いている。

一九七六年に入ったいまもアメリカの公衆はなお二つの個人的懸念に直面している。インフレと失業である。この懸念が妥当で、過年度に生じたとても歴然とした進歩の影が薄くなっては困る。わが国経済は目下、より健康な方向に着実に向かっているというのは事実だ。……一年前経済は厳しい後退のさなかにあり、すぐ終わる見込みはなかった。

結びは前年の続き物としてデザインされている。

一年前私はこう述べた。「一九七五年は経済問題に立ち向かって実際に解決できるような道に向けてスタートする年にしなければなるまい」と。私たちの始まりを喜ばしく思う。道のりは長いがそれがすべてのアメリカ人にもたらす利益を考えると旅に出る価値がある。一九七六年はアメリカ人の生活をよりよくする方へと前進を続ける年でなければなるまい。

(CEA 1976, 3)

(ibid., 8)

実は先の一般教書の結語にも同様のアメリカ的楽観主義が息づいている。

独立二百年祭が近づくいま、わが国の政治と経済の力強さは私たち自身と子孫次第です。アメリカをいま一度、また来る数世紀とその先にわたって、過去長きにわたってと同じようにしようではありませんか。そう、全世界の自由の砦であり松明《たいまつ》であるように。ありがとうございます。

(Ford 1975, 三六二［三七三］)

ここには挫折があってもやはり人や世界を基本的に信用するフォード特有の鷹揚さがある。そう言えば、回顧録のタイトル『癒しの時 A Time to Heal』や、『旧約聖書』は「伝道者の書」からの「すべてのわざには時がある」というエピグラフには彼のメッセージが表れていることに気づく。先述の「いま」が「時」の語で言い換えられているのである。

かつてトマス・ジェファスン大統領は、大統領業とは「二つの素晴らしい悲惨にほかならない」と書いた。ウィリアム・ハワード・タフト大統領はホワイトハウスを「世界で最も孤独な所」と呼び、ウォレン・G・ハーディング大統領は「刑務所」と表現した。私はまるでそんなふうに感じなかった。

(Ford 1979, 205 二四一)

これが「最適人間心理」の何たるかである。犀利さは使い方を誤ると他人ばかりか自分をも傷つける。二〇〇八年対談でスミスはニクソンを「最後のニューディーラー」、フォードを「古典的保守」と呼んでいる。フォードが着手した方向転換は一九七六年の選挙で彼が敗れたことで挫折した。だがカーターも成功したとは言いかねる。一九八〇年の大統領選でフォードにレーガン政権入りの打診があり、デトロイトの党大会でキッシンジャーとグリーンスパンにも声がかかった。実現はしなかったが、フォードは二〇〇六年まで長らえ、二〇〇三年にはフォード大統領財団（Gerald R. Ford Presidential Foundation）の第一回公職殊勲賞（Medal for Distinguished Public Service）をグリーンスパンに授与したし（図4・8）、死の数週間前にも彼に会っている。スミスはフォードがニクソン特赦の意味を国民が認めるまで生きたと述べている（Greenspan and Smith 2008, 23-8）。

スミスの「彼がどう記憶されればいいと思いますか」との問いにグリーンスパンは答えている。

アメリカ人の生活のとても重要な転換点としてだと思います。

図4・8　グリーンスパンに公職殊勲賞を授与するフォード

出所）http://geraldrfordfoundation.org/medal-for-distinguished-public-service-2003/

図 4・9　赤坂迎賓館南西にハナミズキを植えるフォード

出所）http://hinode.8718.jp/photo_1900_japan_reception_hall.html

図 4・10　樹齢 40 年のハナミズキ

出所）2014 年 8 月，筆者撮影。

> ニクソン辞任でこの国ではカオスが頭をもたげつつありました。……〔「長い国家的悪夢は……」の〕ハートマン演説はどっちに転ぶかの大きな分かれ目でした。それは国の精神の変化を支持しましたが、それはこの前の〔オバマが当選した〕選挙とまったく同様です。……私たちはアメリカ人としていまよりももっと品格のある政治が欲しいんです。問題は不幸にもネガティブ・キャンペーンが効く点ですね。よき経済政策がよき政治政策なのだという古い考え方が捨て去られてしまった気がします。……ジェリー・フォードならいまのこういう状況がとても不快だったでしょう。[20]
>
> (*ibid*., 28-9)

ニクソンが言うとおり、経済は非人称的で大統領はおろか独裁者の権力をもってしても容易に好転しない。だからアメリカ的価値の伝統を踏まえるなら、ミクロからマクロを変えられる特殊技能を持った臨床経済士を部下に持てたフォードに歴史は軍配を上げるだろうと彼は読んでいるわけである。「政治政策」なる無理な語彙も、政策の鍵は経済政策にあることを強調するために仮作した対抗語であろう。

6　宿題としての金融政策

グリーンスパンの大膨張分析

不測の緊急事態で慌ただしく成立した新政権が何らかの危機に見舞われたら世間はどう反応するだろうか。通常どおり選挙で選ばれていても非難の声は挙がるだろうが、そうでなければ声は小さくなるのか。フォード政権に関する限り、声は大きくなった可能性がある。冷静に見れば責任が前政権にあることは誰でもわかるが、こういう場合しばしば冷静さは影を潜める。危機の原因をつくろうにも新政権にはその暇すらなかった。では責任はもっぱらニクソンに、あるいは戦費を無駄遣いさせたベトナム戦争や石油を高騰させた中東戦争にあるのか。ケインズ派はコスト・プッシュ・インフレ論を唱えた。経済にとって外生的な危機が石油を高騰させたのは確かだろう。しかしこの説明にはミクロ的視点がない。石油の騰貴で関連商品の売上が落ちればそれらの市場では価格が下がる。そうすると一般物価水準は少なくとも高止まりし続けるわけはない。また石油危機の始まりは七三年だが、六〇年代末にはインフレ時代が始まっている。要するにインフレは長期では必ず貨幣増に起因する現象であって、それ以外の説明は誤りである。ここにも乗数理論と同様に目の前の現象にとらわれて全体を見ようとしないケインズ派の理論的弱点が顕著に表れている。インフレは石油危機の五年も前の一九六八年から定着して六九年から七九年までで二年を除きインフレ率は毎年五％を超えている。だからそれが「大膨張」と呼ばれるのである。原因が構造的なものであることを見逃してはならない。

ではグリーンスパンは大膨張の原因をどう考えているのだろうか。『経済白書』ではノルマとして書く必要のある論点以外を扱う特論的な章が設けられる場合がある。ＣＥＡ委員長として彼が初めて執筆した一九七五年版の第四章「過去十年のインフレ」もそうだが（CEA 1975, 128ff.）、これをパラフレーズしてグリーンスパンの大膨張論を概観しよう。

一九三〇年代に物価は二〇％以上低下し、第二次大戦を機に再上昇する。しかしインフレ率は七四年に四七年以来最大になった。六〇年代前半は一％台だったが、六五年以来インフレ基調に入る。需要の冷え込みがないもとでは財市場に貨幣が配分されて貨幣市場は高利になるので債券投資の誘因が強まって現金保有をためらわせ、他方財価格にはインフレ圧がかかる。財政拡大は政府借入を増やし、ＦＲＢが迎合的（accommodative）に貨幣を増量しなければ民間借入を押しのけ、増量すれば結局インフレになる。六五年以来社会保障政策やベトナム戦争のせいで政府借入は増えて均衡財政は放棄され、ＧＮＰの伸び率以上に借入が増える。六九～七四年にもこの傾向は続く。ＦＲＢは民間の借手が押しのけられないように財務省証券を買うことで財政赤字をファイナンスし、市場に貨幣が増えてインフレを煽った。この間のＦＲＢの動きを一九六六～六七年、六九～七〇年、七三～七四年の三期に区別して概観すると、第二期までは拡張政策を採ったが第三期はさらに拡張し、インフレが出現してから「追認する validate」後手政策を採るのでインフレ期待がさらにインフレを増す悪循環が定着してしまった。

これは企業活動に悪影響を及ぼす。ＦＲＢはＦＦレートを上げて引締めも行なったが、インフレ期待が高まる中、企業が将来収益力に自ら疑いを抱いて投資を抑えてしまうので、引締めが物価を引き下げるより先に産出を抑え込んでしまう。そしてそれは総供給を減らすから、総需要に落ち込みがなければそれ自体がインフレ圧になる。ところが貨幣増は総需要を高止まりさせているのである。

以上が『白書』に示された大膨張の原因分析である。分析は複雑だが、要するに公私双方のファイナンス政策に要因を見出しているものの、[21] 主要因はＦＲＢに帰していることになる。

ＡＢＣＴの観点から論点を整理しておこう。利子率は本源的には時間選好で、しかし表面的には貨幣（または貸付）市場における供給側の銀行と需要側の企業の間で決まる。不確定性が低下して時間選好が高い局面では高利になるが、企業は現行設備での産出を増やすという範囲では資金需要を高めるのでそれがさらに利上げ圧力を加える。このときＦＲＢが迎合すれば介入なき貨幣市場における無妨害利子率よりも低い利子率が立ち現れる。この政策は行き過ぎた利下げでない限りは顕著なバブルとその崩壊劇を生むことはない。無妨害利子率は市場に中央銀行が介入している経済においては原理的に知りようがないが、バーンズのころからのＦＦレートの推移を総所得と比べると（図４・４、４・５）、おそらくは景気循環の上げ波でやや無妨害利子率を下回り、それによって十分に需要にめぐり合えないまま在庫を抱えた企業が追加投資を渋り始めたものと考えられる。こうして景気循環は周期性を失い、一方では需給同調の不順によるＧＮＰの低迷が、他方では中途半端に迎合的な利子率政策によりインフレが居座る。この現象に与えられた名前が「スタグフレーション」である。いまや慢性インフレが不確定性を高めるが、需要の大幅な落ち込みはなく時間選好は維持されているので、本来供給が復活すれば需給は高位で同調するはずである。それなのにファイナンス政策における拡張主義がこれを阻み続ける。

政府やＦＲＢを批判し代案を示すＣＥＡ委員長

先述の「金融理論の応用」が経済予測に関わるとグリーンスパンが考える理由もこの問題と関連している。一九七六年版『経済白書』第一章の「貨幣供給増大率は適正か？」で彼は適正な貨幣増大率を知るには貨幣需要の推移が参考になるとして、長期の貨幣需要関数は安定していると述べている（正しくは「貸付需要」とすべき）。これは図４・１を念頭においたものだろう。景気回復フェーズでの流通速度の増加率を時系列で比べると、戦後から七〇年代にかけて徐々に落ちているが、七五年に十％前後と一九四九〜五〇年の約十四％並みに激増した。急伸の理由としては、電話で貯蓄性預金を当座預金として利用できるようになった等の金融技術革新があったこと、七三年からの利上げで貨幣保有の機会費用が高まったことなどを挙げている。こうして貸付需要が減ると貨幣ストックの伸び率は落ちるから、ＦＲＢは回復が軌道に乗るまでは貨幣を増やして回復を下支えすべきだが、行き過ぎるとインフレ期待の上昇から投資の減速を招いて供給側から景気に水をかけてしまう。単位貨幣が経済予測に役立つと述べるのは、流通速度を時間選好の指数と解釈し、その急激な変化はほぼないために所与の値を定数とみなしてあとは貨幣量で総所得の水準が読めるからだろう。これはＦＲＢが最も左右しやすい貨幣集計値であるＭ１が政策ツールとして重要だという意味になる（だから単位貨幣はＭ１から算出されていると考えられる）。

いまの景気循環で経済活動水準との関係において貨幣需要に構造的変化が起こったかどうかの判断は適正な貨幣ストック増大率を決めるうえで決定的に重要である。構造的変化が起きたとしても、流通速度の増大はいまの率で続く可能性は低く、このため金融政策はその減速を計算に入れる必要がある。　（CEA 1976, 39）

直近のＦＲＢの政策を擁護してはいるが、結局彼は金融政策の代案を『経済白書』のような公共性が高く読者が多い文書で示していたのである。『一九八〇年代のアメリカ』ではバーンズの政策が検証される。

連邦政府の支出と赤字を抑制することは、金融市場に均整を取り戻すことの必在条件ではあっても十分条件ではない。財政赤字にしか注意を向けていないと、連邦政府が推進する一連の信用先取（credit-preempting）政策という、はるかにインフレ的になっても仕方のないものを見逃すことになる。

近年簿外借入が急増しているが、これは企業が義務的な資本投資（公害、安全性設備など）を行うために資金が必要で、それが補助金で賄われるため州や地方政府の支出と借入を誘うからである。これは資本市場に大きな圧力を及ぼす。連邦政府が信用保証を行うためその額が大きく増したからである。政府保証は以前なら信用の最低基準も満たせなかった借手を市場に導き入れてしまった。　（Greenspan 1980, 39 上巻三）

財政拡大とはとどのつまり政府による財の没収であることは「金と経済的自由」ですでに述べられている。また先にCEAの権限上の重みに関わってふれたが、赤字をとる財務省の動き以外に、議会の規制強化策もインフレ圧力を持つことをグリーンスパンは指摘しているのである。インフレを蔓延させることで政府自らが危うい借手の参入を認めていることは、「連銀が一方で貨幣の増大を抑えながら同時に他方で利子率を適正な水準に保つ試みを難しくしてしまった。こうして財務省による多額の間接的借入は、明らかに経済にインフレ・バイアスが広まることに貢献した」(*ibid.*, 40 上巻三一三)。インフレ期待が高まるとそれが利子率に加算され、投資や需給同調が乱れる。その根を探ると政府の恣意的な介入に行き当たる。それは「間接的」ながら財の借入であり、需要に見合う供給を行う能力もなければ、それに失敗したときの責任をとる能力もないB級の企業の優遇を招く。だから「ファイナンス政策」は一体不可分であり、その組合せを考察することにさしたる意味はない。

一連の経緯の根源をたどると大恐慌と第二次大戦後の分裂気味の知的空気に行き当たる。それが湿った長期期待という「いま」を醸成している。六〇年代の民主党時代に財政保守主義(均衡財政主義)の伝統が破棄されて放漫財政が一般化し、政府が不要な借入を増やした。これに金融当局が迎合しなければ民間投資が押しのけられる。だが迎合してもインフレの慢性化で企業が自信を失って委縮し、結局低成長とインフレという迷惑な客が長居する。師のFRBの出方はどっちつかずで、これも大膨張を長引かせた。ジレンマから脱するには引締めが必要だが、行き過ぎればまた別の問題を生むだろう。

連銀がこうした状況下で貨幣供給の成長率を単独で抑制する力能をもつのは確かだが、それには短期で利子率を急上昇させる以外にない。こうした利上げが短期間で終わる見込みはあり、もし連銀の断固たる言質があれば最後には成功する見込みもあろう。しかし残念ながらわが国の政治システムはこうした政策の発動を受け入れそうにない。かくて政治的にありえる唯一の解決策は長期間にわたって貨幣集計値を減速させるというものになるが、これは当然利子率を高くしすぎる危険を伴う(短期においても)。それを行えばわが国の金融システムを抑える資金需要低減が必ず生じる。

（*ibid*., 38–9 上巻三）

こうして、大膨張という先行世代の負の遺産を悪化させはしなかったが解決もできなかったために今後の課題を語る中で、彼は有効な対策とそれに伴いやすい失敗を正確に指摘するのである。

ただ『白書』ほかにおけるその分析は説得的だが、疑問も膨らむ。というのも彼のCEA時代のFRB議長はコロンビア大学時代の師だからである。バーンズは一九五三～五六年に第三代CEA委員長を務め（大統領はアイゼンハウワー）、そのあと一九七〇年に第十代FRB議長に就任している（大統領はニクソン、フォード、カーター）。クワドリアドのうち二つも歴任すればワシントンの経済政策策定コミュニティの中では長老と呼べる。そういう人物の口利きがあってグリーンスパンは委員長になれた。しかしそこで彼の尻拭いをする立場に立たされた。何とも奇妙な巡り合わせと言うしかないが、かといって師とは険悪な関係になったわけでもなく、当時もバーンズ夫妻と食事をともにしていた（Greenspan and Smith 2008, 2）。バーンズはグリーンスパンのCEA委員長辞任直後の七八年にFRB議長を辞任する。第十一代議長にはミラー（George William Miller 1925–2006）が就くが、利上げが議会の猛反発を喰らって早くも翌七九年には辞任し、後任のボルカーは利上げ路線を継承した。そして景気は低迷した。グリーンスパンの予言は的中したのである。

しかし、ということは彼には成功するための腹案があったのではないかという疑問も浮かぶ。実は彼はそれを当時の『白書』に書き留めている。

政府は手に入る資源で財やサービスの供給を増やせるよりも速く総需要を増やす政策をとれば、一定の短期的目的を達成できる。資源利用率をきわめて高く保って景気循環のある局面で生じる一時的な資源利用水準の低下を先延ばしにするというのがそういう目的の一つである。

（CEA 1975, 128）

実に深い含みのある発言だが、本章ではまだその意味を明かせる段階にない。これはどういう金融政策をとるか、別言すればＦＦレートをどう調節するかという具体的な議論ではないが、実際にはその点についてもすでに腹案を抱いたうえで書いていると思われる。本章の初めにＣＥＡの権限について分析したが、ＣＥＡ委員長が書く『白書』は大統領の仕事の報告だからそれが目配りする政策の範囲はファイナンス政策全体ばかりか雇用や社会保障も含み、[22] ＦＲＢ議長の議会証言よりも広い。その中でＦＲＢを取り仕切る師にかつての学生が「不可」の成績をつけているのである。

グリーンスパンはランドの薫陶を受けて自由放任の純粋資本主義を理想とする世界観を身につけた。そうやってワシントン入りして実務に当たることで、この観点から経済政策全般について幅広い知見を形成していったのである。実際先の『一九八〇年代のアメリカ』では八〇年代のありうべき政策の方向性を構想してリバタリアンとして発言している。例えば「おそらく歴史上初めて平時のインフレのもとで中産階級が富を持っているのである」(Greenspan 1980, 44 上巻三八) とは「金と経済的自由」を思い起こさせるし、さらに憲法を改正して均衡財政の原則を確立せよとさえ述べている (*ibid.*, 45 上巻三八-九)。政府要職経験者が国家十年の計を構想する論集で現行国制の根幹に関わる考え方について堂々と批判的な見解を書くことを許容する懐の深さが、アメリカの足腰の強さの真因である。

本章ではグリーンスパンの一九七〇年代の歩みを追跡してきた。ＣＥＡ委員長経験者がさらに強い影響力を及ぼせる役職を探すとすると何になるだろうか。財務長官では銀行業界とのつきあいは深まるとはいえトロイカの一翼にすぎず権限は限定的である。残るはトロイカを超え大統領の差し金すら受け流せる「独立」なＦＲＢ議長しかない。実際師はそのコースを歩んだ。ではどうすればそこに至り着けるか。それは大統領が指名するポストだから、共和党の大統領と昵懇《じっこん》にしておくのが第一であろう。ＣＥＡ時代に何度か学位がないことを指摘されたから、それを取得しておくことも必要である。

CEA委員長としてできる限りのことをやった末に彼はFRB議長でないと実行できない仕事があると考えていた。実を言うと、それは上の「先延ばし」をFFレート調節で導くことである。こうしていまや彼の眼前にはFRB議長としてアメリカのアメリカ性を回復する政策を自らの手で実行することだけが遺された宿題としてぶら下がっていた。故郷に帰った彼はコンサル業務に戻るとともに学位申請論文をニューヨーク大学の方に提出する。トロイカにせよクワドリアドにせよ、政府系機関の要職に今後就くとすれば学位がある方が世間受けする（それはヴァンダービルト大学でも痛感することになる）。本来博士論文は金融政策が下手な師に出してコロンビア大学で学位を取得するはずだったが、コンサル業が緒について多忙になったために実現しなかった。いまや学業成就という課題を果たすべき時が来た。CEAを辞任した一九七七年からFRB議長に就任した一九八七年までちょうど十年ある。それが彼の「充電期間」であった。そして残された宿題をいずれ仕上げることを夢見ながら合理的に行為し、実際そのとおりレーガンの指名を受けるのである。

第5章　大平準

1　予防的利上げと大平準

大平準とは？

アメリカ経済は一九九〇年代に長期にわたる安定を見た。NBERの景気循環期間定義委員会によると、拡大（好況）の持続記録には一九六一年二月から六九年十二月の一〇六か月というものがあったが、一九九一年三月から二〇〇一年三月までは一二〇か月続き、記録を更新した[1]。ハンフリー＝ホーキンズ法は連邦準備の任務として物価の安定と雇用の確保を指示しているが、原理的に両立困難なこれら二つの目的がまる十年も満たされ続けたわけである。この現象は、のちに「大平準 Great Moderation」と呼ばれるようになったが、その原因についてはいまだにほとんど解明されていない。というのもこの問題を取り扱った経済学者たちは口をそろえて単に幸運によると述べているからである。こうして大平準は現代のさまざまな政策分析にとって対象ではなく、所与であり続けている。

本章は大平準の形成過程とそれをめぐる議論を概観する。まず「大平準」とは何かを説明する。大平準とは、一九九〇年代にマクロ経済指標の変動性が目立って低下して経済安定が実現した現象を指す。それはマクロ・データが静まったという事実を指す概念なので、その存在自体には争いはないであろう。この結果景気循環が消滅したと言われるようになったし、同時代の経済には「ニューエコノミー」なる名称も与えられた。歴史現象に「ニュー」や「革命」が適用される場合、内実は疑わしいことも多いが、この場合は確かにいままでとは違った特徴を示す経済が現れたと見てよさそうである。

「大平準」という語はハーバード大学ケネディ・スクールのストックとプリンストン大学ウッドロウ・ウィルソン・スクールのワトソンによるNBERの年次論集論文「景気循環の変貌とその理由」において初めて用いられた。当時の経済安定はすでに同時代にメディアや専門論文で指摘されつつあった。現代ではマクロ・データはかなり短いラグしか置かずに収集・分析されており、彼らによると一九九〇年にFRB内部の文書で平準化傾向はすでに指摘されていた。ただ一九九〇年代全体を対象にした分析に限ると、一九九九年ごろから表明されるようになった（Stock and Watson 2002）。なおこの語を広く知らしめたのはバーナンキ（当時は理事）であった（e. g. Bernanke 2004）。

ボルカーの任期末にすでに平準化の傾向は現れ始め、各種のマクロ指標の変動性が低下した。ストックらはこの現象を「大平準」と呼んで統計処理によって各種の原因の貢献度を数値化し、金融政策が十〜二五％、物価変動の不在が二〇〜三〇％、予測外れが少なくなったという意味での幸運が四〇〜五〇％としている（Stock and Watson 2002）。このように、彼らは大平準の筆頭要因を石油危機などの外的ショックの不在としているから、早い話「幸運説」と分類できる。しかし分析は統計学に偏りすぎて経済学的には物足りない。現代のマクロ経済分析は驚くほど綿密な数値解析を伴い、その経過を報告した論文も複雑でしばしばあまりにテクニカルなだけでなくかなり難解でもあるが、そのような手続をへた末に導き出された結論が単なる幸運によるものであるということについてはコメントに窮する。マクロ経済学は本来政策理論の体系でもあるはずなのに、政策が達成すべき目的が実際に目の前に現れたその事例について、それは政策のおかげではないと表明していることになるからである。このことはとりもなおさず精緻を極めたマクロ経済学が大平準の実現にほとんど役立っていないと自ら認めていることにもなる。

しかしながらのちに見るとおりこれが主流派経済学者の典型的な見解になっているということもまた事実であるから、大平準幸運説がいまのところ最有力説であることはあらためて特記しておく。

また訳語については、アメリカ経済史において「Great Depression」とともに十年以上の期間にわたるマクロ経済の特徴を表す語なので、その訳語「大恐慌」に合わせて「大平準」とするのが適切であろう。

FOMCでの議論と予防的利上げ

大平準に至るFRB政策の要点はすでに第3章で見た「予防的利上げ」だが、本節ではFRBのFOMC（連邦公開市場委員会）の議事録から同政策に至る意思決定の過程を跡づける。好況期にバブルの芽を摘むという議論は一九九〇年代前半には行われているが、利上げに転じたのは九四年二月なので、二月三日と四日（木・金）の議事録を見よう。三日の会議は午後二時半から始まり、初めにグリーンスパン議長から利上げの意向が発表される。

> 本題に入る前に、会合が週の半ばではなく木曜と金曜なために出てくる問題があるので指摘させてください。明日最終的に決めるかわかりませんが、〔FF〕レートに関して何らかの動きを示すのは明らかです。そうしました場合わたくしどもの通常の手順どおりですと、すでに決まっているのに世間に公表されていないとても重要な決定を週末にかけて持ち越すという状況になります。ですから今日この集まりの最後にするつもりをしていますのは、明日引締めの方に向かうと実際決めた結果のもとでどうするかの見通しを論じておくことです。……何もしないことを選べばいつもどおりの手順に小さな変更を加えるだけです。でも何かをすると決めたときにはおそらく意味のある予防措置にはなると思います。（FOMC 1994, 2）

グリーンスパンはFOMCの中では、のちにマスコミ向けに用いた「先制攻撃 preemptive strike」[2]を「予防措置

precaution」なる語で表現していることがわかる。それはどうしてもやるべきだとか、やれば必ず所期の成果を生むとはされていないが、何もしないよりやってみて結果を評価していけばいいではないか、との意図で導入されている。会議は地区連銀の調査報告等を経て再び利上げ問題に戻る。そこで議長は「前例のないこと」をする方に強く傾いていると述べる（*ibid.*, 29）。

ところが賛否を確認する段階で彼は議事録公開後のことなども視野に入れて告知の問題にふれる。グリーンスパン就任後の大きな利上げは一九八八年にあったが、それはブラック・マンデー後利上げに転じた局面で、当時の議事録はこのころまだ公表されていない。議長は今回の議事録に対する反応はそれよりましだろうと述べるが、いずれにせよ発言が議事録に跡をとどめるので公開後にどういう反応を引き起こすか気にしていることがわかる。それはおそらく好況期に水を差す利上げの前例がないことと関連している。この点を踏まえてか、彼は利上げを直後に公表しようと言い始める。

それで特にこの状況で動いて……動こうとしていることをすごくはっきりさせないと気分がよくないだろうという気がしています。今夜の会議のテーブルで唯一の問題は、明日利上げすると決めるなら……そうしようとしているとアナウンスすることをＦＯＭＣに許可してほしいし、このアナウンスは異例の出来事だと述べたいとすごく思う点です。主な理由としては明日が金曜で、金曜にはめったに会議をせず、これはふつうじゃない状況です。ですからＦＯＭＣの許可を得て、⑴動こうと考えて動いた、⑵この動きのアナウンスは前例がない、と述べた文章をつくろうと思います。（*ibid.*）

グリーンスパンは本来政策の効果を考えてＦＦレート操作の公表は控える立場をとっていたが、今回は異なる姿勢をとることにしたのである。理事たちは公表に対する市場の反応がわかれば情報が得られる等としてこぞって賛成する。会議は利上げ決定を明日に持ち越して閉会する。

翌四日の会議は朝九時に始まり、失業率などの最新データが報告されたあと本題に入る。まず議長が景気循環分析を披露する。すなわち在庫／売上の比率が上昇しているが、原因は不確定で推測するしかない。ＩＴ化で在庫管理技術が上がったことは事実だが、まったく在庫を持たなくなったわけではまるでなく、どこかに眠っている。経済予測では在庫の現水準が重要になるという視点は七〇年代はもちろんのこと五〇年代にすでに論文で繰り返しているが、ここでも彼は在庫予測技術が不十分だと述べ、景気循環が始動する前は諸変数の動きは静まるが、在庫の増加はその状態の終わり（拡大の始まり）を告げているとの見解を披露する。ただ小売や自動車部門に目立ったサインはない。しかし彼は動くべき時期だとの意見を表明する。

それで、政策に関してはいくらか非迎合的な道に向けて動き始めるべきところに結局いると結論しました。混乱した経済システムにバランスを取り戻すことにかけて非常な成功を収めてきたと思っています。五年にわたり利上げはしませんでしたが、それ自体ほとんど想像できないことです。特に手堅い経済状況と歴史的な低インフレのもとではそうです。（*ibid*., 45）

続いて議長はインフレがないことにふれ、好況への移行の兆候が物価インフレという形で現れるとは限らないと発言している。そして生産性に言及するが、その上昇を示す明確な数字は得られない。しかし彼は生産性が向上していて単位労働コストがさほど上がっていないと判断し、ＣＰＩに影響が出にくい状況になっていると考えた。この点についてはこの週の月曜（一月三一日）のハンフリ‐ホーキンズ法証言でも「ですが歴史が示すところでは高めの物価インフレは景気循環のむしろ遅くに現れ、ですから起こりつつある問題の優れた先行的指標ではありません」として言及している（Greenspan 1994, 6）。

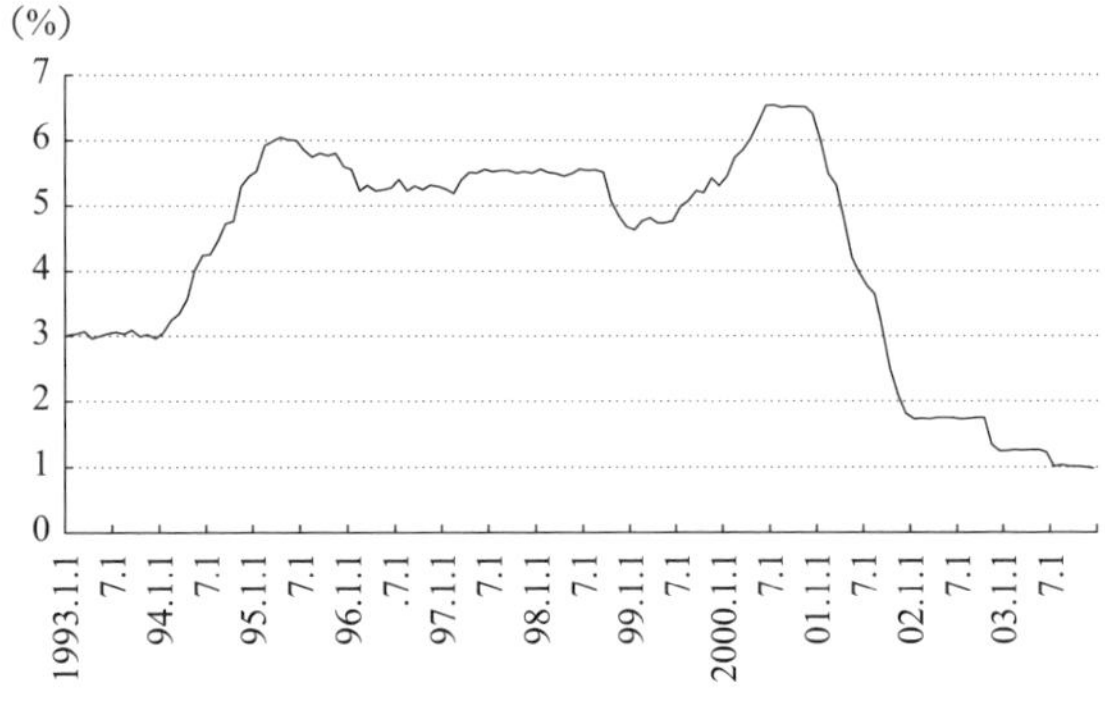

図5・1 大平準のころのFFレート

出所）Federal Reserve Board.

同証言でも利上げを示唆しており、タイミングについてはある程度確信を抱いていたと見られる。問題は上げ幅である。議長が二五ベーシスポイント（bp）を提案すると反対して五〇bpにするよう提案する理事もいたが、議長は市場の反応（負のショックや株式投機）というリスクを懸念して公表の告知効果とセットにして二五bp案を再提起する。最終的には議長の熱弁に説得されて全会一致で議決が成立し、事前に公表して利上げが行われた。

『日本経済新聞』の反応を見ておこう。同紙は二月四日付の夕刊でFRBが買いオペを見送ったので利上げの兆候だと報じ、五日土曜朝刊で一面に「異例の事前声明」との見出しを立てて予告つき利上げを驚きとともに報じているから、きわめて迅速にこの措置をわが国の読者に伝えている。結局FFレートは三・二五％に引き上げられ、八八年以来五年ぶりにFRBは利上げ路線に転ずる（図5・1）。

こうして「予防的利上げ」が行われる。ただFOMCは経済学を論じるゼミ室ではないので議長はあえて参加者に自分の分析の全貌を示してはおらず、あらかじめ決めておいた結論をいかにFOMCの議決にまで高めるかに集中しているとの印象を受ける。理事たちや議長が示すデータはリアルタイムのそれで、同じデータを見ても反応には個人差が出るだろう。議長が確定推論から政府統計を疑う場面は仮説的な憶測にとどまるが、かといって誰かが確実な解釈やデータに表れないマクロ経済の真相をつかんでいるわけでもない。だから予防的利上げは思い切った賭けの部分もある。しかしハンフリ‐ホーキンズ法の定めに従ってマイルド・インフレ策を実施するとなると、それが成功したときほど楽観ムードが高まって資産市場が膨らみ、景気循環が始まったばかりの局面なら好況の兆候が財市場よりも先にそこに出ることもありえるだろう。

グリーンスパンは「物価インフレ」という語をよく口にするが、鋭い読者ならどこか違和感を覚えるに違いない。「物価」は余計ではないか、と。ところが後述するとおり（補論3第3節）インフレという語は本来一義的に物価上昇を意味するのではなく膨張一般を意味したから、この用法はむしろ厳密である。彼の昔の仕事と関連づけて再構成するなら、経済に新たに注入された貨幣が財市場の有効貨幣になるか証券市場のそれになるかは状況次第である。当時の状況では後者であると見たから上のような発言が出てきたと考えれば、一見不可解な彼の言動もきわめて筋の通ったものであることが明らかになる。

こうして大平準がスタートする。むろんこの表現は後知恵を借りているが、そう語ってよいであろう。

2 大平準とフリードマンの問い

フリードマン、敗北を認める

現代においてフリードマンほど影響力の強い経済学者はいない。その彼も残念ながら二〇〇六年に亡くなるが、一九一二年生まれなので九〇歳を超える長寿を享受してくれた。このことは経済学にとっては大いに「幸運」であったと述べてよい。というのも彼の「大長生 Great Longevity」のおかげで私たちは大平準についての彼のコメントを聴けるからである。

金融政策に何らかのルールを求める人物のうち戦後かなり有名だったのがフリードマンであるが、現代ではテイラーがその地位にあるように思われる。フリードマンは言うまでもなくシカゴ大学の教授であったが、一九七七年に引退したあとはスタンフォード大学のフーヴァー研究所に所属した。二〇〇〇年五月二日、サンフランシスコにあるフリードマンのオフィスを同僚のテイラーが訪れ、インタビューが実現した。それを中心に大平準やグリーンスパンに関するフリードマンの見解を概観しよう。

二〇世紀のアメリカ経済は長引いた大恐慌が第二次世界大戦で回復したあと、一九六〇年代後半ごろからインフレ時代に突入する。これが「大膨張」だが、FRB議長で言えばバーンズ時代である。そして、テニュアの短かったミラーをへてボルカーがインフレ対策に本腰を入れ、ついにグリーンスパン時代に大平準が実現する。テイラーがまず大平準から話を切り出したのに次に話題を変えて大膨張に遡っているのもこの点を意識したためであろう。

大膨張とその解消の原因についてのフリードマンの見解はいわば政治家の見識説である（Taylor 2001, 106–8）。その発生は経済より政治に起因する。すなわち、インフレ率がほぼゼロの状態を引き継いだケネディが人気取りのために社会主義的な施策を乱発し、その影響で一九六〇年代半ばにはインフレが定着したというのである。大膨張の終息の原因はレーガンにある。七九年にボルカーは利子率ではなくベースマネーを政策目標に用いると宣言してマネタリスト的立場を打ち出すが、選挙前に増やして選挙後に減らしたためか貨幣供給量の変動は大きかった。八一年にレーガンが大統領になるが、彼は同年に景気が後退したのに貨幣増を求めなかった。ついにボルカーが折れて八二年に貨幣増に踏み切り、景気は回復する。こうした政権の姿勢変化が大膨張を終息に導いたと見ているのである。フリードマンの発言は実は大統領が自分の助言に従ったかどうかを念頭においたものである。彼は七〇年にニクソンと面会したとき、バーンズに貨幣供給増をさせてくれと依頼され、インフレになると答えると、ニクソンは「再選されたあと困るなあ」と返答した。これに対してレーガンは貨幣数量説を理解し、景気後退を覚悟の上で受け入れた。

テイラー　第一の例では大統領というものはあなたの助言を受け入れず、第二の例では受け入れたというわけですね。

フリードマン　因果性なき相関です。彼らは性格が違い人が違う。ニクソンの方がレーガンよりＩＱは高いが、原理原則は彼の方が弱い。彼は極端な度合において政治的なんです。レーガンは十分なＩＱですがニクソンほどではない。しかし彼は堅固な原則を持ってそれに従うとともに対価を払う用意がありました。私に会わず、助言を聴かなくても、両者とも彼らがやったようにしたんじゃないかと思います。

(*ibid*., 108)

フリードマンのニクソンに関するコメントはやや不明快だが、ケインズ派ではないバーンズが議会で六〜七％の貨幣供給増でもインフレになると証言しながら実際にはそれ以上の率で貨幣を供給してインフレを昂進させたと述べているから、ニクソンが直接彼に圧力をかけたと見ているのであろう。そしてテイラーはこの点を直観して上のように補足したのであろう。また「因果性なき相関」とは貨幣量と経済の成長率の関係に関する彼の分析手法の特徴を言い表すタームで、助言どおりにしたためかはわからないが両者を一致させるという自分の考え方を受け入れたことこそレーガンが成功した理由だと言いたいのであろう。

こうして大膨張は終わるが、フリードマンの言うとおりボルカー時代の前半は所得や貨幣量の変動率は高くまだ大平準時代には入っていない。続いて大平準やグリーンスパンに関する彼の考えをこのインタビューが行われたころにあったＩＴバブルの崩壊とその後の政策対応について述べた論文「経済の盛衰と株価の三つの挿話に見る金融政策の自然実験」から見ていこう（Friedman 2005）。

同論文は大恐慌、日本のバブル崩壊、ＩＴバブル崩壊の三つの下降局面におけるマネーサプライを比較したものである。フリードマンは歴史の中で展開したこれら実際の出来事を、貨幣量をインプット、経済の実績や株価をアウトプットとする実験に見立てている。バブルの頂点をＮＢＥＲの定義で定めて六年前からのマネーサプライを一つのグラフに重ねると図５・２を得る。バブルが生まれ、崩壊したという点は三つとも共通だが、それまでの軌跡でもその後の軌跡でもそれぞれに異なる。また名目ＧＤＰでも同様にピーク後の経路が好対照を示す（図５・３）。より具体的に言えば、バブル崩壊後のマネーサプライが最も多かったＩＴバブルのときが経済成長率に与えたダメージが最も小さく、逆に大恐慌のときは最もマネーサプライが少なかったために最も深刻な経済後退を強いられたということになる。

フリードマンはさらに視野を株式市場にまで広げる。マネーサプライ、ＧＤＰ、株価の伸び率を、ピークの六年前からピークまでと、ピークからピークの六年後までで比較してみると、株価の上昇率が最も高いのは日本のバブルだが、当時のマネーサプライが最も多い。また株価の下落局面についても最も下げた大恐慌だけでマネーサプライが収縮している（三割減）。同じくＩＴバブルと日本のバブルを比べると、マネーサプライの増加率が大きかったＩＴバブルの方が株価の下げ率も小さい（図５・４、５・５）。以上からフリードマンは結論する。

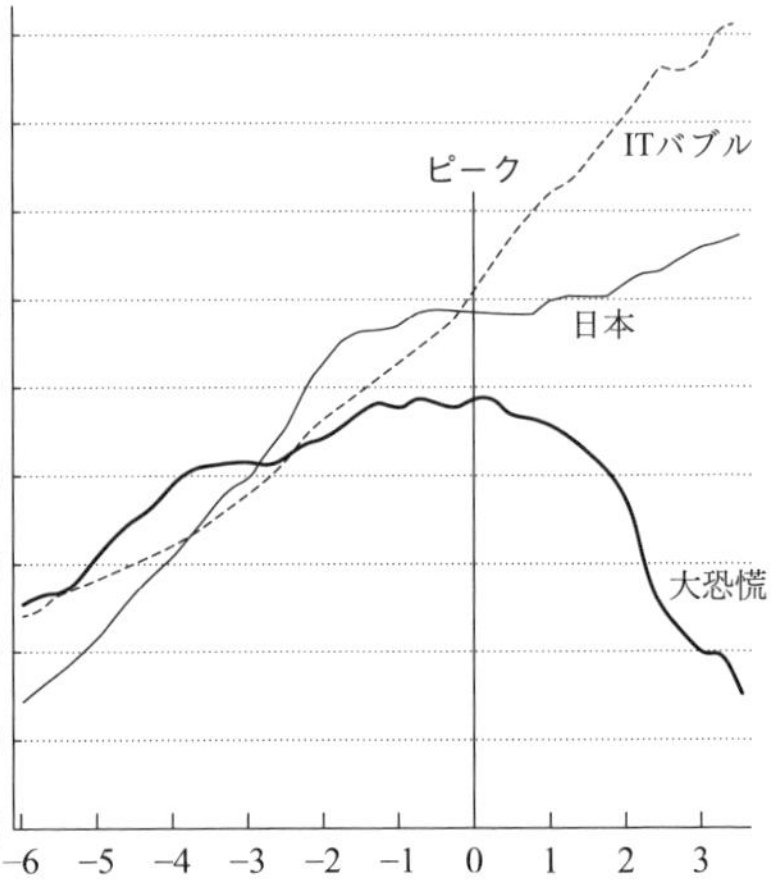

図５・２　三つのバブルの前後の貨幣供給

出所）Friedman 2005, Figure 1.
注）横軸は景気のピークの年を０とする。縦軸はマネーストックの指数。図５・３も同じ。

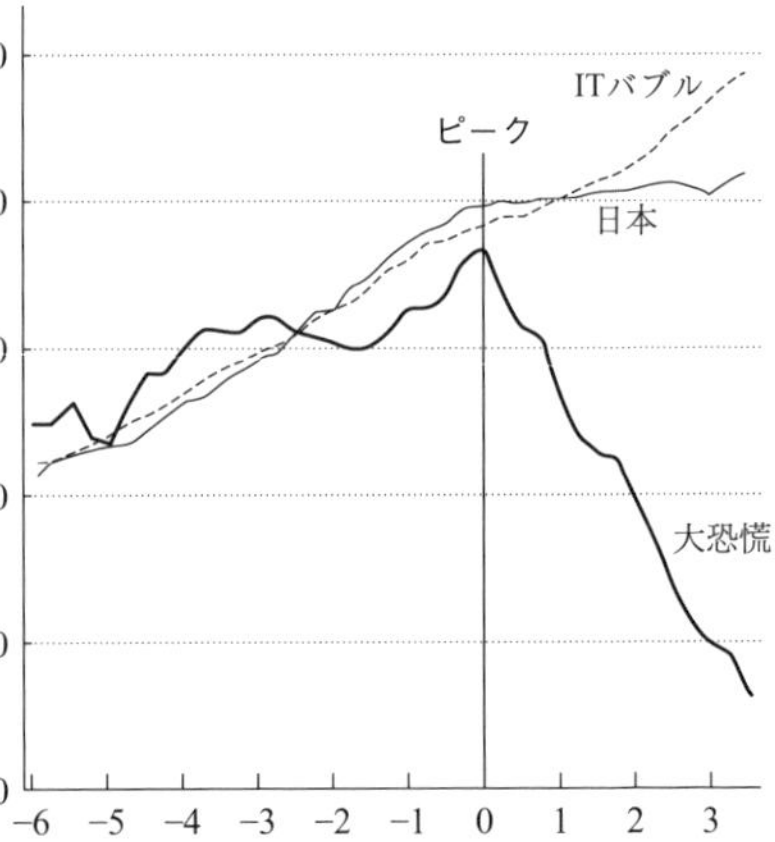

図５・３　三つのバブルの前後の名目 GDP

出所）Friedman 2005, Figure 2.

> この自然実験の結果は少なくとも主たる上下動に関しては明白である、つまり貨幣量の変化が名目所得や株価の変化に対して決定的な影響を持ったのである。この結果はアンナ・シュウォーツと私が大収縮〔大恐慌〕のときの金融政策の役割について一九六三年に発表した見解を強く支持する。 (*ibid.*)

こうしてフリードマンは死の前年に至るまで自らの年来の主張を修正しなかったのである。この見解には基本的な問題があるが、それでも彼にはケインズと対照的に徹底した一貫性があるように見える。ただグリーンスパンの議長退任直前に『ウォール・ストリート・ジャーナル』紙に寄せられたコメント「彼は見本を据えた」を見ると、

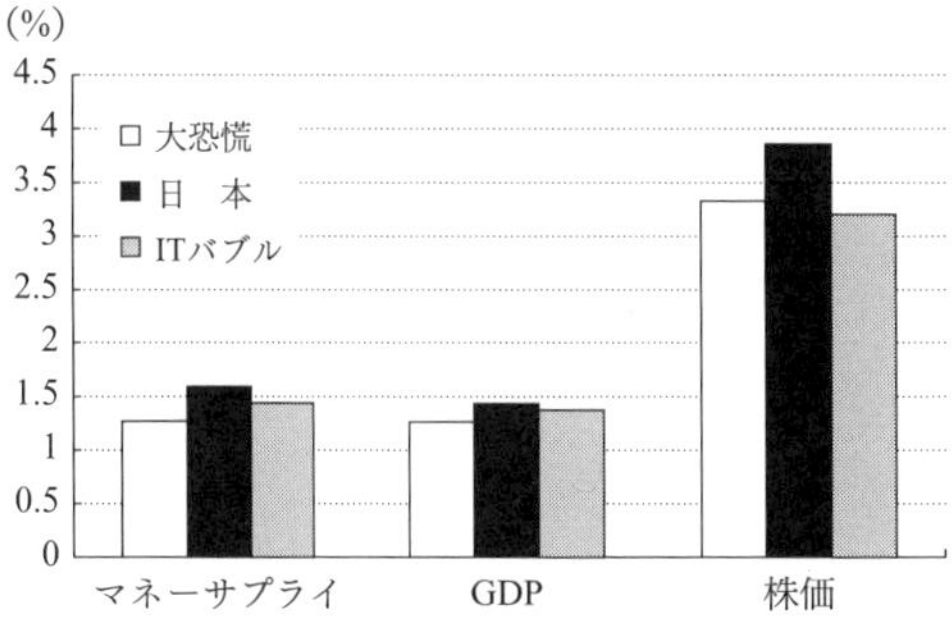

図 5・4　三つのバブルにおける三つの指標の変化

出所）Friedman 2005, Table 1.

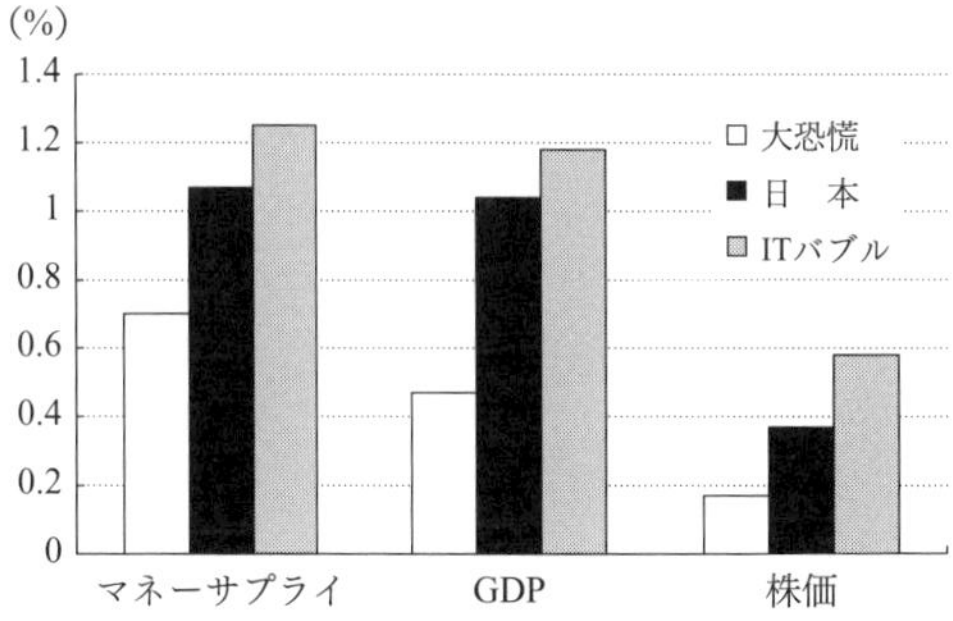

図 5・5　三つの不況における三つの指標の変化

出所）Friedman 2005, Table 2.

こうした見方にも部分的な留保をつける必要があることに気づく。フリードマンはグリーンスパンとは旧知の間柄で、金融政策についての見解はほとんど一致していたが、一つだけ折り合えない点があった。それはルールか裁量かをめぐる問題であった。

私はずっと貨幣創出の総額をコントロールする厳密なルールを用いるのが好ましいと考えてきた。アランは私が間違っていて裁量の方が好ましく、実際それが不可欠だと言った。いまや十八年にわたった彼のＦＲＢ議長の任期は終わったが、私は彼の実績を見ていて彼が正しいと納得したことを告白せねばならない——ただし彼の場合に関してはという話だが。

彼の実績は実際に特筆に値する。連邦準備制度の実績がこれほどの期間にわたって良好だった時代は存在しない。それは程度の違いではすまない。むしろ質の違いの域に達している。一九一四年に開設されて以来七十年間にわたって連邦準備がもたらしてきたのは恩恵というより危害だと言った方がはるかに正しい……連邦準備制度が決して創設されなかったとすると、その七十年間は明らかにもっと繁栄していたことだろう。

(Friedman 2006)

とはいえボルカー以来連邦準備がインフレ退治に乗り出したおかげで、戦後から彼の時代まではインフレ率が三・七％だったのに対してグリーンスパン時代には二・四％にまで低下しただけでなく、インフレ率の変動幅が小さくなった。

中央銀行が安定した物価を維持する技術的能力を持つのかについての問いには答えが出ていなかった。何度も失敗してきたので、その能力がないのではないかと示唆された——私が硬いルールを好む理由の一つがこれである。アラン・グリーンスパンの偉大なる達成は安定した物価を維持することが可能だということを示してみせた。彼は見本を据えた。世界中の他の中央銀行はこのお手本を見習うかそれとは別にかを問わず、この実績のあとに続こうとしている。インフレ抑止の失敗に対する中央銀行の言い訳は使い古されているが、今後はもう用なしである。今後は言い訳をやめるか黙るしかないだろう。

(*ibid.*)

手放しの礼賛である。その後この能力が大きな問題をもたらしたが、二〇〇六年の死によって彼からサブプライム・ローン危機に関するコメントを聞くことはできなくなった。上の先例を参考にすると、危機直後の大量のベイルアウトが経済を回復させていないことに関してコメントに戸惑った可能性が高い。シュウォーツは危機後のバーナンキの対応を「ひとつ前の戦いを戦っている」と批判しているので[3]、フリードマンも前例のないコメントを寄せる結果になったかもしれない。

途方に暮れています

いずれにせよそれに先立つ大平準については高く評価しているのは間違いない。このことを裏づけるのが先のテイラーとのインタビューにおけるコメントである。フリードマンは大平準をもたらした連邦準備を「サーモスタット的コントローラ」と呼び、大平準の発端を一九九二年としている。

テイラー　ええ、……なぜ状況が変わったと思いますか。あなたの言うとおり連邦準備は金融政策のサーモスタット的レギュレータをいまではこうもうまく操作しているように見えますが、なぜでしょう。その理由は何だと考えますか。

フリードマン　私は途方に暮れています。ほとんど信じられませんよ。彼らが以前にはわからなかったことを学んだというわけでもないですからね。新たに得られた知識なんてありません。文字通り私は途方に暮れています。

テイラー　インフレは彼らが一九七〇年代に考えていたよりはるかにひどいもので、だからインフレに枷をはめる利子率政策というものを実行に移し、膨張と破裂の循環を小さくしたとは考えられませんか。

フリードマン　二つの変化があったと私は信じています。一つはインフレのコントロールや経済安定に使う関連づけの数字（relative value）を変えたということで、それは一九八〇年代に起こったことです。もう一つは貨幣とＧＤＰの関連性が低下したことです。それは一九九〇年代前半に生じました。ＧＤＰの変動性が劇的に減少した時期です。わからないのは経済を調整することを彼らが急に学んだのか、もしそうならどうやってかという点です。経済の中のさまざまな動きやショックを見抜く目を他の人たちは持たないが、アラン・グリーンスパンは持つということなんでしょうか。

テイラー　うーん、ありえますね。

（Taylor 2001, 105）

Ｍ１にせよＭ２にせよ、貨幣集計値を目標値にして金融政策を打つというマネタリズムの手法はふつう一九八〇年代後半にはそれと総所得との相関が明らかに弱まったために意味がなくなったと理解されている。因果性がないだけでなく相関もないとなれば、マネタリズムはもはやお払い箱だと宣告されても仕方ない。ところが一九九〇年代には物価安定と景気循環の最小化が実際に目の前に姿を現した。マネタリズムの最大の政策目的は物価安定であるが、この目的がそれを実現するための政策目標が役立たなくなってから実現したことは何ともアイロニカルである。フリードマンの発言の一つ一つにこの事実に直面した彼の居心地の悪さが顔を覗かせている。裁量がよい結果をもたらしたとわかるとそれがルールより優れていることを認めているのは、長年にわたって金融政策のルール論をリードしてきたその人物なのである。原理原則に関して一貫性を保ったレーガンを褒めながら自らが立てた原理と正反対の特例を結局は認めているのは、それによってノーベル記念経済学賞を受賞したその人物なのである。「私は途方に暮れています I'm baffled」という台詞が思わず二度も口をついて出てきたのももっともである。ある英語辞典は「baffle」を「to confuse somebody completely ; to be too difficult or strange for somebody to understand or explain」と定義している。こうしてフリードマンがグリーンスパンによって顔色なからしめられたという事実は一つの歴史的事件である。西海岸の抜けるような青空を窓越しに眺めながら、大平準がいかにして達成されたかはまったくわからないと、ルール論の新旧世代を代表する世界的経済学者二名が度肝を抜かれてため息をつくしかなくなっている光景が目に浮かぶ。

3　マンキューの評価

驚くべき安定性

現在よく読まれているマクロ経済学の教科書を書いたマンキューは、二〇〇一年六月にハーバード大学のケネディ・スクールで行われた一九九〇年代の各種経済政策の総合セッションで金融政策について報告した。それはのちにフランケルらを編者とする大冊の第一章に収録される（Mankiw 2002）。その論文「一九九〇年代アメリカの金融政策」はフリードマンの「baffle」発言をエピグラフに掲げている。同論文は比較的早期にグリーンスパンの政策を検証した例の一つで、次にこれを概観する。マンキューの手法は一九五〇年代から九〇年代までの主なマクロ指標の比較によるグリーンスパンの実績の評定である。

彼によると、中央銀行の第一の任務はインフレの抑制である。一九六〇年代末からの「大膨張」は一九八〇年に一四・八％でピークを記録し、ボルカーは景気の減速や失業の増大という代償を払ってインフレ抑止に成功した。

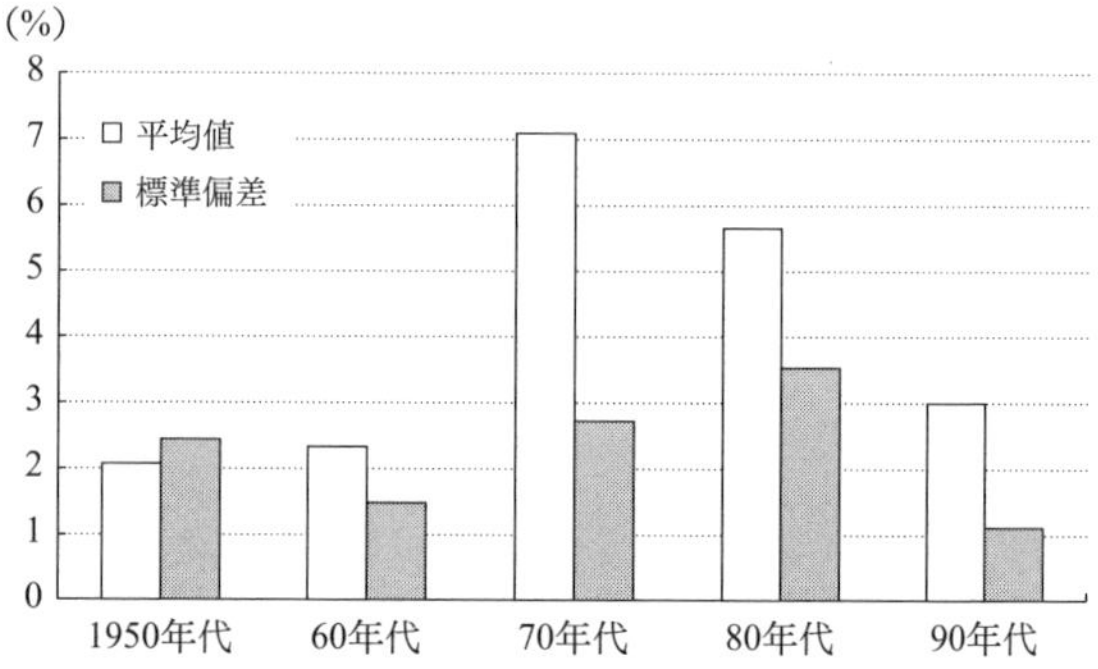

図5・6　戦後アメリカのインフレ率

出所）Mankiw 2002, Table 1.1.

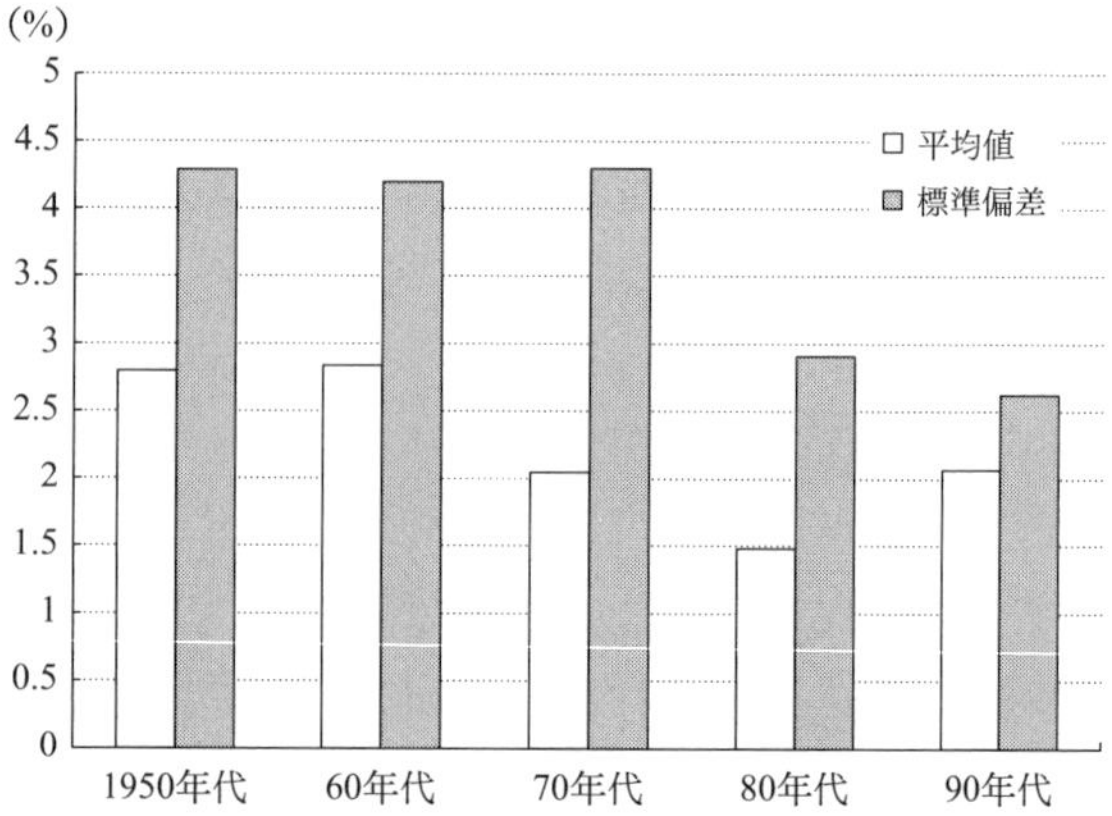

図5・7　戦後アメリカの生産性

出所）Mankiw 2002, Table 1.4.
注）非農業部門の時間あたり生産性。

一九九〇年代は平均値では平凡だが、標準偏差で見ると戦後最も変動が少ない時代だったこと、特に一九八〇年代から一転して安定期に入ったことがわかる（図5・6）。

「大平準」というタームの初用例が二〇〇二年であることは前に述べたが、この分析はそれ以前にこの現象を指標から跡づけたものでもある。他にも失業率、実質成長率についても同様の手法で分析するとほぼ同じ結論に到達する。こうしてインフレ抑止は失業率増大という犠牲を伴うとするフィリップス曲線の世界はすでに無意味になっている。

食品とエネルギー部門の物価がＣＰＩを引き下げ、ＩＴ産業が生産性を引き上げたことが一九九〇年代の安定性の理由とされる（図５・７）。生産性についても変動の小ささが特徴で、これは景気循環の波高の極小化の結果であって、その逆ではないという。そしてこれら二要因が一九七〇年代の石油危機のような外生的「供給ショック」の不在を示し、それは結局のところ当時の安定性が大部分幸運によるものであったことを示唆すると結論される。

もう一つ興味をひくのは貨幣集計値の時系列比較である。すなわち、これまでの結果と対照的に一九六〇年代からこちらで最もボラティリティ（変動性）が高いのが一九九〇年代となっているのである（図５・８）。それはＭ２よりもＭ１の方で顕著で、グリーンスパン時代のＭ２の伸び率が〇・五％なのに対して、Ｍ１の伸び率は十二％にものぼる。このことはとりもなおさず一九九〇年代の金融政策が中央銀行の裁量で引っぱられていたことを示すであろう[4]。

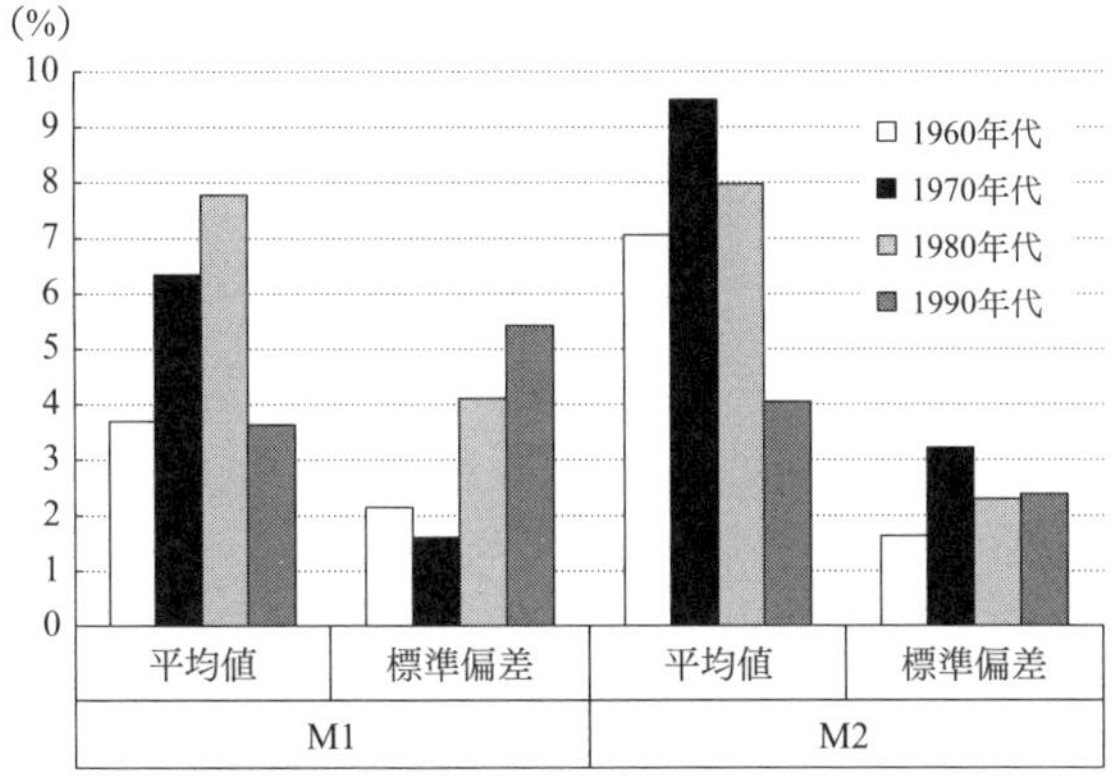

図５・８　戦後アメリカの貨幣集計値

出所）Mankiw 2002, Table 1.6.
注）月次データに基づく。

一連の分析の果てにマンキューが導き出す結論を要約しよう。第一に、一九九〇年代の輝かしいマクロ経済実績が未曾有のものであることは各種の指標を見れば明らかである。第二に、その要因はポジティブなショックの到来とネガティブなショックの不在など、多くが幸運によるものである。第三に、グリーンスパンの裁量的金融政策も大平準の実現に貢献したが、それが裁量的であることそのものによって今後の政策指針としてはほとんど参考にならない。

グリーンスパン不在のグリーンスパン論

一九九〇年代が終わるやいなや各種のマクロ指標を収集して徹底した分析を加えた点で、この論文が労作であるのは確かである。ただその結論は何とも素っ気なく、発見のための努力を回避しているようなところが散見される。この点は措くとしても、より重要なのは分析にはいくつかの問題点と誤謬が見られるという点である。それは主に株価のマクロ経済との関係、利上げの決定基準や上げ幅、金融政策のルールを定めるための「利子率公式」である。これらの論点はいずれも金融危機以前の金融政策論の最前線をなすトピックであるが、一連の議論には基本前提に関する問題点がいくつかある。

株価についてのマンキューの見方をまとめよう。まず一九九〇年代は株の収益についても平均値で一九五〇年代の後塵を拝するが、標準偏差では過去最も低く、要するに値動きが安定していた。これはやはり生産性の上昇で企業収益が高まったせいである。ただ株価が経済に対して掲げられた鏡のようなものなら金融政策にとって重要性はないとしたうえで、それでも株式市場はマクロ経済の変化の前兆となる点、景気循環の駆動因となる点で一定の役割を果たすと彼は言う。そしてケインズの「アニマル・スピリット」を援用し、グリーンスパンが「根拠なき熱狂」という台詞でこの点を再説したと述べている。

ケインズの景気循環論は未完成に終わったが、ある意味でフリードマンや新生古典派のモデルに比べると資本理論を視野の片隅に入れる程度のことはしたと考えられるかもしれない。ただマンキューはベストセラーともなっているマクロ経済学の教科書でも資産効果を多少論じてはいても、残念ながら補足的な説明の域を出ず体系の中に統合されてはいない（Mankiw 2004, 730, 756 四四五、四八一）。ケインズが遺した未解決問題はいまもって解決の糸口すら見出せていない。おまけにマンキューはこう続ける。

むろん金融政策が株式市場に反応したかもしれないと述べることと実際に反応したと述べることは別であ

る。以下で論ずるが、一九九〇年代の好況に沸く株式市場がこの時期の金融政策に大幅で独立な影響を及ぼしたという証拠はほとんどない。（Mankiw 2002, 31–2）

彼がこう考える理由を理解するには二つの論点を見る必要がある。

まず利子率の決定基準についてはニューケインジアン的なモデルから次のように述べる。すなわち、インフレ期待が高まると実質利子率が下がるから（名目利子率から期待分が差し引かれる）、総需要が伸びて物価が上がる。このため再びインフレ期待が高まるから、結局インフレ・スパイラルを招いてしまう。このため中央銀行はインフレ圧力があるときは金利ターゲット政策をとって（名目利子率を上げて）このスパイラルを阻止しなければならない。そしてその率はインフレ率一％に対して一％以上であるべきで、そうすれば実質利子率の上昇で経済をクールダウンできる。

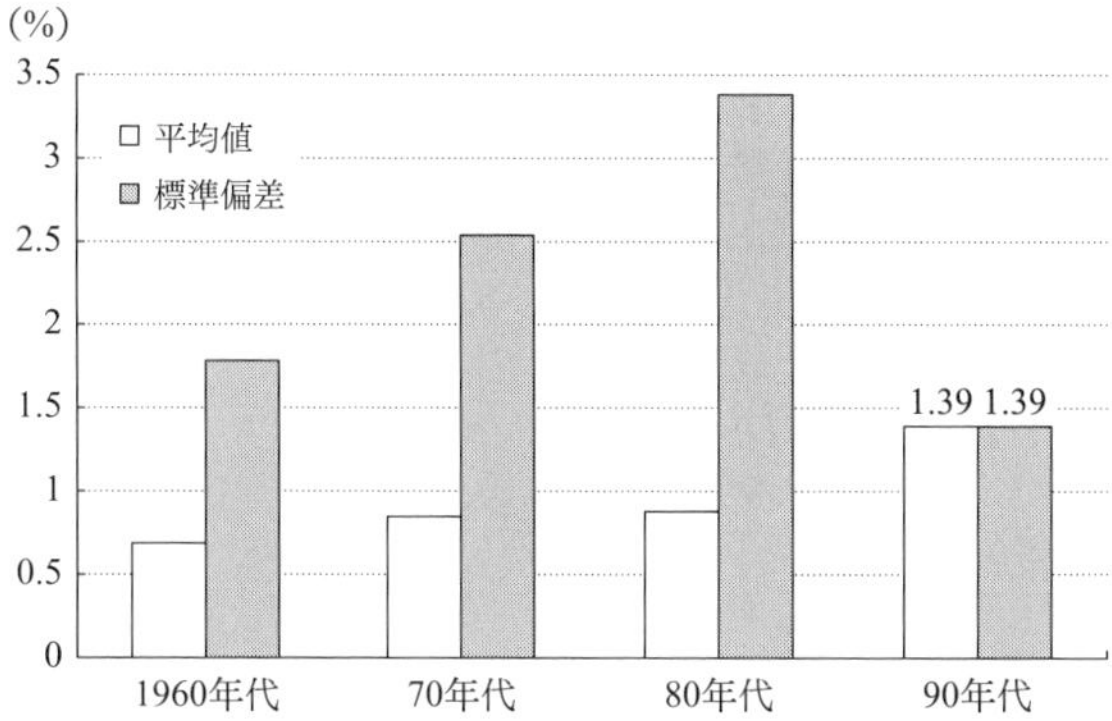

図5・9　戦後アメリカのFFレートの歩み（十年単位）

出所）Mankiw 2002, Table 1.7.
注）算出法の詳細は上記を見よ。

　このモデルに従って再び戦後のFFレートのデータを十年単位で見ると、やはり一九九〇年代のみは一・三九％と一％を上回っている（図5・9）。逆に言えば、ベトナム戦争による財政悪化や石油ショックなどの外生的ショックがあったにもかかわらず利上げを十分行わなかったために一九七〇年代は大膨張時代になってしまった。一九九〇年代の標準偏差が一・三九とやはり低いのも、「インフレ退治」をしたために利子率操作における変更幅が小さくてすんだことを示す。

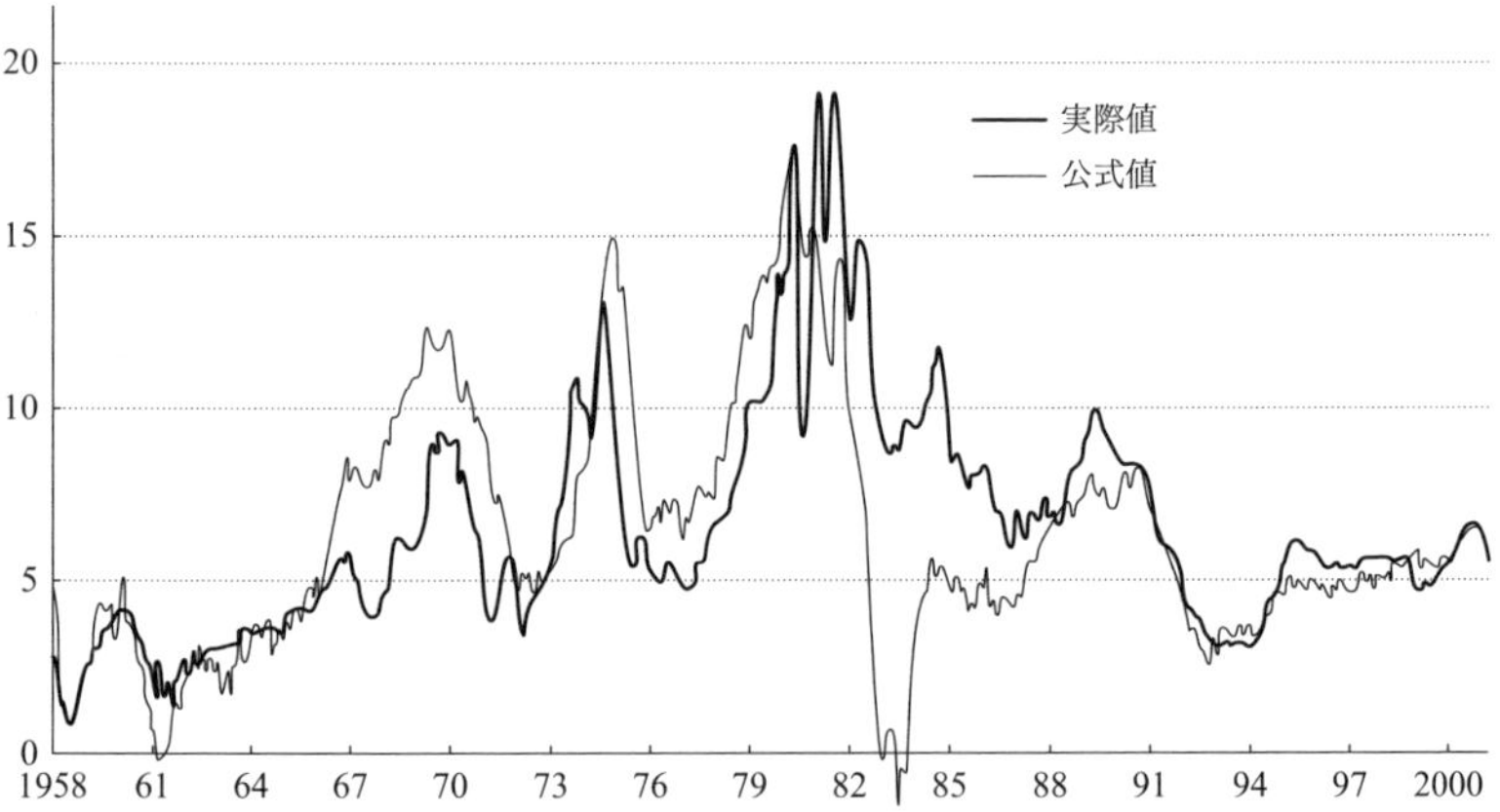

図 5・10　マンキュー・ルールの公式利子率と実際の FF レート

出所）Mankiw 2002, Figure 1.1.

次に「利子率公式」であるが、これは食品・エネルギー部門を除くＣＰＩを意味する「コアＣＰＩ」をインフレ率の指標に用いて次のように提示されている。

FF レート＝8.5＋1.4×(コア・インフレ率－失業率)　………(*)

これはテイラー公式とは異なるがやはり線形式である。導出法の説明は見られないが、マクロ指標の事後データをコンピュータで解析して適宜係数をつけたものだろう。そしてこれをもとに図5・10のようなグラフが示されている。変数の中に株価が含まれていないのは、株価を変数にすると共時的な諸変数の間では十分な相関が出なかったためだろう。しかし後述するとおりグリーンスパンは株価を参照値にしたと明言しているから、マンキューの分析が議長自身の思惑となぜ食い違うかがあらためて問題になる。このことはテイラー型公式につきまとう基本問題に関わるので、次節で本家テイラーの議論をもとにその基本問題を取り上げよう。

4　テイラー・ルールのパラドクス

線形式型ルール論の盲点

テイラーの例においてもそうだが、こうした単純な線形式が事後的なＦＦレートの推移をよく説明するのが確かだとしても、これが事前的な政策ルールとしても提示されている点は不可解である。グリーンスパンはあらゆる事前的ルールに意味がないと主張し続けており、いくつかの理由からこうしたルール論の意味は大変限定的だと言わざるをえない。金融政策のルールについては古くはフリードマンが扱い、続いて他の学派も論じたが、マクロ指標と係数を組み合わせた単純な線形式をもってルールとする流れの出発点になったと思われるのはテイラーの一九九三年の論文である（Taylor 1993）。

議論の根底には「ルーカスの篩《ふるい》 Lucas critique」があり、フリードマンのように貨幣集計値の伸び率を固定する「ｋ％ルール」から決別してマクロ指標をモデルに組み入れてフィードバックを図ることが重視される。テイラーは「ルール」を必ずしも機械的な規則と考えなくともよいと述べ、ルールのデザイン・変更・運用の三つの局面を区別するよう提案した。ここで重要と思われるのは、何らかの外生的ショックによる場合も含めて最初のルールを構想したときに参照したパラメータが変動すれば新たな指数を用いてルールを変更することも「ルール」と呼んでいる点である。初めから何の方針もなく政策を推進する者はいないから、いわゆる「裁量」とはルールの変更に関わる問題であることが示唆されている。こうした論脈において現在の中央銀行に求められる条件を考えれば物価と所得を参照値にすべきだという観点から次のような線形式が提案される。

$$r=p+0.5y+0.5(p-2)+2 \quad \cdots\cdots\cdots (*)$$

（r 利子率、p インフレ率、y 実質GDPのターゲットからのずれの百分率）

テイラーは、係数の変更も可能だとか、そもそも物価と実質所得のみを参照指標とすべき理由はないといった譲歩や、ルールの形成や再形成に関する準則を中央銀行が定めるべきだといった勧告も示し、姿勢は十分柔軟ではある。つまり議論の叩き台を示すことが主なねらいだったと考えられる。この提案を受けて、参照指標や係数を各人各様に入れ替えてオリジナルの線形式を編み出しては論文にするという趨勢が経済論壇の中に生まれた。先の「マンキュー・ルール」の公式もこれに沿ったものである。しかし線形式型ルール論にはより根底的なレベルでの問題点がある。

マンキューの「＊」式、テイラーの「＊＊」式に共通の変数は物価である。ハンフリー‐ホーキンズ法を戴く現行制度のもとではその理由はむしろわかりやすいが、彼らが「ターゲット」という語を用いるとき、それが調整対象という意味での目的値なのかこの調整を行うための参照値なのか（それぞれを「目的」か「目標」と呼ぼう）はしばしば不明なので、いまそれらを区別したうえで論じよう。そうすると、彼らは実際値として入手できる参照値を線形式に代入すれば目的値が適切な水準に定まると述べていることになろうが、その理由はどこにあるのだろうか。実はこの肝心の点が論証されていないのである。かの「因果性なき相関」は、単純なk％ルール論を乗り越えるべく導き出されたはずのテイラー公式においてもなぜか丁寧に引き継がれている[5]。

一般に線形式型ルール論では、CPIの意味での物価にインフレが生じたら利上げをするという政策決定プロセスのモデルが説明もないまま前提されているが、なぜこれが現実的なものではないかはここまで見てきたことからも明らかであろう。まず「インフレ」の語義を主流派は無批判に「物価インフレ」と解釈して話を始めるが、中央銀行の貨幣注入による貨幣インフレから物価インフレという最終局面（最下層のシャンパン・グラス）にたどり着くまでに貨幣は長い旅をする。その少なからぬ部分が資産市場や高次財部門に向かい、低次財市場のCPIにも表れたらある意味でもう手遅れである。

マンキューは利子率公式から作成した図5・10をもとに、一九八〇年代前半にグリーンスパンが議長ならもっと利下げしていただろうと述べている（Mankiw 2002, 39）。同図からは確かにそうした示唆が読み取れるかもしれない。しかし実を言うと彼らの議論の盲点はまさしくこの点にある。そもそもテイラー公式はグリーンスパンのテニュアの初めの数年の実際値をもとに導出されたものであり、マンキュー公式も発想をそれに負っているから、一九九〇年代以降に実際値と公式値が収斂するのは初めから自明である。そしてグリーンスパン本人はテイラー公式など知らずに政策を推進してきた。だとすれば真に問われるべきなのは、グリーンスパンはどうやって自分が知らない推計式から大きく乖離せずに利子率と主要マクロ指標の間に強い相関を持たせることができたのかであろう。

しかしこう考えてくるとあるとてつもないアイロニーが立ち現れてくることに気づく。すなわち、本人たちの意図とは正反対に、彼らの懐刀である公式はグリーンスパンが裁量に従ってではなく何らかのルールに従って政策を運営してきたことを証明しているのである。筆者はこれを「テイラー・ルールのパラドクス」と名づける。[6] マンキューのボルカーに対する一方的な不平も、彼がグリーンスパンほど緻密な擬似金本位制を用いていなかったという事実を自己流に言い換えたものにすぎない。どちらかというと裁量的にＦＦレートを定めていたのはボルカーであって、グリーンスパンはむしろルールに従っていたことをマンキューの図ははっきりと視覚的に告げている。

筆者は彼らの議論に意味がないなどと述べるつもりはない。むしろテイラー公式には少なくとも相関を検出したという意味はある。けれども正直言って彼らは一体自分が何を論じているのか理解できているのかという疑問を抱かざるをえない。彼らはグリーンスパンを批判するが、それは同時に熱烈な声援とも解釈できてしまうのである。グリーンスパンをめぐるさまざまな議論を読んでいて最も不可解なのは、彼に対する評価がスターかやくざ者かに分裂し、にもかかわらず、というよりもおそらくむしろそのために、彼が一体どんな人物なのかがよくわからないという点である。彼はそこにいる。しかも同時にいないのでもある。つまりまだ誰もグリーンスパンの自同性を確認できていないのである。あっさり言ってしまえば、経済学者たちの山なす議論にもかかわらず、グリーンスパンはルールを守ってきた。だからこそ大平準が実現した。これに反論するなら、なぜ恣意的な裁量で（あるいは単なる気まぐれで？）史上最長の物価安定を実現できたかを説明しなければならないだろう。それともグリーンスパンが名うての占い師に大枚を払い占い師が水晶玉を覗き込んで大平準が実現したとでも説明すべきなのか。

結局マンキューの「幸運論」も手前味噌で根拠薄弱な臆断にすぎない。世界史上でも稀な「大平準」を成し遂げた偉大な議長に対する発言としてそれは少なからず失礼であろう。その正体が明かされることもない「幸運」とやらに恵まれさえすれば、主流派経済学しか知らない凡庸な議長でも大平準をもたらせたとでも言うのであろうか。そう述べるのも自由ではあるが、その理論的根拠くらいは示すべきであろう。これは彼らに課された、いや、彼らが自らに突きつけた今後の課題であり続けるであろう[7]。

金融政策におけるルールか裁量かをめぐる論争が明らかにしたのは、グリーンスパンが裁量に基づいて政策を運営してきたことなどではない。それが明らかにしたのは彼がルールに従って政策を運営してきたことにほかならない。加えて主流派経済学者の最新の装置をもってしてもそのルールが検出できないということも判明した。なぜグリーンスパンが議会証言のような比較的広範囲の人に知れ渡る可能性がある場で金本位制にノスタルジーを感じる自分は理事会の中で少数派だなどと漏らすかを考えてみるべきである。その理由は簡単である。彼はオーストリア学派を知る人間なのにＦＯＭＣはニューケインジアンの寮のようなものだからである。そして彼らはフリードマンらにも一定の敬意を払っている。この意味で彼らはいわば「ケインジアン－マネタリスト複合」を構成する学者たちである。こうして、主流派経済学者の半ば神話的な数理的語り（mathematical narrative）の中ではグリーンスパンはいわば蜃気楼のような実在の人物であり、近づけば近づくほど遠ざかるという奇妙な結論が不可避になった。

数値は何を語るか？

他方でグリーンスパンは数理モデルの実益と問題点について実に的確な視点を提示している。

> のちになってからかなり大規模な計量経済モデルを構築するわざを磨き、その有益さを、そしてとりわけその限界をますます痛感するようになった。現代経済はダイナミックであって基底に横たわる構造を正確に読み取れるほどじっとしていてくれることはない。初期の肖像写真では意味のある写真を撮れるだけのあいだ被写体に静止状態を保っていてもらわねばならなかった。被写体が動くと写真はピンボケになったものだ。計量経済モデルも同じである。計量経済学者は正式なモデルの構造にアドホックな修正を加えて予想の適切化を図る。この世界ではそれをモデルの方程式に対する追加要素（add factor）と呼ぶが、方程式自体からの結論よりこの追加要素の方が予測にとってはるかに重要なことも多い。
>
> モデルの予言力がそれほど低いならその意味はどこにあるのか。正式なモデルの利点はめったに表明されない単純な点にある。すなわち、それを実際に使えば一連の前提系列が国民会計の基本的規則と経済学的な一貫性を確実に享受できるようになる点にある。確かにモデルの力を借りれば確実な前提とみなせる少数の情報を最大限に活かせるのである。モデルは絞り込まれるほど、またデータが豊かになるほど有用になる。これまでずっと主張しているが、予測の精度を上げるためには最大限詳細な直近の四半期データの最新の数値系列を入手する方がモデルの構造を練り込むよりもはるかに重要である。
>
> もちろんそれと同時に説明力を上げるにはモデルの構造もとても大切である。真空からひょいっと抽象的なモデルをつくってはならない（少なくとも私にはできない）。モデルは事実からたどり着いたものでなければならない。現実世界での観察事象から切り離されて抽象的な観念が私の頭の中を漂うことはない。それらを繋ぎとめておく錨が必要である。だから私は生じていることに関して考えられる観察事象や事実をすべて探り当て

ようと精を出すのである。細部が豊かなほど、理解しようとしている現実世界を抽象モデルが表す度合が高まる。

（AOT 36 上巻五五–六）

おそらく講壇エコノミストには一言一句耳が痛い台詞であろう。一般論として展開されてはいるが、こうした意見表明は主流派エコノミストたちが理事会内外で繰り広げるマクロ集計値間の「因果性なき相関」に根ざす饒舌に頂門の一針を下すねらいがあると考えられる。このような基本姿勢はあくまでも彼が経営コンサルタントとしての修業時代に経験から培ったものであって、大学の教室では数十年かけても身につかないであろう。鉄鋼業の専門家として自立を模索する過程で習得した景況予測の手法についてはこう語っている。

景気の転換点の予測は事後的なデータベースを将来に投影すれば行えるが、このためそのデータベースの質に応じてしか精度は高まらない。そこで私は車とトラックの生産高、航空機組立業などといったものの事後的な水準をモデルに組み入れたのであった。

（AOT 46 上巻六九）

二〇代に身につけた「習い」は「性」となった。これがグリーンスパンを凡百のエコノミストからはっきりと区別する本質的な要因である。

私の若いころの訓練というのは、世界のある小さな部分が動く様子の細部にどこまでも没入し、その細部に基づいて世界の各部分がとる姿を推察するというものであった。この作業法こそ私がキャリアの全体にわたって用いてきたものである。昔二〇代のころ書いた論文のページをめくるたびに心の奥深くから懐かしさが込み上げてくる。はるかに単純な世界から導き出された内容だが、分析の手法はいま使うどの手法と比べても古びてはいない。

このような実務家としての仕事は歳を重ねるにつれて各業界を通覧する経験を与えてくれるから、それらを統合した全体をもって初めてマクロ経済に迫れるというのが彼の主張である。

（AOT 36-7 上巻五六）

私は経済がどう機能しているかを見守ることに職業生活のすべてを費やしてきた。さまざまな時期に事実上主要産業すべての専門家になったし、それ以外の産業についても一般的なことくらいはわかっている。生涯を通じてあらゆる産業を経験していればシステムがどう動くかもわかるはずである。

(Lindsey 1999, 30 五〇)

同じく数理的な分析装置を用いながら、データを探り出す際の基本的視点の違い、または行為学の有無が議論全体を出発点から結論に至るまで支配する。私たちは経済分析を行う際に「現実世界での観察事象から切り離されて抽象的な観念が私の頭の中を漂う」ような事態に陥っていないかつねに留意しなければならないのである。

「根拠なき熱狂」講演で表明された株式市場論の直接の起源になったのは一九九四年二月からの「予防的利上げ」政策であるが、その意図を創案者本人の観点から振り返ってこのことを確証しよう。

まずオウアーバックによると、一九九四年三月に『コロンバス・ディスパッチ』紙が「連邦準備はインフレに対する先制攻撃（preemptive strike）として経済に水を差す利上げを行なっている」と報じた（Auerbach 2008, 167）。これをオウアーバックは「信じがたい」とし、FOMC議事録では「バブルを針で突く prick the bubble」となっているから実は間違いであると述べる[(8)]。しかしこの推論は成り立たない。グリーンスパンの頭の中では株価を引き下げるために利上げを行うことが物価の過度の上昇を未然に防ぐことを意味する。これはバブルのときに生じるような物価上昇の事前防止という意味である。マネタリストにはこのような議論は宇宙語のように響くだろう。

次にグリーンスパンは公の場で予防的利上げによる「先制攻撃」について語っている。例えば一九九七年のハンフリー－ホーキンズ法証言がそれである。

多くの産業における規制緩和で競争が激しくなり、これが物価を引き下げました。最終的に一九九四年における連邦準備の予防的働きかけは不安定化をもたらす需要の激増を水面下にあるうちに封じ込め、バブルと破裂の景気循環を芽のうちに摘み、企業の技術革新を促すためにインフレを低く抑え込みました。

(Greenspan 1997b)

また一九九九年七月二二日の議会証言ではこう述べている。

金融政策によって最も長く続く経済成長を促すには不均衡をもたらす諸力が経済安定を脅かすまでにそれに先んじる（preempt）ことが有意義です。ですがいつも可能というわけではありません。……予防的になれるときはそうすべきです。と申しますのも、ちょっとした予防的働きかけでも、あとになってからもっと厳しい働きかけをすることを未然に防げるからです。

予防的な政策策定は両方向で等しく使えることを強調すべきです。ここ数年に向きを変えた例にそれは明らかです。インフレ圧力の芽が出てきたときに利上げをしようとしたのは一九九四年春のことでしたし、よりわかりやすいリスクが経済の弱点になったために利下げをしたのは去年の秋のことでした。

(Greenspan 1999)

こうした予防的な利子率変更の指標になるのは株価である。

予防的な政策策定に必要なのは連邦準備が継続的に経済条件を監視し、予測をアップデートし、政策ツールの状況を見直すことです。時価性証券の価格は総需要に影響を与えるためにこの予測プロセスの中で重要性を帯びて際立っています。

(*ibid.*)

こうなると主流派陣営の旗色はいかにも悪いと言わざるをえない。とりわけ「根拠なき熱狂」講演で端的に表明された、資産市場のマクロ経済モデルへの統合という課題について、彼らの議論にはほとんど前進が見られない。同講演の「根拠なき熱狂」というフレーズのあとは次のように展開している。

中央銀行家である私たちは資産バブル崩壊の脅威で実物経済が、すなわちその生産高・雇用・物価の安定性が弱まらないかと気をもむ必要はありません。実際一九八七年の株式市場の急落も経済に対して否定的な影響をほとんど生みませんでした。けれども資産市場と経済の相互作用の複雑さを過小評価しても、それに無頓着になってもいけません。そういうわけで一般的にはバランスシートの変化、特殊的には資産価格の変化を評価することは金融政策の展開の不可欠の一部でなければなりません。

(Greenspan 1996 一五七)

グリーンスパンは「予防的」利上げを何回か示唆したが物価を参照値にするとは述べておらず、むしろ次に見るとおりそれでは効果がないと見ている。上述のとおりテイラーにせよ他の誰にせよ、事後的に導出された公式を事前的に使える根拠は明らかにしていないのであった。グリーンスパンのテニュアは就任早々ブラック・マンデーで波乱の幕開けをし、その後の利上げで経済は一時減速するが、一九九〇年代半ばごろには景気が落ち着き始めていた。そのころの政策変更を伝える告白を振り返ろう。

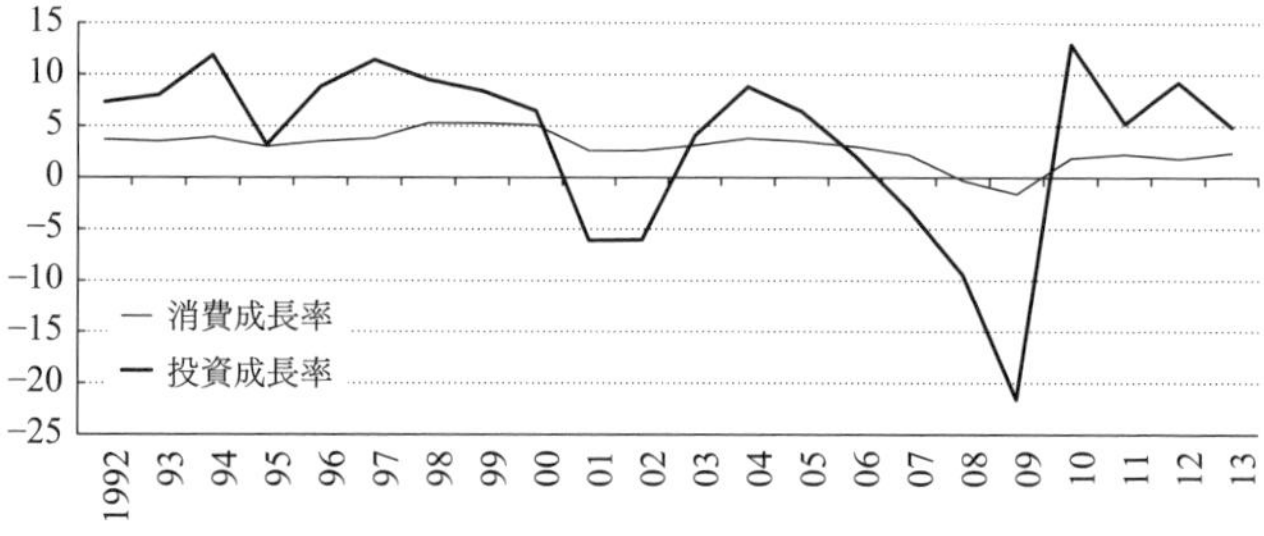

図5・11　アメリカの消費・投資の成長率

出所）Strawser ed. 2014, 1-2A.

> 連邦準備は以前から景気の波を乗り切ろうとしており、初めてインフレの兆候が出てきたときにどうしようもなく過熱するからその前に利上げしていた。だがこのやり方で利上げをする手法で景気後退を避けられたためしはなかった。このときは経済が相対的に安定しているのを利用してもっとラディカルな手法を試してみることにした。それはインフレがまだ現れもしないうちにゆっくりと予防的に（preemptively）利上げをする手法であった。
>
> （AOT 154 上巻三三）

貨幣インフレの帰結としての物価インフレが現れてから利上げをするのでは遅すぎるのである。大平準をもたらした金融政策は、もっと前の段階からマクロ経済に働きかけて高次財市場の膨張を抑止するものである。このことをデータからも示す。図5・11は一九九〇年代以降における消費と投資の成長率を示すが、消費が堅調な（時間選好が高い）もとで「予防的利上げ」が投資を適度に抑え込んだことがわかる。フリードマンの言う「関連づけの数値」は物価でも所得でも失業率でもなく株価ほかの供給側の指数である。ところが、マンキューはこの点を理解していない。

> ……図1・1〔本書の図5・10〕の二つの系列はほぼ同時に動いている。一九九〇年代には連邦準備が予防的である必要をめぐって多くの議論があった。経済の各圧力がインフレと失業に表れるより前に反応すべきかという議論である。……しかし図1・1では強い同時的な相関が見られ、実際の利子率が公式からの指標より

も前に動く傾向はまったくないので、政策が何ら予防的ではなかったことを示唆する。

(Mankiw 2002, 38–9)

このような「示唆」は完全に否定できる。彼の判断には重大な過誤があるとみなさざるをえない。グリーンスパンが一九九〇年代から「予防的」政策を打つと述べていたのを伝え聞いたが、意味がわからないので批判し、挙句の果てに「幸運論」を持ち出したのであろう。

後任がグリーンスパンの連邦準備をまねようと思ってもその方法はまったくわからないだろう。政策を貫く方針は一つだけと思われる。すなわち、あらゆるデータを注意深く学び、利子率を正しい水準に定めようということである。それ以上に明確に表明された指針はない。

これには大きなアイロニーがある。ミルトン・フリードマンのような保守派経済学者は裁量的金融政策が問題を招くと以前から唱えてきた。……彼らは金融政策の担当者が金融政策の何らかの形のルールに従うべきだと結論している。この議論はジョン・アダムズが述べた「アメリカは法の国であって人の国ではない」という有名な警句の経済学版である。

(*ibid*., 41)

こうした記述からうかがえるのは彼らがグリーンスパンの経済思想に実はほとんど無関心であるという事実である。ルールがないという判断はグリーンスパンが遺した目を見張るような実績と照らし合わると明らかに奇妙である。これでは自分が理解できない方針は裁量であってルールではないと述べているに等しい。法の上に立つ人の独裁を批判したつもりであろうが、グリーンスパンの法が裁量に基づくのに、それが主流派のルールに基づく法よりも主流派の目的を見事に達成したという事実はどう説明するつもりなのか。

現代主流派経済学者の分析は確かにとても洗練されており緻密でもある。彼らがいくつものデータのダーツを的の近くに立て続けに投ずる様を見ていると、一見反論の余地もないような真理が述べられているようにも見えるが、一連の議論には決定的に欠けているものがある。つまり政策策定者であるグリーンスパン本人の視点である。FRB内で誰がFFレートを決めているかは、ワシントンのコンスティチューション通りにあるエクルズ・ビルディング（FRBの建物）の前を通りかかった高校生にもスマートフォンで調べればわかることであろう。それならばなぜ議長の主観を完全に無視してもっぱら自分の視点で語ってばかりいるのであろうか。主流派経済学者のゲマトリア（密教数秘術）的で複雑な論文を読み解いていくと、一九九〇年代に金融政策を行なっていたのはグリーンスパンなる人物であるという、誰でも知っている実に単純な事実に連れ戻されるのである。(9)

彼らの一連の論考は結局議論倒れである。先ほど彼らの議論をダーツに喩えたが、その際に決して的を射ているとは言わなかった。つまりこうした議論はほぼ例外なく的外れである。現代の主流派マクロ経済学にはミクロ的基礎がないという事実は覆い隠しようもない。「ルーカスの篩《ふるい》」が主流派に衝撃を与えたことは事実であろうが、そのルーカス自身が、また彼のプログラムを継承したキドランドやプレスコットが、学史全体を見据えた視点からあらためて篩《ふるい》分けされねばならない。もともとケインズ経済学にミクロ的基礎がないことを指摘したのはハイエクであるが、ルーカスは彼のケインズ批判を誤解している。もっと広い範囲の人たちにもっと真剣に検討されねばならないのは、いわば「ハイエクの篩《ふるい》 Hayek critique」である。

フリードマンにせよマンキューにせよマクロ経済学に資本理論を導入しないことを是としており、このことによって彼らの議論は必然的に自らに限界を課している。大学の講壇に立つ学者がそのマクロ経済学の中に資本理論を組み入れるか否かは本人の自由である。けれども中央銀行総裁の求人広告にあなたのマクロ経済学が資本理論を持っていてはならないという但書きはないであろう。だとすればそれを持つ総裁が生まれてくることも考えられることになる。そしてそのときは彼の資本理論を見てみることである。それこそが彼の政策を理解するために不可欠なステップである。

注

はじめに

（1）『歴史』城江良和訳、京都大学学術出版会、二〇〇四年、第一巻八–九。

（2）Mises 1998, 65 六八。

（3）一九三五年銀行法で理事の任期は一期四年、最大十四年と定められたが、前任者が任期満了前に辞任した場合の残存期間分は例外で、かつ大統領が次期候補者を指名するまでは現任者が留任する。大統領の一存で就任、留任、更迭が決まる職位と言えよう。

（4）第十代バーンズは就任時に六五歳だったが八年しか在任せず、第十四代バーナンキは五二歳、第十二代ボルカーが五一歳で就任している（ボルカーはグリーンスパンより一年若く、グリーンスパンは彼の退任後に就任した）。

（5）Beckner 1996；Sicilia and Cruikshank 1999；Kahaner ed. 2000；Martin 2000；Rich 2000；Woodward 2000；伊藤 二〇〇一；Tuccille 2002；Batra 2005；Canterbery 2006；Ellis 2006；Hartcher 2006；Fleckenstein and Sheehan 2008；Sheehan 2009.

（6）もともと母や親戚も音楽好きで自らもジャズバンドの一員になったことに始まり、テレビキャスターの現夫人アンドレア・ミッチェルと結婚する前にも、一九七〇年代にはやはりキャスターのバーバラ・ウォルターズとつきあっていた。芸能・メディアの世界とのつながりはグリーンスパンの生涯を通して目立った特徴の一つである。

（7）最近のＦＲＢ議長のうちボルカーは同様だが、バーンズやバーナンキなど学者上がりの議長には就任前にすでに著書があった（Burns and Mitchell 1946；Bernanke 2000）。ただ『波乱の時代』で状況は一変した。

（8）わが国では小黒 一九八七などで早期に伝記が紹介され、その後も伊藤 二〇〇一、土井 二〇〇六などが続いた。その後『波乱の時代』のすばやい邦訳、『日本経済新聞』の「私の履歴書」に連載された自伝（Greenspan 2008）などにより一気に情報が増えた。

（9）本書では「主流派」を教科書に出てくる経済学を展開する学派とする。すなわち、古典派、新古典派（neoclassical）、新生古典派（new classical）、ローザンヌ学派、ケインズ派とそれらの派生諸学派である。

第1章　我あり、ゆえに我思う

（1）『波乱の時代』は半分が自伝、残りは講演や議会証言などをもとにした経済・政治論集である。

（2）『波乱の時代』を「AOT」と略記する（略号については「凡例」を見よ）。

（3）ワシントン・ハイツは一九〇六年の地下鉄開通で開け始め、一九二〇年代の好況期に宅地化された。ユダヤ人が多いためゲットーで有名なドイツの大都市の名をとって「ハドソン川沿いのフランクフルト」（フランクフルトの正式名称は「マイン川沿いのフランクフルト」）と呼ばれた。一九三三年から四〇年までの間に同地区だけで二万人のユダヤ人を受け入れたという。ただ他にもアイルランド系、ギリシア系移民が多かった。両親の離婚は若すぎた結婚と大恐慌による窮乏が原因らしく、アランは母に引き取られて母方の祖父母とともにやや南の西一六三丁目六〇〇番地に移り住むが、家は母と台所で寝るほど狭かったという（Martin 2000, 1-2）。

ニューヨーク市は五つの「区 borough」からなり、マンハッタンはその一つである。一八一一年の州「委員会計画」によって南北の「avenue」と東西の「street」でつくる格子状街区の都市計画が成立した（日本語では一般にそれぞれ「番街」「丁目」を当てるがときに混用される）。完全に格子状の街区の基点は現在の一四丁目だが、遡ってヒューストン通りを基点に街区が不規則な一三丁目までも画定された。終端がワシントン・ハイツ地区南端の一五五丁目であった。その後さらに北進し現在では二二〇丁目まである。なお同島は北端部ではかなり幅が縮まり、グリーンスパンの生家も両親離婚後の家もマンハッタン島が東西一㎞強とかなり狭くなった地区にある。

（4）適切な喩えであるかは議論が分かれるだろうが、ある時期の小石川高校と似ているように思う。

（5）議会図書館および会員制書籍販売機構「毎月の本クラブ Book-of-the-Month Club」が会員五千人に人生で最も影響を受けた本を尋ねると、『アトラス』が二位で、一位は聖書だった。アメリカでは大学生ばかりか高校生にも『アトラス』が読まれており、議員にも愛読者が多い。

（6）藤森二〇〇一が同書邦訳以前の本格的な紹介である。同氏による「日本アイン・ランド研究会」のウェブサイトには主要作品の筋書きが要約されている（http://www.aynrand2001japan.com/index1.html）。

（7）通常「評論」と表現すべきところだが、英語との対応を考えるとそれは「review」（出来事の「見直し」「復習」を意味する）である。だがランドのノンフィクションはむしろ「essay」と言うべきなので直訳して「試論」とする。ただし日本語による散文表現の歴史の中に英語圏の「essay」に相当するものは存在しないので本来訳出できない。それは『枕草子』や『徒然草』のような「随筆」が子供だましに見えるほど論文的で、「論説文」が最も近いだろうが、新聞や雑誌の記事とは違ってある分野における新機軸を打ち出すような組織立った論考を指す。「エッセイ」と表記するとゴーストライターによるマスコミ有名人の本と同類になってしまう。何とも不自由である。ロックの『人間知性論』のような哲学書、ヒュームの『政治論集』のような社会科学の論考、ケインズ『説得論集』のような時論、バーナンキの主著『大恐慌論』のような学術書も、すべて原題は「essay」であるという事実を指摘しておく。

(8)『アトラス』は小説ながら哲学用語も多用される。ただある程度平易な表現をとろうと努力してはいる。創作中の独白部分と試論の行論の間には意外と差がないが、後者では具体的に哲学者の名を挙げて学説を批判しており（Rand 1961）、試論で小説を解説するという意図も読み取れる。一般向けのプラットフォームも持つということは彼女の思想の内容そのものから必然的に出てくるとも言える。この意味で「これまでに哲学がもった最も偉大なセールスマン」（Peikoff 1982, vii）とか「ポップ哲学者」（Rand 1964 二七二）といった評価（藤森かよこ）は妥当であろう。またランドは試論執筆をあくまで創作に付随する活動とみなしたが、それなのに同作を最後に小説の筆を折って自らの思想の普及に専念したことからも、ランド哲学の集大成として無視できない重要作である。『アトラス』のこうした特徴から、本書では小説であるにもかかわらずその中の記述をランドの思想の表明として取り扱う。試論に見出せるアイディアとの対応関係、アイディアを補強するための試論中での同作中人物の台詞の再引用などの事実から見て、創作を思想表明の場としたと判断してよいからである。

(9)『アトラス』は「無矛盾性 Non-Contradiction」「選択 Either-Or」「AはAである」の三部構成だが、おそらくそれぞれ論理学の（無）矛盾律、排中律、自同律に対応していると思われ、この視点で作品の企図を解釈できる。第三部末のゴールトのラジオ演説で、人間は本性上みな利己性を追求せざるをえない（自同性）のに、過てる利他道徳の蔓延で（誤選択）このことがずっとぼかされ続けて（矛盾）社会が機能不全に陥ったので、故郷に帰還させること（identification）によって人間の本体を闡明《せんめい》したかった（自同性への回帰）ものと読める。「A＝A」を強調した哲学者としてはエレア学派やパルメニデスが知られている。演説の中に「何世紀も前に……人類の中で最も偉大な哲学者は存在の概念とあらゆる知識の規則を定義する公式を述べた。〈AはAである〉。事物はそれ自体である。このことの意味は誰にも理解されていない。いまここでその意味を成就させよう。存在とは自同性であり、意識とは自同性帰着（identification）である」（Rand 1996, 929-30 一〇五五）というくだりがあるが、「人類の中で最も偉大な哲学者」とはアリストテレスであろう。哲学史においてはヘラクレイトスの万物流転の哲学が示す無からの有の生成論を否定したのがパルメニデスの「あるものはあり、ないものはない」（有は存在し、無は存在しない）というテーゼで、プラトンは二者を調停しようとしてイデア説を構想したが、やはりアポリアが残った。アリストテレスは『形而上学』でイデア説批判を展開し、無からの有の生成という所説が矛盾に陥ることをパルメニデスを参照しながら説明している（Meta 1089a, 1ff.）。ランドはそのヘラクレイトス的世界観を金額の書かれていない小切手を手渡すことに喩えてはっきり否定している（Rand 1964, 38-9 七五）。

(10) これは一九七五年のウェストポイント（陸軍士官学校）での講演で述べられている。彼女は講演を不時着した宇宙船の乗組員のストーリーで始め、非日常的な舞台設定に思えるかもしれないが、ほとんどの人間が地球上に不時着したようなもので、見慣れぬ環境で生き残るためには理性を用いる必要があるのにそれが十分できておらず、そのための指針を与える知こそ哲学にほかならない、との巧みな喩えのもとでこの定式を導き出している。

(11)『アトラス』では美徳にはさらに独立性、インテグリティ、廉直、正義が加えられて都合七つになる（Rand 1996, 932-4 一〇九八-

一〇〇）。

（12）例えばモーセの「十戒」は七つまでが否定文であるため三つしか能動的行為（action）に関わらない。これは古代ユダヤ人の民度を反映したものであろうが、その後七つの禁止事項の反復が不要になったという話は聞かず、人々がふつう「道徳」という語で思い浮かべるものはなおもそれらである。つまり既存道徳は何をしてはいけないかを豊かに物語る一方で何をすればよいかはほとんど教えてくれないが、そうであることによって自らを一応尊重されはするが繰り返すと疎んぜられるという、いわばおせっかい焼きの地位に追いやってきた。

（13）この点については補論2、3のほかSchneewind 1998などを見よ。

（14）インターネットの動画サイトで実際に読み上げた例では三時間を超える。

（15）こう説明すると抽象的だが、彼女はこの問題をソヴィエト連邦の社会主義実験を例に考察している。故国での実験を批判する背景には、「共通善」を「個人の権利」の総和としてではなくむしろその反対概念、その実現を阻む社会悪として捉える視点がある。ソ連において「共通善」という耳あたりのよい言葉はその実一部の人間の間でだけ共通な善にすぎず、結果的にその他大多数の個人の善を抑圧する口実としてうまく利用されていたと言うのである。

（16）むろん実際ボルシェヴィキに一家の財産を没収されて亡命を選んだ苦難の人生が関係していることは明らかだが、そうした個人史だけで作品が説明できると見るのは愚かである。むしろ文明の現段階に見られる社会関係のあり方やその底にある徳と道徳のすり替えの問題を抉り出そうとする意図に発するものである。何よりもまず、企業家をそう呼ばずに「資本家」と呼ぶことによってこの人格が「資本」という「もの」を持つ人として間接的に理論の舞台に登場するので、いきなりこの段階で人格が捨象されやすい条件が整っている。ランドはさかんに「誰の資源か」と反問することで、経済財としての資本が所有権を帯びた個人財産であり誰かが計画的に生み出したものであることを思い起こすよう促している。ただこの問題にはもう少し複雑な一面もあるので、続いて再説する。

（17）ランドのこうした議論はオーストリア学派の方法論的個人主義および同学派による主流派経済学の方法論的全体主義批判と通じ合うものである。この問題については越後二〇一一末の「参考資料 アイン・ランドの資本主義観に関する覚書」（三三–三五）を参照のこと。

（18）ランドの哲学は先述のとおり試論に散在しているが『アトラス』が最も体系的である。その意味で彼女は作家であった（藤森二〇〇八）。哲学の試論としてはRand 1961；1982；1990のほか弟子によるPeikoff 1993を見よ。

（19）B. Branden 1987；N. Branden 1999；Martin 2000；Tuccille 2002.

（20）彼は回顧録全体のコンセプトにこの考え方を用いた理由を説明している。「この考え方の中心にあるのは確実だと証明できることは何もないという確信である。近代科学の物理学や化学においてもそれは同じだと言われる。つまりこの分野で最もお馴染みの基本原則は証明不可能な認識と事実についての仮定に基づいているのである」（強調は引用者）。それはハーバード大学時代の講義に始まり、財務省時代の朝食会でサマーズやグリーンスパンと交わした議論で形をなすようになったという（R. Rubin 2003, 76）。

（21）ヒックスはジャック・ロンドンの『鉄の踵』（London 1908）などの作品を挙げ、『アトラス』の描写がそれらに描かれたホロコーストを他愛ないものに思わせるほどだと述べている。

第2章　中央銀行を嫌う中央銀行家の肖像

（1）ブランデンもこの書評にふれている。ヒックスは元共産党員でスターリニズムを称えた経歴がある。ブランデンは評価を下す前に何が書かれているかを明らかにすべきだと述べ、『ニューヨーク・タイムズ』による書評者の人選ミスを指摘している。そして書評に目を通したときの強烈な嫌悪感は十分前のことのように鮮明だと語っている。ただしどうやらランドはこれを読んですらいなかった模様である（N. Branden 1999, 200）。

（2）ブランデンは一九三〇年生まれなので、ランドの方が二五も年上である。ランドは他の弟子たちにも模範として引合いに出すなど、彼を理想化した。ＮＢＬからＮＢＩに至る彼の活動にも資金こそ出さないが基本的に承認を与え、「あなたは私を生き返らせてくれた」と語っていた。それでもランドのうつ状態はあまり改善されず、またブランデン自身はむしろ過度な期待に苦しんでいた様子である（N. Branden 1999, 237）。なおランドの弟子たちは実はほぼ全員ブランデンかバーバラ夫人の知合いである。グリーンスパンも最初の妻ジョーンがバーバラと同郷（カナダのウィニペグ）の幼なじみであったことが機縁となってランドに近づけた（B. Branden 1987, 246）。こうした事情もランドが彼を寵愛した一因であろう。それだけにブランデンがＮＢＩの学生パトリシアと懇意になったときランドの反応は冷淡であった。こうしてブランデンは破門された。

（3）ＮＢＩは客観主義運動の基盤となるが、ランドはブランデンの寄与を高く評価し、彼女の小説が運動を立ち上げたと述べた彼に対して、「それは違うわね。私の小説は読者を生み出したわ。ＮＢＩは運動を生み出したのよ。……あなたが客観主義の名を有名にしたんだわ」と返した（N. Branden 1999, 208）。

（4）ロスバードは当時すでに「サークル・バスティア」を結成しており（バスティアについては第4章を見よ）、そのメンバーには経済史家ヘッセン（Robert Hessen）、のちに新オーストリア学派を代表する碩学となるレイスマン（George Reisman）らがいた。うちヘッセンはランドの試論集『資本主義――いまだ知られざる理想』に「婦女子に対する産業革命の影響」を寄せている（Rand *et al.* 1986, Chapter 8；村井 二〇一二c）。

（5）ロスバードとランドの対立には別の事情もある。『水源』（一九四三年）のころからランドの読者で一九五四年以降彼女のアパートに出入りし始めたロスバードは外出恐怖症に悩んでおり、ブランデン講義を聴くとともにランドの勧めで彼の「セラピー」を受け始めた。ブランデンはロスバードの症状は伴侶ジョーイ（Joey, or JoAnn Bertrice Schumacher）が誤りだからとして、客観主義者の女性を新しい伴侶に推奨した。ランドらはジョーイを別室に呼んで合理主義者か非合理主義者かを判別しようとしたが、ジョーイは彼らの求めに応じなかった（Raimondo 2000, 123–5）。そしてランドはロスバードに六か月以内の離婚を求めた。こうした一連の出来事からロスバードはランドらを「カルト」と呼ぶようになる。批判のポイントは、ランドは理性を強調するがそれは彼女の理性にすぎず他人の自由を否定しているということである（Rothbard 1990）。実はジョーイが長老派の信仰を持っていたことも背景にある（Stottlemyer c. 2006）。この出来事は「ジョーイ裁判 Joey's Trial」と呼ばれる。なおブランデンはこの裁判への加担にはふれずにあくまでロスバードの無政府主義と尊大さが対立の原因としており（N. Branden 1999, 229–31）、またバーバラもロスバードを剽窃のかどで訴えると脅したが、回顧録ではそれにふれていない。ロスバードのような卓越した知性がかくも深くランドに操られたことも自由主義知性史の際立った一断面であろう。

　またランドの強烈な顕示欲のためかＮＢＩの生徒に次の条項の遵守を求めるなど行き過ぎた個人崇拝も見られた。(1)ランドはかつて存在した人間のうち最も偉大である、(2)『アトラス』は世界史上最も優れた偉業である、(3)ランドは哲学の天才だから理性・道徳などの問題で至高の裁定者である、(4)ランドを知ったあとは自分の価値観をその著作に結びつけよ、(5)ランドと異なるものを褒めたりけなしたりするとよい客観主義者ではない、(6)ブランデンを「知的後継者」に指名したので彼はランドとほぼ同格である、(7)初めの二項目以外はふだん口にすべきではない。このためブランデン自身ランド派にカルト的側面があったと認めている（*ibid.*, 226–7）。

（6）ハイエクはケインズの『貨幣論』を批判したが、彼の気まぐれな見解変更の再発を警戒して『一般理論』にはまとまった批判を寄せなかった。だがハズリットがそれを実行した（Hazlitt 1959）。その批判は『一般理論』のすべての章をほとんど逐条的に論駁するという徹底したものであった。彼によると、乗数効果、流動性選好、マクロ関数などは理論的誤謬にすぎず、ケインズには「革命」的要素など存在しない。同書は Hazlitt ed. 1960 とともに英語圏ではこの分野の古典である。ハズリットの的確な紹介例としては、越後 二〇一一 の第七章「ケインズ『一般理論』の批判的考察」を見よ。なお、サミュエルソンが経済学を志したのはハズリットの影響による。

（7）ＦＥＥはハイエクがモンペルラン協会を組織する際に参考にした。ちなみにＦＥＥの所在地はマンハッタンの北端から北に十五㎞ほどのハドソン川沿いである。

（8）ランドの蔵書への書き込みはいまでは工夫を凝らした段組みの本として公刊されている（Rand 1995b, 105–41）。そこで扱われているのは、日本ではほとんど知られていない著作家たちを含むが、中にはハイエクなど著名人の名も見える。ランドのハイエクに対する態度はきわめて冷淡で侮蔑的であった。『隷従への道』（Hayek 1944）のやはり余白への書き込みにおいて彼女はハイエクを痛罵している（Rand 1995b, 145–60）。

（9）ロングはある程度ふれている（Long 2005）。彼によると、ランドもミーゼスも倫理的「内在主義者 internalist」である。ただしもともと「客観主義」という呼び名の選択が「実存主義」という先客のおかげで「existentialism」が選べなかったといった偶発的な事情にもよるという点（本書第1章）にふれた例は未見である。

(10) 主な先行例を挙げる。(1)レイスマンはミーゼスにもランドにも師事した数少ない人物だが、一見正反対に見える用語法にもかかわらず、ランド派とオーストリア学派の差異は小さく表面的だとしている（Reisman 2005b）。(2)ブロックは両派の相違が実質的ではなく外見的としている（Bloch 2005）。(3)ジョンソンは古い世代のオーストリア学派の価値論に遡行して、ランドとメンガーの価値論はともにアリストテレスを基盤とすることもあってその差は呼び名上のものにすぎない（正反対の呼び名だが内容は同じ）等と結論している（R. C. Johnson 2005）。(4)ブランデン自身も『ヒューマン・アクション』の書評で主観価値論を批判しながらも精読に値する「経済学の古典」であると著作全体を賞賛している（N. Branden 1963）。(5)わが国の新オーストリア学派研究を代表する越後和典もランドとミーゼスの「行為学」との間に矛盾はないとしている（越後 二〇一一、三八–九）。(6)ヤンキンズによるとメンガーは生きるための欲求充足を行為の動機と考えて価値の主観性を強調したが、自分が生きるために何が必要かは理性で判断すべきだとも考えているから、客観主義とも矛盾しない（Younkins 2005）。この説が最も説得的である。

(11) ランドの愛人になるなどの事情からブランデンは当時ランドの弟子集団の頂点に立つ人物であり、客観主義運動に憧憬を抱くがニューヨークのような大都会の近くに住んでいないアメリカ人にとっては一種の伝説上の人物だったと考えられる。またブランデンは心理学者で利己主義の追求による「自己肯定」の重要性を説き、この視点からカウンセリングなどもしていた（一例として、N. Branden 1987を見よ）。地方の若者が大都会から発信される先進的な思想を受容するときにいかにもありそうなことだが、活字の向こう側のランドの高弟はかなり理想化されていたと思われる。肥満という程度の目論見外れがボスタフの脳裏の英雄像を粉々に打ち砕いたのは、こうした事情が重なったためであろう。彼は回顧録でブランデンが「石膏の聖人 plaster saint」に思えたと述べ、またこのころまでの自分を「ランドロイド」とさえ呼んでいる。

(12) これはハイエクほかのオーストリア学派に共通の理論である。事実ボスタフはのちにカーズナーによるほぼ同じ趣旨の論文を読んで驚いたという。この点については、本書第9章1節のほか次を見よ。Mises 1998, chapter 16；Hayek 1964；Rothbard 2009, chapter 10；Kirzner 1997；越後 一九八五。

(13) ボスタフはその後二年在学してから陸軍に入ってドイツに駐屯し結婚もしたが、知的な空しさを感じてやはりグリーンスパンの助言に従うべきだと考え、真の経済学を学ぼうと決意してミーゼスとハイエクに取り組んだ。その後「方法論争」をテーマに博士論文を書いてカーズナーに送ると返事があり、数か月後に彼と面会してリバティ・ファンド（著名な出版社）主催の方法論研究会での報告を促された。こうしてボスタフはオーストリア学派の面々と交流を深め、ハイエクやロスバードからも（好意的に）批判を寄せられるようになる（Bostaph 2003）。

(14) 行論の都合上、第一回の貨幣論のあとが銀行論であったと推定できる事情はこのあと、また第四回からの資本理論（生産または企業行動の理論）の内容については次章で述べる。

(15) この部分をボスタフが引用符に括り入れていることからもグリーンスパン本人の表現のままと思われる。

(16) この論文はすでに筆者が紹介しているので詳細はそちらをご覧いただきたい（村井 二〇一二b）。

(17) ロスバードは預金された実物資産（正貨）は、私法上の「寄託 bailment」物だから、バランスシート項目ではありえないこと、そして実際一九世紀イギリスでこの点をめぐる判例が、自然法を無視して銀行家による流用を承認したことを指摘している。本書第9章1節および次を見よ。Rothbard 2008a, 91-4; 2007a, 41-6.

(18) ランドの貨幣論は『アトラス』の登場人物フランシスコの口を通して語られる。村井 二〇一二bを参照。

(19)「信用創造」論の問題点については第9章を見よ。

(20) 日本語では「monetary policy」を「金融政策」と訳すので混乱が生じるかもしれないが、ここで用いられた「financial policy」とは「財政政策」と「金融政策」を包括する概念である。本書第4章の議論と同章注21を参照。

(21)「金と経済的自由」を言語的観点からも分析しておこう。

第一に、すでに述べたとおり文体が切れ味鋭い断定調になっている点である。FRB議長の発言は本人の意図を離れて神託のように受け取られがちで、特に市場を動揺させる発言は控えなければならず、これが「フェドスピーク」を生む。しかし在任期間以外の彼の文体を見ていくと議長就任以前はむしろ明晰であり、退任後についても彼の発言を聞いていた周囲の人たちから話の意味がわかるようになったと言われた（Greenspan 2008, no. 22 一月二三日付）。しかもこの文体転換については回顧録の中で何度となく意図的なものだと述べている。例えばカンファレンス・ボードのパーカー（Sanford Parker）が短く断定的に書く手法を教えてくれたがFRB議長就任後はわざとそれを捨てたという（AOT 43 上巻六四）。この意識は「根拠なき熱狂」講演のとき資産市場の過熱に焦点を当てつつも同時に市場の混乱を防ぐために潜めた表現を選び、周りの反応から世間の影響を予測していたことを告白する場面でも明言している。さらにこのことを現夫人へのプロポーズのエピソードと組み合わせて語っている。

第二に、グリーンスパンが結論部分で用いた「さもしい本音 shabby secret」というフレーズはランドが『アトラス』で用いたものである。本書では詳論していないがランドは唯物論と唯心論をともに神秘主義と考えており、マルクス主義と同様に宗教的言説一般を激しく攻撃した。地上世界の諸条件を理性的に把握して生活条件を改善する努力は私的所有権に基づく利潤追求によって推進されるが、唯物論者はそれを否定し、神秘主義者は来世での浄福に逃避することでやはり地上世界にそっぽを向くくせに信者からおカネのみは巻き上げるからである。理性的なプロセスの忌避は、「正直な人間は〈それは存在す。ゆえに我それを欲す〉と言う。ところが唯物論者と唯心論者は〈我それを欲す。ゆえにそれは存在す〉と言うのだ」と、再びデカルトを思わせるフレーズで表現される（Rand 1996, 949 一二七）。相争うかに見えて一心同体の神秘主義者たちは思考や創造ではなく願望によって報酬を得ようとする。「そいつが彼らのさもしい本音である。秘教的哲学すべて、弁証法と超感覚すべてに隠された本音、無責任なものの見方をして口やかましくしゃべる本音、文明・言語・産業活動・生命を破壊するときの本音、自分の目をつぶし鼓膜を破り神経を麻痺させ心なき者になるときの本音である。理性・論理・物質・存在・実在といった絶対物を打ち砕くときの彼らの目的は、好き放題に形を変えられるあのまやかしの上に一つの聖なる絶対物を打ち立てることだ。――その絶対物とはおのれの願望である」(*ibid.*, 948 二二六-七)。

　勤労者から財産を没収したいという「願望」を選挙民でもある彼らにバレないように実行する「ずるがしこい」スキームを阻むのが金であることを強く自覚するがゆえにそれを激しく攻撃することで葬り去りたいというのが、国家統制主義者の「さもしい本音」なのである。なおグリーンスパンと違ってランドはケインズの名をフルネームで挙げており (Rand 1982, 174)、貯蓄もないのに消費せよと無責任なことを説く彼が標的であることは明白である。

(22) グリーンスパンをニクソンの選挙戦に引き入れたアンダスンもＮＢＩの聴講生であった。

(23) 機関の正式名称は「Foundation for the Advancement of Monetary Education」。健全な貨幣制度の確立を目指して、現代の貨幣制度の弊害を教えることを主目的とする。ＵＲＬは次のとおり。http://www.fame.org

(24) 一九六六年の「没収」は一九九七年に「先取」、二〇〇七年には「実物資産の移転によってインフレ傾向が生じた」と単なる「移転」にとどめている(本章末の引用を見よ)。読者の裾野の広がりに考慮してかなり無難になるまで再変換されている。

(25) これは決して深読みなどではない。一九八〇年代末の貯蓄貸付組合(Ｓ＆Ｌ)の破綻を念頭においた発言なのは明らかである。『波乱の時代』でリバタリアンの信条に反してでも政府規制を増やすべき分野は詐欺の摘発であると述べた (AOT 375 下巻一六五) グリーンスパンは、別の箇所でリンカーンＳ＆Ｌのキーティングによる放漫融資が税金を三四億ドルも無駄遣いさせたことを嘆いている (AOT 114-7 上巻一六六-七〇)。

(26) アメリカ憲法は議会にコインの管理のみを求めているから、法貨は基本的に違憲である。

(27) パークスによると、グリーンスパンは外国での講演で本音を吐露する傾向にあるというが (Parks 2001, xix)、これも変換の強弱調節の原則に沿った判断であろう。

(28) この議会答弁はすべてウェブサイトで閲覧できる。Paul 2009 に収録されたものはそのページを記すが、それ以外は引用元を省く(ページ数が記せないため)。記載がない場合は次のサイトを見よ。"The Greenspan-Paul Congressional Exchanges," http://usgold.com/gildedopinion/greenspan-gold.html ; http://www.lewrockwell.com/paul/paul253.html

(29) 一九世紀後半から第一次世界大戦までの国際金本位制期は専門的な経済学教育を受けていないＫ・ポランニーのような門外漢を除くと貨幣制度の理想郷として描かれるのがふつうである。例えば連邦準備史を執筆中のメルツァーも、一九八〇年代以降連邦準備が基本方針にしていたという説明法はとっていないものの、金融政策における「ルール」の問題に関わって「金本位制ルール」という言葉を何度か用いている (Meltzer 2009, 8-9, 1194, 1228)。師への配慮から言葉は抑えているが、ボルカーへの賞賛と対比するとバーンズに批判的なのは明らかである。とりわけインフレ抑止の失敗に批判的である（AOT 61 上巻八九；本書第４章）。

(30) ただし彼は「mimic」を動詞で用いている。

(31) ポールは二か所でこのエピソードを記しているが、Paul 2008 では初出誌を『客観主義ニュース』としている。同誌は一九六六年一月から誌名を『客観主義雑誌』と変えたが、その前からの読者だからだろう。

(32) もう一つ興味深い事実をつけ加えておこう。実はグリーンスパンの「自由社会の経済学」講義をミーゼスが聴講していた。ＮＢＩの講義会場はマンハッタンのホテルで、おそらく先述の手紙によって読者メーリングリストに登録されていたミーゼスにＮＢＩから案内が来たので出かけたのであろう。このことを伝えるのは新オーストリア学派のギャリスンだが、彼はボスタフ経由でこの話を知り、グリーンスパンの講義テープは全米三十都市に配信されたと述べている（Garrison 2007）。ボスタフはグリーンスパンのカンファレンス・ボードでの給料から考えると生活のために講義をする必要はなく、また当時のランド・サークルの顔ぶれの中で転向者はいないことからも、彼が転向した可能性はないとしている（Bostaph 2000）。ミーゼスとグリーンスパンの年齢差は四十を超えるから大家の前で縮み上がらなかったかが懸念されるが、いずれにせよ、こうなるとグリーンスパンが当時まだアメリカでも草創期にあったリバタリアン思潮の勃興と拡大の重要な担い手の一人であったと無理なく結論できる。

第３章　グリーンスパンの資本理論

(1) 英語「business」は平易だが訳しにくい語の一つである。文脈によって「企業」とも訳す。

(2) ＦＲＢ議長就任直後に書かれた佐瀬守良はグリーンスパンの経済学について「〈たとえば一九六四年型シボレーにどのくらいの数のボルトが使われているか調べ、そのうち何本を改良で節約すれば米国経済にどのような影響が出るかを追求する、そういう手法だ〉といわれる」と伝える（佐瀬 一九八七）。比喩的だが正確な認識である。

(3) ＡＢＣＴについては本章で概要を示し、補論１末で歴史的コンテクストから見直す。

(4) 本節は学説史だが概説的に書く。基本的参考文献を掲げる。Dempsy 1948；Noonan 1957；Roover 1958；Gordon 1975；Grice-Hutchinson 1978；Rothbard 2006 I；Soto 2009a；村井 二〇一四 b。ウェーバーの権威はすでに揺らいでいるが影響はなお強く、予定説のおかげで資本主義が成立したかに語られることさえある。だが一連の議論は初めから的外れである。なぜなら、西洋資本主義発祥の地はイタリアだからである。ルターは利子にも商業にも冷淡であったし、ジュネーヴのような商業都市で神聖政治を行なったカルヴァンでさえ経済の国家統制を自明としている。聖職売買などでローマ教会が腐敗したこと、およびプロテスタントがこの点をついてキリスト教を変えたことは事実である。しかしそこから「暗黒時代」の印象を強めるあまり、中世社会は自給自足に終始していたと考えるのは時代錯誤にすぎない。むろん当時の産業や商業がいまより未発達だったことは否定すべくもない。だがローマ帝国崩壊後の混乱をへてイタリア都市国家で地中海交易が盛んになると、その市場は内陸部にも広がっていった。その前提として貨幣決済システムが近代的なものになったし、ギリシア古典へのアクセスが回復するにつれて、学者たちがそれを参照して資本主義経済における取引の公正を思弁的・理論的に論じ始めた点がさらに重要である。

（5）この意味ではいわゆる「中世」にすでに近代が始まっていたと見る方が実状に近い。歴史家が時代考証になるべく客観的な証拠を求めるのは当然である。だが数百年以上にわたるマクロ史叙述ではこうした方法は適用されておらず、適用できもしないだろう。そこではふつう社会構造や精神文化を参照した文明論的なアプローチがとられる。「中世」の概念自体がルネサンスで古代的人間主義が復興したという文化史的観点の所産であり、初めから「谷間の時代」といった否定的ニュアンスを伴う。マクロ史の文明論的（非政治史中心的）性格を批判しても無意味である。だがそれならば、商業発展がもたらす訴訟事案に一貫した答えを返すために法学者が古典を参照し始めたときにすでに近代が始まっているとの見方を批判することも無意味である。ところで、では「中世」概念自体が無用ではないかとの反論もありえよう。筆者はこれに同意する。中世人も当時なりの近代に生きていたのに、時間的に隔たった私たちは昔の数百年を圧縮して均質化する傾向にある。確かに遠方のものは重なって見える。しかし短く見積もっても中世は五百年を超え、近代よりも長いのである。その間の商業発展の影響は時代の性格を変えるほど大きかった。事実、啓蒙期には「中世」という時代区分はなかった。それは一九世紀の科学主義が生んだ自己陶酔の幻である。ただしこの問題は本書の主題ではないので、ここでは慣例どおりの用語法で叙述を進める。

（6）中世経済史家、経済学史家のルーヴァーは、歴史学派が中世の客観的価値論を評価した例を挙げてこれに疑問を呈し、中世にはあくまで主観的価値論が主流であったと論定している（Roover 1958）。市価や時価を公正として一物一価の空間的・時間的不成立を前提に価格を考える立場は、当然ながら客観的価値論とは結合しない。

（7）これはミーゼスを過小評価するものではない。ロスバードに始まるミーゼス派の学史研究は実際この方向に向かっており、それは同学派の経済学を啓蒙期以前に遡る経済学の七百年史の中に正当に位置づけようとするものである。ミーゼス独自の貢献を特定することによって、彼およびミーゼス派の史的位置づけが確定できる。不思議なことにミーゼス自身は自説を中世経済学に関連づけて提示しなかったが、ソトによるとサラマンカ学派や啓蒙期フランス経済学を通してメンガーの中にそれが流れ込んでいる（Soto 1999）。またベーム－バヴェルクが資本と資本利子の理論を打ち建てる際に行なったことも、学説史を中世まで遡るという労多い作業であった（Böhm-Bawerk 1959）。この問題に関するミーゼス派の理解については次を見よ。Rothbard 2006；Soto 2009a；村井二〇一四b。

（8）ミクロ理論からの積上げの方式については補論1第6節を見よ。

（9）補論1で見るとおりオーストリア経済学は複期合理性と動態効率を追求する行為学体系で、単期合理性と静態効率のパラダイムに根ざす「最適化」は不確定世界では定義できないと見るから、企業家の決断は「収益最大化」モデルではなく単に「収益拡大」モデルに従う。

(10) セー法則はしばしば「供給はそれ自身の需要をつくり出す」と表現されるが、「つくればすべて売れる」とするとわかりやすい。「同調」概念については補論1を参照。

(11) ミーゼスは中世以来続く経済学に近代的な資本理論を接合して、歴史上初めて経済全体を説明する理論を完成した。その学史的意義については補論1で再述するが、同理論の最重要点は貨幣市場における利子率の決定機序とその操作の帰結である。こう考えれば、導入すると厄介だとしてワルラスが交換モデルから貨幣を放逐したとき、ある重要な点で理論が退行したことが見えてくる。それは交換モデルからの時間因子の排除と一体不可分である。近代の経済学者たちは価値現象を把握するために設定する理論モデルから貨幣を捨象して知的遊戯に耽《ふけ》ったのに対して、中世の理論家たちは現実の問題の処理に直面していたから、実行可能な対策や、平均的な理性の持主にも呑み込める論理を示す必要があった。この意味で、彼らは近代の学者たちよりも厳しい課題に向き合っていた。よくスコラ学はいたずらに思弁に耽って経験的検証を軽んじたかに語られるが、価値論に関しては現代ミクロ経済学の方がスコラ的である。近代にはスコラ学を侮蔑することが習いになったが、それはせいぜい数百年の流行に終わらせるべきである。スコラ学は厳密な論証体系である。論理は時代を超え、正しい前提から正しい推論で導出された結論は正しく、それは原理的に古びない。この点の認識ではわれわれ近代人の方が劣後していることを自覚すべきである。現代では利子率決定のしくみに無関心なまま、それを操作することが法定されている。そしてその操作方法の理論は未確立である。だとすれば、暗黒時代なのは現代の方ではないか。

中世の貨幣である金銀は商品である。むろん悪鋳により市場価値と法定価値がずれる例もあったが、現代のように商品性なき貨幣が日常化していたわけではない。法令貨幣下の住人はいかに高等教育を受けても(より正確には受けるほど)、自分たちの時代の貨幣観が精神に深く刻み込まれてしまい、別の時代にそれを無意識に投影してしまう。こうして中世の貨幣理論には専門家以外ほとんど関心を示さないという結果が生じている。商品貨幣下の貨幣理論は中世においてすでに極点に達していた。しかし法令貨幣下の貨幣理論は貨幣が本来的に操作対象であるため貨幣中立論をとろうとるまいと貨幣トークン観に陥り、中世の理論にまだ追いつけていない(補論1、3参照)。

中世には貨幣偽造の手法が現代よりも未発達なことが貨幣も財の一つと捉える視点を日常化し、それに伴って一般価値論が主観的価値論を根城に形成される方向に進んでいた。貨幣偽造もあったが(村井二〇一四b)、それ以上に新大陸の銀が大きなインパクトを与えた。学史家ゴードンはサラマンカ学派のアスピルクエタ(Martín de Azpilcuata 1492–1586)が初めて組織的に貨幣供給の激増が貨幣市場に与える影響を考察したと述べている(Gordon 1975, 213)。中南米の鉱山はスペインにとって半ば国外にあるが、啓蒙期には微少準備銀行がいわば国内鉱山として機能したと言える。だからこそ、スミスがローを引き継いで金庫内の準備を超えた偽造貨幣の増刷を実手形原理によって承認し、それと一対にして価値論を客観化したことこそ、ボローニャ時代から数えて五百年近くに及ぶ経済学の蓄積を一夜にして一掃してしまうほどの大事件であった。しかし彼の師ハチスンは客観的価値論のモチーフを含みながらも全体としては主観的価値論を説いたし、スミス自身も法学講義のころまでは物価正貨流出入機構論を語るなど中世経済学の影響をとどめていた。限界革命は貨幣市場の価値論を伴わなかったので、一般価値論の再主観化の運動にはならなかった。ワルラスには利子率決定理論がなく、スミスは利子を論じてはいるが決定理論を定述しなかった（Böhm-Bawerk 1959, 46）。時間選好が無限大の均衡経済学では一般価値論を構築することは不可能であろう。貨幣市場に関して再主観化を行なったのはミーゼスの『貨幣と信用の理論』（Mises 1980［一九一二年刊］）である。このため、同書は中世以来の経済学の伝統を復興する狼煙《のろし》になったと言えるのである。

　利子率決定論の不備は主流派経済学の目立った難点である。しかし金融政策とは利子率政策だから、主流派経済学が金融政策の解明に純粋に経済理論的な観点から、特に貨幣を含む一般価値論に根ざすミクロ理論から貢献できる可能性は初めからない。だから同政策をめぐる議論ではマクロ理論のみが使われるのである。大陸経済学は財購入から得られる効用に関して時間選好論を適用し、いまの満足と将来の満足を秤にかける行為者が、財を得るための交換手段たる貨幣を余らせる度合が利子率を決めると見ている。つまり、マーシャルやフィッシャーらのように一国ではなく、あくまで個人の貨幣残高を消費の残余項たる貯蓄と見て利子率決定論を組み立てた。これは近代的な経済学の基本方針たる主観性（「自在性 optionality」とする方が優れる）を厳密に守って財の価値論から貨幣の価値論としての利子率決定論を定立したことを意味する。この点でそれは貨幣的ミクロ理論なのであり、貨幣を交換を媒介するがその外にある第三物ではなく、交換の対象となる商品と見るからこそ可能になったことである。

（12）この学位（博士）論文は第6章2節で紹介する「消えた博論」騒ぎの焦点になる。それについてマーティンは一九五九年の論文が含まれていたとするがタイトルは挙げていない（Martin 2000, 138）。しかしグリーンスパン本人が『波乱の時代』にそう記している（AOT 165n 上巻三九注）ので確実である。

（13）注によると「基礎証券」という語はガーレイとショーに由来する。「非金融的支出単位の債務証書」がその定義で、公・社債や株が含まれる（Gurley and Shaw 1960, 4, 364 四-五、三四六）。銀行預金などに対してリスク資産の面が強調されるが、この論脈では低リスク資産である。従来「本源証券」と訳されてきたが（「第一次証券」「直接証券」とも呼ばれる）、わかりにくいので改訳する。

（14）貨幣市場の自由放任状態とは銀行が金庫に持つ金銀の額だけしか貸付を行わない状態を指す。

（15）賃金単位（wage-unit）は「雇用量を測定する単位が労働単位とすると、一労働単位の貨幣賃金を賃金単位と呼ぼう」と定義されている（Keynes 1936, 41 四三）。もっとも、貨幣タームと実物タームを混用したこの概念の妥当性については疑問が提出されている（Hazlitt 1959, 61–5）。

（16）ディラードが上の二つのタームに与えた定義も見ておこう。まず流動性選好とは「社会の人々が自分の資産の一部を貨幣の形で保有したいと思う願望のこと」であり（Dillard 1948, 42 五四-五）、資本の限界効率とは「(一)所得を生み出す資産の期待利益または収益と、(二)その見込収益を生み出す源泉となる資産の供給価格または取替費用という二つの要素の比率または割合のこと」で「見込収益とは、企業が資本資産でつくった生産物を売って得られると期待されるものである」(*ibid.*, 135 一六七)。

ただし実を言うとグリーンスパンとディラードのめぐり合わせには二重のアイロニーがある。ランドが『資本主義——いまだ知られざる理想』で『ブリタニカ百科事典』のエントリ「資本主義」を酷評していることはすでに紹介したが、その執筆者がディラードなのである。このエントリはランドも言うとおり見出し語の定義すらしないなど不手際も目立つが、その前史をたどるとさらに根深いアイロニーに至り着く。ランドが用いた一九六四年版の少し前から同エントリの執筆担当がディラードになったが、その前任者は何とシュンペータであり、彼もやはり見出し語の定義を行なっていないだけでなく、内容そのものからディラードの記述がシュンペータのそれを大いに参照して書かれたことも疑いの余地がない。サミュエルソンをはじめ弟子の大半をオーストリア学派としてではなくケインズ派として世に送り出したオーストリア学派左派シュンペータの資本主義論に学んだケインズ派ディラードの叙述を、同学派右派ミーゼスに学んだランドが酷評する。彼女に感銘を受けてやはりミーゼスに学び史上最高の中央銀行総裁になる人物が、シュンペータの叙述を参考にしたケインズ派から、ケインズの学説を若き日に学んだのである。事態は複雑で、かなりアイロニカルである。ただ、いずれにせよ、この優秀な若者はケインズから分析技術を借りたものの、その道徳哲学、その経済学を拒絶した。

(17) グリーンスパンは「claim」という語を好んで使う傾向にあり、これがときに文意の理解を難しくする。本書では直訳して「債権」や「請求権」としているが、銀行に関する叙述の中では預金を、資産に関する叙述の中では資産の換金権、つまり資産額分の現金(やはり銀行預金の形をとる)を指すと考えられる。厳密な定義はこのあと紹介する(ア)式に見られる。

(18) 例えば年利五%で手許に一〇〇万円あれば来年は一〇五万円を入手できる。金利の場合、単年度か、または多年度でも約定すれば確定的だが、資本の利潤は不可避的に期待値である。一〇〇万円の資本が来年一〇五万円になると期待すれば資本の期待利潤率は五%である。誰かが資本投資Kからeの率で利潤を得られるという見込みを抱くときeが資本の期待利潤率である。K(1+e)が来期の期待収益で、これをKにまで割り引く値をケインズはeとしたのであろう。この資本の限界効率の定義に特に問題はないだろうが、少なくともわかりやすくはない。彼は資本の限界効率の概念をマーシャルとフィッシャーに負っていることを自ら語っているが(Keynes 1936, 139–41 一三七-九)、マーシャルが用いた「機械の限界効用 Marginal Utility of the Machinery」は明らかに資本の期待利潤率を思わせるし、フィッシャーの「費用超過収益率 Rate of Return Over Cost」も資本の期待利潤率に当たる。ケインズは「このようにフィッシャー教授は彼の〈費用超過収益率〉を私が〈資本の限界効率〉を用いるのと同じ意味で、また正確に同じ目的で使っている」と述べているが、だから違いを出そうとして用語を変え、さらに定義を時間的順序に関して裏返したのであろう。しかし投資された資本の将来収益見込みを表したいのなら最初からそれらしき用語と定義を当てればすむ話である。ソトは資本の限界効率を「資本の限界生産力」と言い換えている(Soto 2009a, 557 三八)。さらに印象的なのは伊東光晴がケインズを一般向けに紹介する本の中で資本の限界効率をあっさりと「予想利潤率」に入れ替えていることである(伊東 一九六二、一四二-三)。ケインズはもちろん、ディラードよりもこちらの方がわかりやすい。

(19) リスクプレミアムwは、zをノーリスク・ベースにするのに必要な保険プレミアムを差し引いたうえで第n口のKがt期にわたってもたらす収益を $y_i^{Kn}(t)$ として、次のように定義されている (Greenspan 1959, 3)。

$$w_i^{Kn}(t) = \frac{z_i^K(t)}{y_i^{Kn}(t)}$$

時間選好率βの数学的定義は見られないが、今期の一〇〇万円と価値が同じ来期資産の額を一一〇万円とみなす人のβを〇・一(一〇%)等として定義できるだろう。リスクプレミアムとの違いは、時間選好率の方は一定の時期においては資産の種類に関係なく一定の値をとるという点にある。なお、「企業の投資意思決定と完全雇用モデル」では「現在価値を得るのに用いる割引率は、時間選好とリスクプレミアムの結合したものとして定義できる」と述べている (Greenspan 1961, 105)。

(20) グリーンスパンは「現金」に定期預金やS&Lの証券(持分)を含めていることになる。

(21) オリジナルの語彙では投機と「enterprise 企業活動」だが (Keynes 1936, 158ff. 一五六以下)、ここではしばしば用いられるパラフレーズに従って、投機と投資とする。

(22) 疑いを持つ読者はウォール街の取引にも明るいハズリットの見解を参照されたい (Hazlitt 1959, chapter 13)。

(23) ケインズは結論部の第二二章で景気循環論の重要性に気づきながら、それを本格的に論ずるには本がもう一冊必要だとして同章の題名を「景気循環に関する覚書」とした (*ibid.*, 313 三一三)。こうなると『一般理論』の実に全体が即興の覚書と考えざるをえなくなる。死の数か月前に彼に会ったニューヨーク連銀副総裁J・H・ウィリアムズ(在任一九三六〜四七年)は彼の名のもとに低金利策が説かれていることを理由に実際次の本の執筆を勧めた。ケインズは喜び、一歩先を行かなければと答えた (Williams 1960, 283n)。学者としてはあるまじきこの致命的な一貫性の欠如こそハイエクに同書の本格的批判をためらわせたものの正体である。ハズリットはこのエピソードを紹介したうえで、『一般理論』が「巨大な(四百ページの)ジョーク」として書かれたと述べている (Hazlitt 1959, 397-8)。

(24) おそらくカンファレンス・ボードから同誌に転職したパーカーがインタビューを仲介して書かれた記事と思われる。グリーンスパンも彼を追って同誌に転職しようと考えたことがあった (AOT 43 上巻六四-五)。

第6章で見る有名な「根拠なき熱狂」講演(一九九六年十二月五日)の原語「irrational exuberance」は当時すでに用いられていた語を組み合わせたものである。シラーは『根拠なき熱狂』で、この講演が「地味で目立たない」ものなのに問題のフレーズが騒ぎを巻き起こしたとか、講演二日前(十二月三日)のFRBでの証言で自分が「市場は不合理だ(irrational)」と述べたとか、株価の高騰を警告したかと思うと(景気循環が極小化した)「新時代」論を唱えて見方を変えるなど議長は問題提起をしても答えてはくれないと語っている (Shiller 2006, 1, 9, 107 一、一三-四、一一八)。うち語彙の起源についてはさすがに論文「根拠なき熱狂の定義」で、二日前の発言のせいでよく言葉の主と間違われるが「株式市場の新傾向」の中に「行き過ぎた潤沢さ」という表現が見られることを認めている（Shiller 2005）。彼はさらに、ある小説に同じ表現があるとか（Amanda Cross, *A Trap for Fool*, E. P. Dutton, 1989）、有名なアレンの『オンリー・イエスタデイ』（Allen 1931）に「一九二九年の潤沢さ（exuberance）からの根深い心理的反応」なる表現が見られるなどと伝える。ウェブのポータルサイト頼みで先行用例を検索した結果を伝えているのは明らかだが（自らそう述べる）、単なる言語的詮索がこの語に込められた意図を解明するとは思えない。おまけにその詮索自体も中途半端である。彼は次の二点を看過している。(1)引用したように、『フォーチュン』誌の記者が「exuberance」などの語彙を用いているだけでなく、別のページではダウジョーンズ平均が六〇〇というのは「楽観的な投資家にも合理的な（reasonable）水準以上に見え始めている」と書いている（Burck 1959, 120）。(2)シラーは「株式市場の新傾向」と同じ年に書かれた「株価と資本価値評定」にふれていないが同論文には「irrational」という語が四回も出てくる。それは結論部分に集中しており、三つまでが「irrational optimism」として、あとは「景気循環は管理通貨機関が最終的にコントロールしてくれたとの当時蔓延していた信念でリスクプレミアムがおそらく不合理な水準（irrational levels）にまで急激に低下した」と、連邦準備批判のコンテクストで用いられている（Greenspan 1959, 18, 20, 22）。つまり問題のフレーズは「新傾向」の「insensitive」を「株価と資本価値評定」の「irrational」に入れ換えて前者の「exuberance」と結合しただけである。言語的詮索も十分徹底して行えば一九五〇年代と九〇年代での議長の思考の連続性を示すための補強材程度にはなる。

　シラーの失態からも、グリーンスパン本人の観点に定位しない一方通行の分析に限界があることは明白である。『根拠なき熱狂』の中でシラーが述べる資産市場の過熱に関する詳細な議論は、グリーンスパンの経済学とはほとんど接点を持たないだけでなく、それよりも後退している。『根拠なき熱狂』というタイトルで本を一冊書いた人物がこの語の先行用例について散漫な記述をしているのもさることながら、グリーンスパンがそれに込めた意図をほとんど理解していないのには失望させられる。

（25）完全準備制（ミーゼス派）から準備率が高めの微少準備制、または中央銀行と自由銀行の併存（ハイエク）など、オーストリア学派の中でも貨幣制度の推奨案はさまざまである。詳しくは次を見よ。Skousen 2010.

（26）グリーンスパンによると、一九六〇年代にはこの手法による予想の確実性がやや低下したが、これは計量経済学者がよく漏らす不満にすぎない（AOT 165-6 上巻二四〇）。

補論1　二つの経済学

（1）ハンソンの「観察の理論負荷性 thoery-ladenness of observation」の議論に基づく（Hanson 1958）。

（2）この議論については村井二〇一五aも見よ。

（3）なおミーゼス以降の所定量財の関心単位の意味での限界原理から導かれる限界効用逓減則とは、財の現実的取引単位としてのロットが小さくなると限界効用が逓減するというものだが、そこからまたロットが大きくなれば限界効用が逓増するということも導かれる。これは限界効用を集計すれば総効用になるという通説をロスバードが明確に否定したことによって開示された新たな概念空間である（村井 二〇一五 a）。この逓減は飽和とは無関係で、量が減れば満足も減ることを示すにすぎない。

（4）「方程式 equation」は直訳すると「均等化式」である。

（5）ワルラスの仮設市場が都内に数百か所つくられオンラインで結合されているとする。このとき当然だが現実市場との間にさや取りが生じる。だがわざわざ出向く手間と費用を考えても仮設市場は創設後まもなく倒産し、人気のショッピング・モールとはならないであろう。ネット上のヴァーチャル仮設市場をつくったとしても価格競争を免れず、計算自体のコストからも貨幣で売買する一般的な市場に敗れるだろう（わが国ではミーゼスは経済計算論争で知られるが、この問題もメンガーを受け継いだ彼の貨幣理論の一環として理解すべきである）。つまり「市場の失敗」が起こるはずである。「market failure」はふつう「市場の失敗」と訳されるが「failure」には「欠落」の含みがある。アカーロフの議論の要点は、情報の非対称性を表す「レモン」（事故歴等があるのにそう公示されない悪質な中古車）の存在が市場の「欠落」を招く（市場を消滅させる）という点にある。

（6）経験的にもコストによる価格決定論を反駁できる。店が仕入れてから価格をつけるとしても、初回仕入れ以外は売行きを見て仕入れ量を決めるし、仕入れるときに仕入れ財のB２B（企業間）市場で店主はプライス・テイカーである。B２C（企業‐消費者間）市場から見たコストはB２B市場の価格でもある。B２C価格が上がれば仕入注文が増えてB２B価格も上がるだろう。消費者の欲求充足を出発点とも帰着点とも見る必要がある。行動学的分析は発生主義的で観察可能な現象に目を奪われがちだが、行為学的分析は現象をその原因ごと見る因果主義の立場に依拠している。後者が大陸やアイルランドなどカトリック諸国で重視された「帰属理論 imputation theory」の基本的考え方である。フランスやイタリアでコスト価値説が支配学説になったことは一度もないと思われる。それはすぐれてイギリス的な学説である。

（7）これはアリストテレスのテクストには明示されていないが容易に連想できる。正義の条件を均衡と見ると、一部の財にしか均衡を求めなければ他では不正を認めることになるからである。

（8）Jevons 1875, 14ff. ただし彼は価値尺度機能と建値手段機能を併存させた。要するに尺度性を疑って後者をつけ足したのであろうが、それらの相互関係は考察しなかった。だが価格変動を認めて価値尺度機能に留保をつけたいなら建値手段機能のみにすべきであろう。彼の理論は第四の機能を追加したことで曖昧化したように思われる。

（9）ミーゼスもこの問題に取り組んでおらず、貨幣の限界効用という語を用いている（Mises 1998, 445 四四六）。村井 二〇一五 a では一つの試みを展開したが、本書ではより簡略なものを示す。

（10）動態効率論については Soto 2009b を参照。複期合理性は限定合理性とは異なる。不確定性の中で取捨選択をしてリスクに備えるのが合理性で、無制限な合理性は確定性だから合理性に出る幕はない。一般的な合理性の場合の基礎概念の立て方は一種の論点先取（petitio principii）であろう。こうした概念に制限を加えるとむしろその前提系列に引き込まれる。複期合理性はそれとは別の概念である。合理性とはさまざまな選択肢から特定の基準に則って何かを選ぶ、つまり限定することだから、「限定合理性」は畳語である。それは無限定合理性をあらかじめ想定するという誤謬推論が生み出した再誤謬である。

(11) 財貨幣交換も不等価互恵交換の一種と考えられる。供給側については利益が貨幣表示されるから得をするのは自明で、問題は需要側である。貨幣財の評定価値である交換価値は使用価値と比較できないので、財貨幣交換は物々交換のように使用価値間の直覚的な価値識別では行えない。所持金の交換価値の範囲内でなるべく多くの財が欲しい合理的主体は、買った財の効用が不十分なら貨幣の機会効用からその代金が「無駄遣い」だったと考えるから、ある局面で効用表の上位財を買うだろう。こうした行為類型は「財カート」という概念でよく表せる（村井 二〇一五 a）。消費者は自己を益しそうな財をそれに投入し（展望効用で事前評定する）、益さなければもう買わない（実現効用で事後評定する）から、交換で状況を改善している。ゆえにこの交換は互恵的である。財貨幣交換の価値評定では直知による一意性は薄れるが、それは行為に関する合理性、つまり上善（補論2参照）を目指す選択活動の特質である。これはランドの選択論にも通じる（三〇ページ参照）。

反対に財貨幣交換が等価交換だと論証しえた例はない。モルゲンシュテルンは期待効用理論においてそう示唆したが、使用価値と交換価値の比較法を定立せず、晩年になって一般効用理論は未確立だと正直に認めた（同上論文）。そもそも期待効用理論は貨幣所得理論であって効用理論ではない。またある額の貨幣で何をどれだけ買えば効用が「最大」かを知るすべはない。貨幣から時間因子を分離することはできず、そもそもどの期間の効用を最大化すべきかを決める基準とてない。所持金すべてをいま使い果たせば効用が最大になると考えるのは馬鹿げている。

第４章　ＣＥＡと臨床経済学

(1) 英語の役職名 chairman はＦＲＢ「議長」と同じ語だが慣例に従う。

(2) これは毎日新聞社の『エコノミスト』誌の慣行である。日本では初め政府関係機関が『大統領経済報告書』を要約紹介し、『世界週報』誌等がそれを受け継ぐが、一九九〇年代から『エコノミスト』誌が全訳を出し始める。二〇一四年から版元が蒼天社出版に変わるが、名称は引き継がれている。本書でも以下同書を『経済白書』とし、『白書』の略記も用いる。なお各年度の『白書』はいまでは大統領制プロジェクトＡＰＰ（American Presidency Project）のウェブサイトにアップロードされている（www.presidency.ucsb.edu）。

(3) 同法の条文は次を見よ。Bailey 1950, 228-32.

(4) ノースらの説明はこの部分のみやや難解である。議会の意図は特定の機関や利益団体の利害を抽象的に代弁せずにバランスをとり、具体的事案に即した経済分析から具体的な対策を出せという点にあろう。ただしこう規定してみても、実際の業務では利益団体と面会して相反する諸見解を聴聞する結果になるであろう。実際のＣＥＡは大学の経済学者、しかもマクロ重視のケインズ派が大半なので、こうした要求は形骸化していると思われる。

（5）本章注2のＡＰＰウェブサイトを見よ。

（6）ケネディの暗殺により一九六三年に大統領になったジョンソンは翌六四年の選挙で勝利している。なお任期中の暗殺はケネディが初めてではない。

（7）フォードの回顧録から時刻まで特定できる。一九七五年五月十二日午前七時四〇分である（Ford 1979, 275 三五）。

（8）ハートマン（Robert T. Hartmann 1917–2008）は『ロサンジェルス・タイムズ』紙ワシントン支局長を務めたジャーナリストで当時大統領上級補佐官であった。同演説の最も有名なくだりがこの「わが国の長い国家的悪夢は終わった our long national nightmare is over」で、「わが国の憲法は機能している」と続く。アメリカ民主主義が崖っぷちまで追い込まれたのがウォーターゲート事件であり、それは南北戦争、大恐慌、9・11、今回の金融危機と同等の重みを持つ歴史的転換点をなす。アメリカでは建国がせいぜい二百年余り昔のことで当時の細かい記録が残っているので、国難のたびにその記憶が呼び起こされ、学校で、選挙で、議会で、メディアで、書物で建国の精神が繰り返し語られ続けている。同国は根深い国粋主義国家だが、それは世界的に見てふつうである。フォードが一九八五年にＡＢＣのテレビ・インタビューで語ったところでは、この語が「やや激しいと思った」ので何度も押し問答をしたが最終的に残した（Hevesi 2008）。おかげで以後史上初の無当選大統領の時代を象徴する言葉として何度も引用されている。ところが驚くべきことに当時の日本の大手新聞はこぞってこの一節の重要性を指摘しそこなっている。わが国のメディアや学者の多くは他国人の歴史感覚に鈍感すぎる。ヨーロッパ人は建国の父たちが古代地中海文明以来の自然法思想を参照して起草したアメリカ憲法がそこに根ざすと知るとともに、自国同胞がアメリカ人になった歴史があるので、筋金入りの教養人なら決してこうした点を看過しない。アメリカとはヨーロッパ文明が共同で建国したメタ国家でありその別館である。欧米では保守派の中核にいつも古典学者が陣取っている。これはわが国で自民党の顧問役を務めるのは四書五経や仏典の素養がある知識人なのと同じ理由による。日本も同国に移民を送り出した過去はあるから、自然法思想の理解の欠如がこうした感覚のずれの原因であろう。

（9）一九七四年八月十一日付朝日新聞四面にも全文訳がある。

（10）M/Dが利子率の関数だとする先の見方は、おそらくこの変形を念頭においたものであろう。なおϕは関数記号である。

（11）ちなみに利子率も上がっている（図4・2）。

（12）彼は相関と因果性の違いに十分意識的である。「だが相関や連関（association）は因果性と同じでないことにはつねに心にとめておかねばならない。それは連関の経済学的説明によって裏づけなければならない」（MAT 57 七〇）。

（13）ちなみにニクソンは訪日を予定していたが辞職したのでその計画を実行したのはフォードになった。彼は一九七四年十一月十八日に来日して二二日まで滞在し、当時の田中角栄首相、天皇陛下と会談している。これはアメリカ大統領の史上初の来日であった。

赤坂迎賓館で彼はハナミズキ（dogwood）を記念植樹し（後掲図４・９）、それはのちに大きく育っている（後掲図４・10）。このあとアジアを歴訪しているから、二六日とは帰国直後となる。

(14) 反論が出ても毅然とした態度で景気の回復を請け負う決意をしたことを示す比喩であろう。

(15) 政治学教授 William Havard を指す。

(16) 銀行論教授 Dewey Daane を指す。

(17) 西山千明立教大学教授（当時）はこのときすでにグリーンスパンでＣＥＡが変わると予測していた。『日本経済新聞』の座談会では政治の代弁者としてスタートしたＣＥＡはバーンズで転換したが、ニクソン時代に元に戻ったという理解を示し（一九七四年八月十日付五面）、『毎日新聞』では「政治的弁護者」に堕しているＣＥＡが彼によって「本来の機能を大きく取り戻すことだろう」と述べている（十日付一面）。

(18) 合州国の国名「United States」では「unite」が過去分詞形で使われるが、名詞形が「Union」である。

(19) ＡＰＰウェブサイトからも入手できる。

(20) ジェリーとはジェラルドの愛称である。アメリカの歴史学界でもフォード時代を戦後最大の危機とそこからの脱出劇として見直す動きはある。例えば次を見よ。Mieczkowski 2005.

(21) ファイナンス政策とは financial policy の訳語で財政政策と金融政策の総称とする。日本語では monetary policy が金融政策と意訳され、fiscal policy は財政政策と訳される。日本語の「財政」は財をめぐる政治のように響き、行政に必要な資金の捻出と不必要な資金の捻出が区別されにくい語彙である。本来は「政府金融」とか「公集金」と呼べば足りる。英語では籠を意味する「fisc」が形容詞形で使われるが名詞「財政」を表すのは「public finance」、つまり「公金融」で、政治行為の含みはないが意味は曖昧である。要は国家の財布の紐を調節することが「政策」だという観念自体が世界的に新しく、体を表す名がないと思われる。monetary policy は本来「貨幣政策」と訳すべきである（明治期には「貨政」なる語彙があった）。そして financial policy とは両方を指す。いずれも金融（finance）に関わり、拡張的であればともにインフレ圧力を生むから両者を区別すべき理由はない。議会の Financial Committee には「財政金融委員会」と苦肉の訳語が充てられるが、要は貨幣の調達をめぐる政策のあり方を審議する「金融委員会」であろう。公金融と私金融はむろん異なるが、大恐慌以降は結局私金融も政府統制の対象となっている。だから議会で政策案件として議論されるのである。もし貨幣市場が放任されていたらこういう議論をふだん行う必要はなかっただろう。

(22) レーガン時代にも社会保障政策の「グリーンスパン委員会」を主導している（Penner 2001）。

第５章　大平準

(1) NBER Business Cycle Dating Committee, *Report*, June 7, 2002.

（2）これは軍事用語の隠喩的転用である。

（3）シュウォーツ自身の言葉を直接引いておく。「私は彼らが達成しようとすべきであったことを達成したとは見ていません。今回の連邦準備のリーダーシップに関する私なりの判決は、彼らが自分たちの仕事をしていないというものです」（Carney 2008）。

（4）これは政策上M1が重要だとする前章の分析を裏づけるものと言える。予防的利上げの一九九四年以降M1は減っている（図7・4）。

（5）テイラー、マンキューの各公式を数学的に検討すると、かなり平凡な理論的示唆しかないことがわかる。テイラー公式は整理するとpとyの二項一次式（定数項も数えると三項）で、これら二変数は共振的である。要するに景気がよくなれば利上げせよ、逆なら利下げせよと述べているだけである。マンキュー版でも、インフレ率と失業率の差は好況なら正の方向に、不況なら負の方向に広がるから同様である。要するに両式とも常識的な反循環政策を数字で語っているにすぎない。またテイラー公式の共振的な二変数pとyを平面に伸長する二直線の縦軸値とすると、時期を示す横軸値をそろえるために横軸と垂直な直線を描き、二直線との交点を内分する点の縦軸値を移動させた値（の軌跡）が利子率になる（ゲーム理論における線形結合式に類する）。それらが同式の示す相関に収斂する条件は何であろうか。最も単純なのはpとyが二つの平行な直線の縦軸値であることである。つまりこの公式は大平準のような特異変動のない経済が実現してしまえば、それが与えるマクロ変数のうち相反（交叉）的でない任意の二つをとれば、あとは係数操作次第で導けよう。マンキュー公式は相反的変数からなるが、反循環的な利子率トレンドをより単純に指し示している。いずれにせよ両名とも相関が大平準の原因であるという論証は行なっていない。むしろ反対に大平準が安定した相関を生んだと見る方が自然である。線形式型ルール論は論証を欠く限り自明命題（truism）をもたらすだけに終わるであろう。テイラーとは別の係数や変数を用いた線形式がどれも当時の指標間の相関を表現できることは線形式型ルール論の特徴であるが、実はそのままそれの弱点でもある。どれでもいいことになるからである。その場合「ルール」の意味が一から疑問に晒されよう。反対にすべてに従うべきだと主張しても同様である。さらにグリーンスパンが実際この手の公式に従ったと主張するなら、一体いくつのルールに従ったのかが「実証」されねばならない。未来の議長が公式に従うべきだと述べる場合も同様の問題が生じよう。

　論文を書くということは何らかのオリジナリティを発揮することだというのは確かである。だが、些細なオリジナリティを競うあまり小手先の数式いじりに走ってミステリアスだが安直なギミックを提示する前に、問題の基本性格を土台ごと問い詰める姿勢が待たれる。新たな解明の大半は新たな問いに淵源する。経済学は数学ではない。では何か。経済学である。

（6）テイラーに限らず金融政策のルール論では「目標」と「目的」の区別が曖昧だが、それ以上に実は「ルール」の意味自体が曖昧である。ボウリングではレーンのプレイヤーに近い床の上にレーンを横切ってテープ片を何枚か貼り、中央より少し利き腕側のテープをボールが通るようにするとストライクが出やすいとされる。この場合ピン（を倒すこと）が「目的」で自分が思い定めたテープ（を通るようにボールを投げること）が「目標」であろう。金融政策ではインフレ率と失業率がピン、貨幣集計値・FF

レート等がテープである（さらに言えば、経済安定がピン、インフレ率と失業率がテープだが、この点は捨象する）。テイラーは「ルール」を「マネタリベース、FFレートなどの政策手段が経済変数に反応してどう変わるかの代数・数値・グラフによる説明」と定義している（Taylor 1999, 319n）。公式の主旨とは一致するが、これではすべてのピンが倒れるようにボールを当てればテープを通るだろうと述べるようなものであり、因果関係が逆転している。実際テイラーは釈迦の指を天の柱と勘違いした孫悟空のような言動を繰り返してきただけなのではなかろうか。

彼は論文「経済政策におけるルールと裁量の周期交代」では一九六〇年代からを裁量時代、一九八〇年代（後半）から一九九〇年代までをルール時代とし、二一世紀は再び裁量時代になったと述べているが（Taylor 2011）、そうなると一九九〇年代のグリースパンに対してほとんどの経済学者が裁量的と批判していることとの整合性が問題になる。この「ルール」概念は個人的裁量もルールと呼ぶ方向性を暗示している。ルール概念の本質的曖昧さにあらためて驚かされるが、肯定的に受け止めるなら、ルール概念を拡張して現在裁量に分類されているグリーンスパンなりの規準もルールと認めることはできないのだろうか。経済学界の長老フリードマンが発した「サーモスタット的コントローラ」とは何かという問いに誰一人答えていないことはまことに不思議である。

（7）一九九四年から九六年までFRBの副議長を務めたアラン・ブラインダーもワイオミング州ジャクソンホールで毎年夏に開催される連邦準備のシンポジウムで二〇〇五年に発表した論文「グリーンスパン・スタンダードの理解」で同様の趣旨を述べている（Blinder and Reis 2005）。同論文によるとグリーンスパンの政策指針は次の十一か条からなる。(1)選択肢をオープンにせよ。(2)教条的な拘束の罠にはまるな。(3)政策をコロコロ変えるな。(4)予測やモデルは必要だがあまり信頼するな。(5)可能なら先手を打て。(6)所定の最適化手続よりもリスク管理の方が有効である。(7)成長が大幅でなくても景気後退は避けるか短くすべきである。(8)石油ショックは景気後退をもたらさない。(9)バブルを破裂させようとせず、あとで拭き取れ。(10)短期利子率は価値中立だが便利な指標である。(11)高い目標を立て、完全に達成できなくても掲げ続けよ。

確かにこれらは擬似金本位制の基本方針を端的に特徴づけるものではある。ただグリーンスパン時代の労多い数理的分析の果てにたどり着いた結論がこれだという事実には正直ためらいを感じる。ブラインダーは「予防的利上げ」のころにFOMC入りして「根拠なき熱狂」講演のころに辞任するが、それほど近くでグリーンスパンの言動にふれる機会があった人間にしてこれなら（サラリーマン向け処世訓のような条項すらある）、主流派経済学者の知性構造が根底から問い直されてしまいかねないのではないかと懸念する。

（8）第6章で見るゴンザレスらの運動の甲斐あって一九九三年にFOMC開催から議事録公開までの期間が五年に短縮され、まず一九八八年のものからが対象となった。したがってオウアーバックが一九九四年当時の議論を取り上げたのは二〇〇〇年の論文となるわけである（Auerbach 2000）。とはいえ「バブルを針で突く」とは比喩であって、それはむしろ風船が膨らむ前にしぼませることを意味し、膨らんでから破裂させることではないが、彼はそれを理解していない。

(9) シカゴ的（またスタンフォード的）経済学における数学使用に見られる数学と事象の関係はピュタゴラス的であって、どちらかというと神秘主義的なものである。オーストリア学派は需要側理論における不等価交換の立場から効用の測定可能性の不在を証明している（村井 二〇一五 a）。グリーンスパンが数学を使うのはミクロにおいてではなく、行為学的ミクロ理論を踏まえたマクロの帰結を統計的に把握する場面においてのみである（補論2参照）。彼は「因果性なき相関」を否定するだろう（第4章の注12参照）。

《著者略歴》

村《むら》井《い》明《あき》彦《ひこ》

1967年，京都市に生まれる。京都大学経済学部卒業，
京都大学大学院経済学研究科博士後期課程研究指導
認定退学後，同志社大学商学部助教等をへて
現在　関西大学経済学部非常勤講師，博士（経済学）

グリーンスパンの隠し絵　上

2017年3月31日　初版第1刷発行

定価はカバーに
表示しています

著　者　村　井　明　彦

発行者　金　山　弥　平

発行所　一般財団法人　名古屋大学出版会

〒464-0814　名古屋市千種区不老町1 名古屋大学構内
電話(052)781-5027/ＦＡＸ(052)781-0697

印刷・製本　亜細亜印刷㈱　ISBN978-4-8158-0869-3

乱丁・落丁はお取替えいたします。